/中/华/女/子/学/院/性/别/研/究/丛/书/

我国女子高校女大学生德育体系构建研究

张瑞芝 ◎ 主编 ／ 洪艺敏 宋艳 ◎ 副主编

中国社会科学出版社

图书在版编目(CIP)数据

我国女子高校女大学生德育体系构建研究/张瑞芝主编.—北京：中国社会科学出版社，2016.8

(中华女子学院性别研究丛书)

ISBN 978-7-5161-8601-5

Ⅰ.①我… Ⅱ.①张… Ⅲ.①女子大学–女大学生–德育–研究–中国 Ⅳ.①G776

中国版本图书馆 CIP 数据核字(2016)第 170178 号

出 版 人	赵剑英
责任编辑	任　明
特约编辑	乔继堂
责任校对	董晓月
责任印制	李寡寡

出　　版	中国社会科学出版社
社　　址	北京鼓楼西大街甲 158 号
邮　　编	100720
网　　址	http://www.csspw.cn
发 行 部	010-84083685
门 市 部	010-84029450
经　　销	新华书店及其他书店

印刷装订	北京市兴怀印刷厂
版　　次	2016 年 8 月第 1 版
印　　次	2016 年 8 月第 1 次印刷

开　　本	710×1000　1/16
印　　张	20.75
插　　页	2
字　　数	340 千字
定　　价	78.00 元

凡购买中国社会科学出版社图书，如有质量问题请与本社营销中心联系调换
电话：010-84083683
版权所有　侵权必究

中华女子学院性别研究丛书
编辑委员会名单

主任 张李玺

委员 王　露　　石　彤　　史晓春　　宁　玲
　　　　司　茹　　刘伯红　　刘　梦　　刘　萌
　　　　孙晓梅　　寿静心　　李树杰　　肖　巍
　　　　佟　新　　武　勤　　林建军　　周应江
　　　　郑新蓉　　崔　巍　　宿茹萍　　彭延春

总　序

　　岁月如歌，芳华凝香，由宋庆龄、何香凝、蔡畅、邓颖超、康克清等革命前辈于1949年创设的"新中国妇女职业学校"发展而来的中华女子学院，已经建设成为一所独具特色的普通高等学校。学校积极承担高等学校职能，秉承引领先进性别文化、推进男女平等、服务妇女发展、服务妇女国际交流与政府外交的重要使命，坚持走"学科立校、科研强校、特色兴校"之路，正在为建成一流女子大学和妇女教育研究中心、妇女理论研究中心、妇女干部培训中心、国际妇女教育交流中心而奋发努力。

　　1995年第四次世界妇女大会以来，性别研究和社会性别主流化在国内方兴未艾，中华女子学院抓住机会，积极组织开展妇女/性别研究，努力在此领域打造优势和特色，已取得显著成效。我校在全国第一个设立女性学系、设立中国妇女发展研究中心、中国妇女人权研究中心，建设中国女性图书馆，率先招收女性学专业本科生和以妇女服务、妇女维权为研究方向的社会工作专业硕士研究生；中华女子学院还首批入选全国妇联与中国妇女研究会批准的妇女/性别研究与培训基地，成为中国妇女研究会妇女教育专业委员会、中国婚姻家庭法学研究会秘书处单位。

　　长期以来，中华女子学院教师承接了多项国家级、省部级课题和国务院妇儿工委、全国妇联等部门委托的研究任务，在妇女/性别基础理论、妇女与法律、妇女与教育、妇女与参与决策和管理、妇女与经济、妇女与社会保障、妇女与健康等多个领域作出了颇有建树的研究，取得了丰硕的研究成果，为推进实现男女平等基本国策的步伐、推动社会性别主流化、促进妇女儿童发展与权益保障作出了积极努力。

　　作为一所普通高等学校，中华女子学院也着力加强法学、管理学、教育学、经济学、艺术学、文学等学科和专业建设，鼓励教师将社会性别视角引入不同学科的研究，大力支持教师开展各自所在学科和专业的研究。

特别是近年来，通过引进来、走出去等多种措施加强师资队伍建设，中华女子学院教师的科研能力与学术水平有了较大的提升，在不同学科领域，不少教师都取得了可喜的科研成果，值得鼓励和支持。

中华女子学院组织编撰的"妇女教育发展蓝皮书"系列已由社会科学文献出版社出版发行，并获得良好反响。为展示和推广我校教师在妇女/性别领域和其他学科领域的研究成果，学校特组织编撰《中华女子学院性别研究丛书》和《中华女子学院学术文库》两套系列丛书，并委托中国社会科学出版社统一出版发行。性别研究丛书将集中出版中华女子学院教师在妇女/性别理论、妇女发展的重大问题、跨学科、多学科研究妇女/性别问题等多个方面的著作；学术文库将收录中华女子学院教师在法学、管理学、教育学、经济学、艺术学、文学等学科领域有代表性的论著。入选丛书的著作，都经过校内外专家评审，有的是教师承担国家级、省部级课题或者专项委托课题的研究成果，有的是作者在修改、完善博士论文基础上而形成的成果，均具有一定的学术水准和质量。

上述丛书或文库是中华女子学院学科与科研建设成效的展示，也是献给中国妇女发展与高等教育事业的一份薄礼。"君子以文会友，以友辅仁。"我们期望，这两套丛书的出版发行，能够为关注妇女/性别研究和妇女发展的各界朋友提供一个窗口，能够为中华女子学院与学界的交流与合作提供一个平台。女子高等学校的建设与发展，为中国高等教育事业和妇女教育事业的发展增添了亮色，我们愿意继续努力，为这一事业不断添砖加瓦，也诚请社会各界继续对中华女子学院给予指导、关心、支持和鞭策。

是为序。

中华女子学院原党委书记、原院长　张李玺
2013 年 12 月 30 日

《我国女子高校女大学生德育体系构建研究》编委会

主　任　李明舜

副主任　张李玺　黄海群
成　员　张瑞芝　洪艺敏　宋　艳　郭春鸿
　　　　　宿茹萍　赵　伟　韩　燕　何继秀
　　　　　郑　雷　马瑞萍　郭　芾　樊玫华
　　　　　龚　佩　龙春芳　王景婧　赵晓丹
　　　　　吴唐燕　常　琨　秦毓梅　杨莉锋
　　　　　宋立新

前　言

　　高等学校的德育工作旨在培养学生高尚的情操和健全的人格，从学生的日常行为出发潜移默化地向学生传达正确的价值信念和积极的处事方法及态度，从而培养适应社会需要的合格人才。高等学校的德育工作对提高学生的思想道德素质，提高学校的人才培养质量具有重要的作用，它不仅关系到人才的整体质量，而且对国家和民族的未来都有着深远的影响。《国家中长期教育改革和发展规划纲要（2010—2020年）》提出，高校要把育人为本、德育为先作为教育工作的根本要求，中共中央、国务院《关于进一步加强和改进大学生思想政治教育的意见》指出，加强和改进大学生思想政治教育是一项重大而紧迫的战略任务。创新高校德育工作理论和实践成为高校德育工作者面临的重大课题。

　　在这样的形势下，为了更好地在当代女大学生中培育社会主义核心价值观，探索女子高校这个高校中的特殊群体德育工作的特色和规律，创新德育工作模式，以此指导女子高校德育工作实践，推动在实践中形成女子高校女大学生德育工作联动机制，以提高女大学生德育工作的针对性、实效性，提高德育工作的吸引力和感染力，共同促进学生成长成才，中华女子学院牵头组成研究团队，于2012年6月申报了北京市教委的共建项目"女子高校女大学生分层德育教育体系构建研究"。

　　项目采取文献研究法、调查法、理论与实践相结合等研究方法，运用德育理论和管理学理论，在总结归纳高校德育工作实践经验的基础上，把课内教学与课外实践、校内活动与校外活动（第一、第二、第三课堂）进行系统设计，构建完善的女子高校女大学生德育体系，为学生搭建一个第一课堂、第二课堂和第三课堂的有机结合；教师队伍、管理队伍和服务队伍的相互协同；教育与自我教育、管理与自我管理、服务与自我服务的相互配合,全员、全过程、全方位育人的平台。

  我们衷心地希望通过本项目的探索,使德育渗透于教育教学的各个环节,推动形成全员育人格局,共同促进学生成长成才。

编 者

2015 年 11 月 20 日

目　录

第一章　导论 …………………………………………………… (1)
　第一节　国内外研究现状 ……………………………………… (1)
　　一　国内高校德育研究现状 ………………………………… (1)
　　二　国外高校德育研究综述 ………………………………… (3)
　第二节　问题的提出及意义 …………………………………… (13)
　　一　德育对人才培养的作用 ………………………………… (13)
　　二　女子高校德育存在的问题 ……………………………… (13)
　　三　项目研究的意义 ………………………………………… (15)
　　四　女子高校女大学生德育研究综述 ……………………… (15)
　第三节　研究思路和研究方法 ………………………………… (18)
　　一　研究思路 ………………………………………………… (18)
　　二　研究方法 ………………………………………………… (19)
　　三　主要相关概念的界定 …………………………………… (19)

第二章　我国女子高校大学生德育现状 …………………… (23)
　第一节　我国高校大学生德育现状 …………………………… (23)
　　一　我国高校大学生德育现状 ……………………………… (23)
　　二　我国高校德育工作现状 ………………………………… (26)
　第二节　我国女子高校大学生德育现状 ……………………… (29)
　　一　女子高校大学生德育现状 ……………………………… (29)
　　二　女子高校德育工作现状 ………………………………… (31)
　第三节　我国女子高校大学生德育工作存在问题分析 ……… (33)
　　一　德育理念滞后，德育工作的整体协调性不足 ………… (33)
　　二　德育评价不全面，德育评价理念和评价体系落后 …… (34)
　　三　德育途径单一，德育方式、方法呆板简单 …………… (34)

四　德育工作队伍不受重视，整体素质有待提高…………(35)
　　五　学生自律意识差，自我教育能力不强………………(36)
　　六　高校、家庭、社会三方合作机制不完善……………(37)

第三章　我国女子高校女大学生德育体系构建的基本思路和原则……………………………………………………(38)

　第一节　构建的基本思路………………………………………(38)
　　一　以三个课堂为平台，构建我国女子高校大学生
　　　　德育体系………………………………………………(38)
　　二　科学设计三个课堂，促进德育体系的形成…………(39)
　　三　协同推进三个课堂，形成完整的德育体系…………(41)
　第二节　构建的基本原则………………………………………(42)
　　一　以德育为先的原则…………………………………(42)
　　二　整体性原则…………………………………………(44)
　　三　以学生为本的原则…………………………………(46)
　　四　理论与实践相结合原则……………………………(52)
　第三节　构建的基本内容………………………………………(54)
　　一　第一课堂德育体系构建内容………………………(54)
　　二　第二课堂德育体系构建内容………………………(57)
　　三　第三课堂德育体系构建内容………………………(59)

第四章　我国女子高校女大学生德育第一课堂教育体系的构建……(62)

　第一节　我国高校德育第一课堂的现状………………………(62)
　　一　我国高校德育课程的开设现状……………………(62)
　　二　我国高校德育第一课堂教学开展状况……………(67)
　　三　我国高校德育教师队伍建设状况…………………(71)
　第二节　我国女子高校女大学生德育第一课堂的构建目标和
　　　　　原则……………………………………………………(74)
　　一　构建目标……………………………………………(74)
　　二　构建原则……………………………………………(80)
　第三节　我国女子高校女大学生德育第一课堂的内容和途径……(86)
　　一　主要内容……………………………………………(86)
　　二　基本途径……………………………………………(89)

第五章　我国女子高校女大学生德育第二课堂教育体系的构建……（96）
第一节　我国高校德育第二课堂的现状……………………（96）
一　我国高校德育第二课堂现状………………………（96）
二　我国高校德育第二课堂存在的问题………………（98）
第二节　我国女子高校德育第二课堂的构建目标和原则………（102）
一　构建目标……………………………………………（102）
二　构建原则……………………………………………（109）
第三节　我国女子高校德育第二课堂的内容和途径…………（114）
一　理想信念教育………………………………………（115）
二　校园文化教育………………………………………（116）
三　科技创新教育………………………………………（118）
四　职业规划教育………………………………………（119）
五　性别意识教育………………………………………（120）

第六章　我国女子高校女大学生德育第三课堂教育体系的构建…（122）
第一节　我国高校德育第三课堂的现状……………………（123）
一　我国高校德育第三课堂现状………………………（123）
二　我国高校德育第三课堂存在的问题………………（125）
第二节　我国女子高校女大学生德育第三课堂的构建目标和原则……………………………………………（128）
一　构建目标……………………………………………（128）
二　构建原则……………………………………………（131）
第三节　我国女子高校女大学生德育第三课堂的内容和途径…（134）
一　社会体验……………………………………………（134）
二　社会实践……………………………………………（141）
三　志愿服务……………………………………………（146）
四　就业实习……………………………………………（153）

第七章　我国女子高校女大学生德育体系实施的保障体系………（159）
第一节　我国女子高校女大学生德育体系实施的政策保障体系…………………………………………………（159）
一　国家层面的政策保障………………………………（159）
二　学校层面的政策保障………………………………（162）

第二节 我国女子高校女大学生德育体系实施的制度保障体系 …………………………………………………… (164)
  一 加强德育工作队伍建设，为女大学生德育体系提供人才保障 ……………………………………………… (164)
  二 健全教学管理制度，构建女大学生德育体系教学运行保障 …………………………………………………… (165)
  三 创新学生管理机制，促进女大学生德育体系构建并发挥作用 ………………………………………………… (166)

第三节 我国女子高校女大学生德育体系实施的评价保障体系 …………………………………………………… (168)
  一 建立科学的高校女大学生德育评价体系 …………… (169)
  二 建立有效的高校女大学生德育反馈体系 …………… (171)

附录Ⅰ 女子高校大学生一至四年级分层德育模式研究与实践调查问卷 ………………………………………………… (172)

附录Ⅱ 女子高校大学生分层德育模式研究与实践调查报告 …… (202)

参考文献 ……………………………………………………………… (314)

后记 …………………………………………………………………… (317)

第一章

导　论

第一节　国内外研究现状

一　国内高校德育研究现状

有关高校德育及德育体系等研究论文不多，大部分论文主要针对当前高校德育的现状、问题、理念等进行一些理论和实践层面的探讨，研究主要集中在以下几个方面：一是关于德育的现状研究；二是关于德育的问题及对策研究；三是关于德育观研究；四是德育体系构建研究。

（一）德育的现状研究

有关德育的现状，李洁的《高校德育教育现状研究》一文（《党史博采》2013年第9期）对河北师范大学、河北经贸大学、石家庄经济学院、河北医科大学、河北科技大学等5所高校的全日制本科生与硕士研究生，以及石家庄城市交通职业技术学院、石家庄工商职业学院、河北师范大学附属民族学院等6所高职院校学生进行了问卷调查。调查发现，当前高校一些大学生的价值判断出现偏差，道德观念发生了改变，他们更多从个人利益着想，诚信意识淡薄，产生拜金主义和享乐主义；他们的集体观念淡薄、以自我为中心，怠于关心他人；缺乏见义勇为行为；对德育的重要性认识不足。严莉群的《对当前高校德育问题的调查与思考》一文（《探索》2007年第2期）通过对重庆市某高校805名，涉及大一至大四的所有年级，年龄段为19—25岁的本科生进行调查，指出目前一些大学生道德行为失范、道德主体迷失、对德育课程淡漠。

（二）德育的问题及对策研究

对高校德育问题研究的论文相对较多。大多数论文主要针对德育目标、内容和途径方法提出问题。

一是对德育目标的定位问题。徐龙伟、党志峰在《关于高等院校德育教育工作的思考》一文［《山西财经大学学报》（高等教育版）2000年第2期］中提出，目前在高校德育实践活动中，存在着对德育目标的认识过于单一的问题。德育目标应包括先进性、理想性、广泛性和现实性，但人们往往脱离客观现实状况，把目标的先进性与广泛性、理想性与现实性要求混为一谈，以先进性和理想性为唯一体现形式，似乎不集中强调先进性和理想性，就背离了政治大方向。由于一味追求目标的先进性，陷入僵化，从而在德育过程中，尤其是在行动中很难产生自觉性。

二是德育的方法问题。于露在《我国德育教育发展的现状及问题》一文（《佳木斯教育学院学报》2014年第3期）中提出，目前我国高校德育教学的方法缺乏灵活性，传统的以道德知识体系灌输、行为准则训练等为主，忽视了受教育者的主体即学生参与情感态度的培养，轻视学生道德选择能力的培养和学生个体自觉倾向的锻炼，等等。

三是德育的内容问题。曹金荣在《新时期高校德育教育的问题与对策》一文（《知识经济》2011年第6期）中提出，当前高校德育内容空洞，笼统说教，混淆道德理想信念和道德现实之间的区别。主要通过课堂教学这种强制灌输方式传播道德知识，认为不断增强德育课、政治课的理论学习是加强德育的有效途径，通过批评、禁止等行政管理手段来规范学生的偏差行为。这种强制性的灌输方式忽视了学生的主体需求，不利于学生在德育过程中主体能动性的充分发挥，难以收到应有的教育效果。教育内容缺乏现实针对性，缺乏针对大学生出现的新道德问题，如部分大学生唯利是图和金钱至上、金钱万能等问题进行内容的更新，与大学生的实际需要脱离，与社会现实脱离。

四是德育工作问题。曹金荣在《新时期高校德育教育的问题与对策》一文（《西安社会科学》2009年12月第29卷第5期）中提出，目前高校德育人员参差不齐、工作机制存在缺陷。一方面，德育人员专业结构不合理、思想素质理论水平低；另一方面，高校缺乏合理的考评机制，使得部分德育工作者提高自身思想政治理论水平的动力不足，导致他们难以应对学生遇到的问题和把握学生的思想动态，造成德育的效能低下；高校德育工作机制也存在着缺陷。德育教师在课堂上对学生进行道德教育，课后却缺乏与学生的交流沟通，未能对学生进行进一步的教育指导。于露在《我国德育教育发展的现状及问题》一文（《佳木斯教育学院学报》2014年第3期）中提出，学生的行为养成需要严格的管理措施和训练，目前高校学生管理不到位，提供给学生自我实践、自我教育机会不够。

五是德育的评价问题。王安安在《关于高校德育教育的若干思考》一文（《中国校外教育》2009年第9期）中提出，现今高校缺乏科学的道德评价体系，目前的德育评价体系只停留在德育系列教材的考核评价上，与学生的品行考评脱节。课堂评价往往以理论知识记忆为考核指标，用试卷来考核德育效果，评价学生的品行，而课外的德育实践活动，道德品行养成教育并没有纳入评价体系。

（三）德育观研究

近年来，对应该树立什么样的德育观，研究论文较多，大多提出高校德育要树立以人为本的德育观。论文提出以人为本是现代教育的基本价值取向，以人为本的德育观的基本内容是要肯定尊重人的主体地位、根本地位、目的地位与主体作用的同时，把尊重人、解放人、依靠人放到德育工作之中，关注人的生活世界，对人的生存与发展的命运建立起终极关怀。研究提出，"以人为本"就是以人为中心，突出人的发展，发掘人的潜能，调动人的欲望，把人作为教育的主体；要把教育与人的幸福、自由、尊严和终极价值紧密联系起来，真正使教育成为人的教育而不是机器的教育；要体现人的关怀和道德情感。

（四）德育体系的构建研究

有关德育体系构建的研究论文不多。王虹在《大学生全程德育教育体系探析》（《高等农业教育》2011年第6期）一文中提出了构建大学生全程德育体系的基本原则、具体内容和实施载体。提出的基本原则为立足系统，科学完整；内容具体，易于实施；顺应形势，与时俱进；具体内容包括理想信念和爱国主义教育、素质教育、人文素养教育。实施载体有：一是着力抓好思想政治课这个主渠道建设，把其建设成为大学生喜爱的优秀课程；二是整合资源，形成合力，充分利用形势政策课教育这一载体，让学生更多地了解国情、社情和民情；三是以社团和校园文化建设的主题教育为载体，引导学生成长成才；四是创新形式，拓宽渠道，搭建平台，提高学生的实践能力；五是利用互联网等新媒体，创新网络德育方式。

二　国外高校德育研究综述

国外高校德育问题的研究，主要以研究发达国家高校德育居多，尤其是研究美国高校德育占大多数。主要研究内容包括德育的目标、内容、途径方法以及特点等。

（一）德育目标

关于德育目标，赵野田在《国外高校德育的特点、发展趋势及启示》一文［《东北师大学报》（哲学社会科学版）1998年第2期］中比较了发达国家及发展中国家高校德育目标的异同。论文中提出不同性质的国家德育的共同点是通过学校德育使学生在思想政治方面成为适合统治阶级需要的人才，但由于文化传统和国家政体的不同，各国学校德育目标存在着差异。从发达国家与发展中国家来看，发达国家的学校德育目标比较开放、多元和多样。如美国没有一个统一表述的大学德育目标，其基本内涵可以概括地表述为：要培养学生成为具有爱国精神、守法精神，具有健全的人格的、有用的、让人满意的社会大家庭中的一员，成为积极进取的美国公民。英国则强调让学生了解个人、社区、国家与世界的相互关系及全部生活领域中道德的意义。德国则注重培养具有向世界开放的人格的人。法国则致力于使人成为有自律的自由人。相对说来，发展中国家德育目标具有较大的闭锁性、民族保守的倾向性。菲律宾、马来西亚、印度尼西亚、印度、斯里兰卡等国都特别注重对学生进行民族主义、国家主义的培养。

李琳玲在《美国高校德育研究综述》一文（《柳州师专学报》2010年第25卷第3期）对美国的德育研究内容进行了梳理，对美国德育的目标进行了论述。金仕琼教授在《中美高校德育目标、内容及实施途径比较》中提出，美国高校通过德育，使学生热爱美国，形成对美国政治制度的忠诚，遵纪守法，成为具有健全人格、掌握新时代科学文化知识的积极进取的美国公民，其目标主要培养公民的公民意识教育。美国大学联合会要求大学或学院的教师、服务于学生的工作人员要帮助学生成为一个合格的公民，其宗旨是使学生成为适合统治阶级需要的人才。1988年4月，美国联邦教育部长贝内特在向美国总统递交的55年来教育改革总结报告中强调，为了使学生增强民族精神、爱国主义精神，必须在道德课、纪律秩序和勤奋学习等三方面取得显著进步。当时的美国总统布什在其重视教育一文中也明确指出，学习不仅仅是发展学生的智力，智力加品质才是教育的目的。

（二）德育内容

有关德育内容，赵野田在《国外高校德育的特点、发展趋势及启示》一文［《东北师大学报》（哲学社会科学版）1998年第2期］中比较了不同国家高校德育内容后，提出世界各国可谓表现各异，很不相同，即使是国家政体相近的资本主义国家，也是各式各样，应有尽有，从一般行为习惯的养成到道德伦理原则的阐述，从宗教训诫到英雄事迹的熏陶，从一般消费行为的劝导到吸毒、艾滋病的防治，很难一一归纳表述。同时，他对美国高校德育内容进行了详细的介绍。美国高校德育从总体上看是围绕公民教育进行的，基本内容包括爱国主义教育、法制教育、健康人格教育。在美国社会，人们一般认为合格的美国公民最基本的素质就是具有爱国主义精神。教育则力图使生活在这个国家中的人特别是青年具有优越感和自豪感，从而为这个国家而奋斗。而这种优越感和自豪感的激发则主要是通过美国的成就教育和西方文明史教育实现的。美国高校中的法制教育是建立在合理、科学的法制教育体系基础之上的，从小学到大学各阶段都规定了具体的教育内容，并且环环相扣，层层深入。如中小学主要讲法律的具体内容和条文，大学则侧重于法律的形成、演变，即从社会背景去分析美国的法律和制度，把法制教育同介绍美国社会特点，分析美国社会制度，介绍议会、内阁、法院的构成结合起来。法制教育的出发点和归宿就是要说明美国法律的合理性、权威性、神圣不可侵犯性。在美国，个人的独立、平等、自由意识，乐观进取精神，良好的人际关系和心理品质被认为是健康人格的重要表现。学校教育的重要责任就是促使青年个性自由、个性发展、自我完善，其核心在于培养与其社会政治制度、文化传统相适应的价值观。这种价值观从根本上讲是以个人主义为核心的价值观。这种价值观教育几乎涉及学校的所有课程。

史广江在《西方发达国家大学德育教育浅析》一文（《长春工程学院学报》（社会科学版）2001年第3期）中提出，西方发达国家德育基本上都是围绕政治教育、价值观教育、法制教育、健康人格教育进行的。

政治教育。政治教育在一些西方发达国家一般被称为政治社会化教育。所谓政治社会化，就是通过各种方式使统治阶级或某一政治集团的政治思想、政治原则、政治制度为全体社会成员认同和接受。在西方发达国家，政治社会化教育往往同公民教育结合在一起进行。公民教育的目的是培养具有爱国精神、忠诚于本国政治制度、具有合乎本国社会经济制度所要求的遵纪守法的观念和行为，明确公民的权利和责任，做一名忠诚于国家的、适应本国文化的合格公民。可以看出，无论是政治社会化教育还是公民教育，与我国的思想政治教育在目的和作用上是一致的。

价值观教育。重视青年学生价值观的教育和导向是西方发达国家大学德育的重要内容。虽然各国政治体制不同、文化传统有所差异，各国所倡导的价值观不尽相同，但随着社会的进步发展，《西方发达国家大学德育教育浅析》一文中提出不少国家的德育都开始强调人类存在的许多共同的价值观，如爱国主义、乐观主义、平等公正、自尊自立、社会责任感、合作意识等。美国的价值观教育尤为突出，几乎学校的所有课程都设有价值观教育（美国的核心价值观是个人主义）。法国的教育训令规定：学校要把学生培养成尊重真理、勇敢、勤劳、富有同情心、责任感和集体观念的有教养的人。澳大利亚的南澳大利亚州发布的教育大纲中提出核心价值观，即关心别人、自尊、社会公正、参与、环境保护、诚实、坦率和美德。日本的价值观教育是战后德育工作的重要内容之一。日本学校的价值观教育从幼儿园到大学有不同的教育目标，其中大学生价值观教育的内容包括四个方面：珍惜生命；展示生命的意义——在社会中实现自身的价值；练就顽强意志；诚实正直的处世和与人交往。

法制教育。教育青年具有合乎本国政治经济制度所要求的遵纪守法的观念和行为，明确公民的权利和义务，是维护社会秩序、社会安定不可缺少的。因此，西方国家普遍重视法制教育，都把培养遵守法律和本国制度的公民作为高校对社会和青年学生应负的责任。例如，在美国，学校中的法制教育具有完整的体系，从小学到大学各阶段都规定了法制教育的具体内容。中小学主要讲法律的具体内容和条文，高校则侧重讲法律的形成、演变，即从社会背景去分析美国的法律和制度，把法制教育同介绍美国社会的特点，分析美国社会制度结合起来。法制教育的出发点和目的是说明法律和社会制度的合理性、权威性、神圣不可侵犯性。

健康人格教育。个人的独立、平等、自由意识、乐观进取的精神、良好的人际关系和心理品质是西方国家健康人格教育的重要内容。健康人格教育的目的是个性自由、个性解放和自我完善。德国教育家贝尔认为："名副其实的教育在本质上就是品格教育"，塑造人格比传授知识和技能更重要。因此，"二战"后"健全人格教育"的提法出现在许多西方国家高校教育目标中。日本的教育专家认为，应把智力、个性、能力等人格的全面发展作为高校教育目标，培养健全公民。瑞士也非常重视对学生进行人格发展方向的教育，注重个人自尊心、自制力、自主性的培养，帮助学生提高自我意识的能力，促进人格的全面发展。

李琳玲在《美国高校德育研究综述》一文（《柳州师专学报》2010年第25卷第3期）中梳理了研究美国德育内容的论文。李庆广、谢雪将美国高校德育内容归结为以下三点。一是政治教育，在一些发达资本主义国家也叫政治社会化或公民教育，主要包括爱国主义教育、法制教育和历史教育。二是道德观、价值观教育。三是健康的人格教育。宇小兵将美国高校的德育内容概括为以下几点。一是突出政治性，为维护和发展美国的社会制度服务。二是注重多元性，发挥教育者和受教育者的主动性。三是推行专业化和重视理论性。四是强调实践性，重视社会生活的教育功能。刘宗利认为，美国德育内容注重爱国主义、法制教育；注重健全人格培养；注重实践教育和德育的渗透功能。刘招成也指出，美国的德育内容突出爱国主义的民族凝聚力和向心力，此外，美国国土辽阔，各类资源极为丰富，高校也经常通过地理教育来增强学生的爱国主义情感。美国德育的另一内容就是培养遵守法律和忠于美国政治经济制度的公民。美国极力宣扬在法律面前人人平等，目的在于使人相信，美国的法律和制度是公正合理的。尧新瑜教授深入分析了美国高校德育内容的特色，例如：芝加哥大学开设了一门叫美国总统制课程，要求学生了解政府行政部门的背景、起源及历史沿革；历届当选总统的品格、思想、意识和领导能力；领导人的施政方式；总统和国会、政党、法院、公众舆论、利益集团等的关系。

宋吉鑫、赵迎欢的《当代发达国家德育教育的启示》一文［《沈阳工程学院学报》（社会科学版）2005年第2期］总结了发达国家德育的特点，提出世界上的发达国家，如美国、英国、日本等国的共同特点是以责任为核心内容，并且在20世纪80年代以后形成了较为强劲的势头。在美国，人们将其德育概括为有实无名，并且在内容上具有极强的社会适应性。国家会依据时代特点和国家的中心任务确定德育的主题思想，宣传其思想主张。如从美国独立战争到南北战争时期，当时美国刚刚建立的资本主义制度正面临生存与发展两大课题，思想教育宣传的两大内容一是实现美国化，即培养新的民族意识；二是废奴宣传。在东西方冷战时期，德育的重点是针对青少年中存在的问题，研究思想品德的成长规律，尤其在20世纪60年代以后，从心理学、社会学、政治学的角度，探讨青少年成长与社会、家庭、学校教育的关系。20世纪70年代以后，美国社会提出了责任公民的概念，教育人们要遵守各种规则，履行法律赋予公民的义务，并做到信守诺言。为了促进学校德育工作的落实，从20世纪80年代开始，美国制定了对学校德育进行系统评估的 21 条准则，其中包括自立、勇敢、正直、自信、谦恭有礼、勇于承认错误、信守行业道德、"己所不欲，勿施于人"、有创造力等。学校的教育内容十分广泛，大到授予博士学位，小到倾听学生心灵的呼声。在思想教育的内容上突出强调个人对社会、对他人乃至对自然的责任，强调全面发展。

英国学校的德育近十几年来在目标上强调要与美国接轨，突出责任，而且提出坚持四个核心，即对别人尊重、公正与合理、诚实、有信用；处理六个关系，即处理好与最亲近的人的关系、与社区和社会的关系、与人类的关系、与自己的关系、与非人类的关系和与上帝的关系。

日本的德育在"二战"以后一直遵循着 1947 年的教育基本法和学校教育法的要求。教育基本法规定：教育必须以陶冶人格为目标，培养和平国家和社会的建设者，以及爱好真理与正义，尊重个人价值，注重劳动和责任，充满独立自主精神的身心健康的国民。在学校教育法中提出：大学作为学术中心在教授广博知识的同时，应以教授和研究精深专门的科学、艺术，并发展才智、道德及应用能力为目的。

(三) 德育的途径方法

李琳玲的《美国高校德育研究综述》一文（《柳州师专学报》2010 年第 25 卷第 3 期）对美国高校德育的实施途径研究进行了梳理。杨荣的《美国学校道德教育的途径方法及其启示》（《教学与管理》2007 年第 2 期）指出，美国学校的德育途径呈多样化的特征，除了理论灌输外，还有大量的实践活动和渗透教育，实现了显性教育与隐性教育的结合。表现为：一是道德教育与其他学科的有机融合。主张道德教育与其他学科融合是杜威的教育思想，美国各学校长期以来一直遵循这一原则。将道德教育寓于学校生活和各学科教学中，取得了显著的成效。美国学者约翰埃利亚指出，道德教育是一个需要多学科共同研究的领域，仅仅通过一门学科来探讨这一领域既是有限的，也是危险的。二是注重活动式道德教育。即道德教育联系社会生活实际，使德育贴近学生生活，贴近实际；三是注重发挥隐性课程的德育功能。隐形教育是课堂内外，间接地、内隐地，以特定方式呈现，通过受教育者无意识的、非特定的心理反应发生作用的教育因素。美国学校非常注重发挥隐性课程对学生思想品德形成和发展的影响作用。

曹洪滔认为，虽然美国高校的德育行为并不大张旗鼓地宣传，但其途径方法具有一定的先进性：一是正面灌输与隐性灌输相结合的教育法。二是自我教育和心理咨询相结合。美国是一个多元化的社会，推崇个人至上，自由选择，因此美国高校的德育注重自我教育，并和其强大的心理咨询队伍相结合。三是校园活动与社会活动相结合，包括校方发起的活动和学生自发组织的活动。四是家庭教育与公共环境熏陶的结合。大学生良好品格的培养不仅要靠学校的教育，还有赖于家庭的有效参与。

王桂龙教授指出美国高校道德教育实施的是全面主义的道德教育方式，也就是不专门开设一门道德教育课程，而是将道德教育融合在各科教育之中，其途径主要有：一是通过正式的课程，以课堂教学的形式来进行。二是通过各种活动，以参与的方式来进行。如讨论会、社会活动、角色扮演活动、学生组织活动等。三是通过心理咨询，以指导的方式来进行。四是通过公共环境，以情境熏染的方式来进行。

杨秋生的《西方发达国家德育教育对我国的借鉴意义》一文（《社会科学家》2005年第S1期）对发挥教学主渠道的渗透性德育作用进行了探索。西方国家多数认为用纯而又纯的思想政治教育方式进行德育不仅效果差，而且时间不允许，唯一的办法就是充分发挥公共课和专业课的"载道""渗透"作用。美国公立高校普遍开设了"美国宪法""西方文明史""现代社会""民主"等课程。为了使大学生接触和认识国内外不同的意识形态和价值观念，使他们拓宽视野，培养批判性思维能力，许多高校还开设了别国政治和法律类的选修课。日本文部省于1989年3月颁布了从幼儿园到高中阶段的新教学大纲，即《学习指导纲要》。增设了安全课、友爱课、垃圾课。日本的这些特别活动课不像我国的课外活动，学校可组织可不组织，它是教学环节的一部分。西方国家不仅在文科教育中渗透德育目标，而且在理科教育中也渗透德育目标，使传授自然科学知识与道德境界结合起来。

宋吉鑫、赵迎欢在《当代发达国家德育教育的启示》一文（《沈阳工程学院学报》（社会科学版）2005年第2期）中提出，当代发达国家德育形式灵活、渠道宽广、寓教于乐、潜移默化。如美国高校，在普通课程和专业课程的教学中加强德育渗透。一些大学明确规定大学一年级学生主要学习包括人文素质教育课在内的基础课程，西方思想史、政治学、哲学等学科都是大学生的必修课；利用校内外活动和校园文化提高德育的实效性。如康奈尔大学内有600多个俱乐部、学会，供学生相互联络、发展共同兴趣、才能和爱好提供帮助；重视学校的入学仪式、校庆等庆典活动，校内外活动内容丰富、形式多样；校园文化品位高雅，校训、校徽、校旗、校歌独树一帜；寓德育于管理工作之中，将教育与管理有机结合。在美国的大学中有专家咨询团从事非学术的咨询评议活动，当学生遇到某些心理、学习、生活上的困难时，由专家负责解答这些问题。此外还有精神学、法学等方面的专家，定期对学生的思想、心理及生活问题给予评议。学校的各种管理制度严格、规范明晰，便于学生了解和掌握。

史广江在《西方发达国家大学德育教育浅析》一文（《长春工程学院学报》（社会科学版）2001年第3期）中分析了西方发达国家大学德育实施途径的主要几方面：一是课堂讲授。课堂讲授是西方发达国家大学德育的主要途径。二是隐形教育。隐形教育是指采用不那么明显的隐蔽方式来传递社会价值观。这个概念是由美国学者N. V. 澳渥勒提出来的。他认为校园生活与课堂教育共同组成了大学生活的整体，而校园生活占据了学生在校的大部分时间，因此应采取措施使学生在校园生活中无意识获得经验。校园生活的范围十分广泛，包括宿舍、操场、食堂、图书馆、校风、学风、社团等，所有这些都在无形地影响着学生的思想、态度和价值观。通过校园生活渗透德育意识，主要是通过开展各种学术活动、讲座和文体活动等方式进行。三是德育渗透到专业教育中。四是课外活动。课外活动是西方发达国家大学德育的又一途径。尽管西方各国政治体制不同、国情不一、人才培养目标迥异，但高校为了弥补课堂德育的不足，都采取课外活动的方式，丰富学生的业余文化生活，并开展形式多样、内容丰富的德育活动。通过活动，开展潜移默化的德育。五是心理咨询。由于心理咨询在帮助、指导学生减轻内在矛盾与冲突、增强挫折的耐受力、开发学生的自身潜能、更好地适应环境、加速人格成熟等方面有其特殊作用而深受学生欢迎，因而也成为许多西方发达国家大学德育的又一途径。六是严格管理。西方发达国家不仅重视德育知识的课堂讲授，而且十分重视对学生的严格要求和道德行为的导向管理。如英国牛津大学对学生要求十分严格，对学生的衣、食、住、行几乎都有规定；在考试、庆典、晚会必须着黑色学生服，对违反校规校纪者，由学校纪律法庭审理，视情节轻重，给予罚款、停学、开除等处分。

(四) 发达国家高校德育的特点

赵野田的《国外高校德育的特点、发展趋势及启示》一文［《东北师大学报》（哲学社会科学版）1998年第2期]概括了国外高校德育的特点。

一是坚持教育的连续化和统一性。许多国家的实践表明，一个人越早接受正规的德育，就越容易形成良好的思想品德和行为习惯；有效的大学德育有赖于良好的中、小学德育基础。许多国家开始实施幼儿园到大学的德育规划，强调德育的系统化、连续化，即在内容上保持循序渐进不断深入，注意各阶段的相互衔接，体制上统一布置整体规划，使整个德育都围绕目标有计划、按步骤实施，保持一致性和目的性。西方一些发达国家的高校努力将学校德育与家庭和社会联系起来，使学校德育在空间上进一步扩大，实现了同社会各部分的衔接。国家统一管理德育，不同的国家方式不同。第一种方式是全面干预，制订统一方案、政策和课程，规定课时，编制统一教科书、参考书以及具体教学目标，如日本、新加坡、马来西亚、印度尼西亚、法国等国家；第二种方式是部分干预，如制订统一德育方案，拟定主要德育目标或核心价值观，规定一定课时，但不编制统一教科书，更不规定固定的实施方法，如新西兰、澳大利亚、英国、比利时等国家；第三种仅实施政策干预，在政策上规定学校德育目标，理论上强调学校德育，但实践上让学校自由实施，不做强行规定，如美国、加拿大、丹麦、瑞典等国家。

二是注重教育的实用性和实效性。受杜威教育思想的影响，国外特别注重德育的实用性和实效性，这方面美国最为典型。在美国各高校遵循杜威的教育思想和主张，将道德教育的内容寓于学校生活和各科教学中。培训教师，帮助他们在教材中挖掘道德因素、掌握道德教育方法。在教育过程中一方面把一些具体的、实用的、相对稳定的道德规则通过课堂教学灌输给学生，另一方面强调课外活动，如通过学术活动、文体活动、咨询活动、社会实践活动等潜移默化地影响学生。西方大多数国家的高校德育方案都力求使之具有可操作性，有的把道德教材编制成易于操作的程序，如英国、法国、比利时、美国、日本等。美国高校的教育方案除提供完整的理论说明、具体的教育安排、教育建议和实施方法外，还提出处理各种可能出现的问题的策略和手段。

三是强调内容的多样性与层次性。在美国、英国和日本的德育教学中不仅包含道德观点的灌输，同时也包括良好习惯、态度、情感、志趣和爱好的养成，人格塑造和创造能力以及爱国主义、法制观念和批判主义精神的培养。许多国家的德育内容具有显著的层次性特点。如日本地方教育委员会规定小学、初中各年级设道德课；高中设公民课；大学则更着眼于对大学生将来的生活和为人处事方面的引导，注重个人权利、个人的自由、个人的尊严的民主主义教育，以促进大学生自我意识的形成和世界观、人生观、价值观的确立。美国也比较好地解决了德育内容的层次性问题。比如，美国以独立宣言、解放宣言和宪法为内容的政治教育贯穿人的社会化全过程的内容，并且用法律的形式加以强化，用渗透式的方法使之普遍化。道德教育则主要在中小学阶段进行，大学阶段则主要以知识性教育为载体，通过大量开设各种相关的人文社会科学方面的课程，帮助学生站在一个新的高度去理解和把握他们所提倡的价值观，即使是同一个教育主题，根据人的认识发展的不同阶段，其内容和形式亦是既相互衔接又相互区别的，如爱国主义教育，小学阶段讲故事，中学阶段讲历史，大学阶段讲理论。教育方式的灵活性。西方国家非常注重德育方式的多样灵活性，为学生创造多种受教育的情境和场所。日本从尊重自然的大自然教育入手，通过对学生精神、情感的陶冶，对学生进行尊重个性的教育、自我约束力的教育、劳作教育、尽量满足他人愿望和做人生开拓者及国际教育，以教师的完美人格塑造学生的完美人格。以教育学生如何做人为目的，组织各种有益活动，例如校内种植树木、花卉，设立校花，在校庆时进行象征性的祝贺，激发学生热爱生活、热爱学校、热爱国家的满意、愉快、自豪的心理情绪体验，使学生通过道德情感、意志的培养形成良好的道德行为习惯。近年来，日本还特别注重发挥诸如电视台、大企业公司等的德育力量，拓宽德育渠道。美国也建立了一套适合现代资本主义商品经济和社会政治民主制度的道德规范和伦理原则，并形成了有较深理论基础，而且实用价值较高的道德教育方法体系。例如，通过升国旗、唱国歌等形式将爱国主义教育具体化，给人以星条旗无所不在的感受，增强学生的民族自豪感；通过美国独立纪念日、阵亡将士纪念日、退伍军人节、美国国旗纪念日等进行爱国主义教育。在活动中还要背诵忠于国家、保卫国家的誓词和祝词。此外，所有博物馆、纪念馆均免费供大、中、小学生参观。在美国，学校德育过程几乎深入学生所有活动，可谓无所不至，例如，学生毕业离校时，要参加隆重的毕业日活动，使学生感受到他们的今天和未来是学校和教师给的，感受到离开母校的最后一刻是非常神圣和值得纪念的。再如，斯坦福大学，考试实行荣誉制度，即所有大小考试均不设监考，教师发完试卷就离开考场，交卷前考生在卷子上签名保证无作弊行为。如果偶尔发现谁违反这一制度，一经核实立即开除，以此培养学生的诚实品德，增强自我意识和师生之间的相互信任。

第二节 问题的提出及意义

一 德育对人才培养的作用

德育是为培养和提高受教育者的思想政治品德素质而进行的教育。德育是教育者根据一定社会的要求和受教育者的需要，利用内在与外在的多种手段，促使教育者与受教育者在不断交流与沟通过程中，受教育者在思想、政治、道德和心理等方面素质都能够得到全面发展的活动过程。高等学校的德育工作旨在培养学生高尚的情操和健全的人格，从学生的日常行为出发潜移默化地向学生传达正确的价值信念和积极的处事方法及态度，从而培养适应社会需要的合格人才。高等学校的德育工作对提高学生的思想道德素质，提高学校的人才培养质量具有重要的作用，它不仅关系到人才的整体质量，而且对国家和民族的未来都有着深远的影响。我国高度重视高校的德育工作，《国家中长期教育改革和发展规划纲要（2010—2020年）》提出要把育人为本作为教育工作的根本要求。要以学生为主体，以教师为主导，充分发挥学生的主动性，把促进学生成长成才作为学校一切工作的出发点和落脚点。要关心每个学生，促进每个学生主动地、生动活泼地发展。要尊重教育规律和学生身心发展规律，为每个学生提供适合的教育，培养造就数以亿计的高素质劳动者、数以千万计的专门人才和一大批拔尖创新人才。要求高校坚持德育为先，构建德育体系，创新德育形式，丰富德育内容，不断提高德育工作的吸引力和感染力，增强德育工作的针对性和实效性。

二 女子高校德育存在的问题

（一）高校德育存在的问题

当前，我国高校大学生思想品德出现一些问题，表现出个人利益严重、诚信意识淡薄、产生拜金主义和享乐主义、集体观念淡薄、以自我为中心、怠于关心他人等。出现这些问题的原因很多，比较复杂，既有社会因素，也有学校因素。从社会上看，我国社会正处于深刻的转型时期，社会经济成分、组织形式、就业方式、利益关系和分配方式日益多样化，多种文化价值观念相互交融碰撞，给学生带来了很大的冲击，导致一些学生思想混乱。从高等学校看，主要是德育出现了一些偏差。梳理高校的德育，主要存在以下五个方面的问题。

一是德育目标定位。德育作为一种社会实践活动，其宗旨在于培养学生的全面发展，最终目的在于帮助学生在实践生活中正确规范自身的行为方式和生活方式，以使其在社会中能够更好地生活。[①] 在高校实践中，片面地将德育定位于单纯的思想政治教育，将德育工作的着眼点放在"党性""共产主义目标"，没有考虑到受教育者的思想实际和我国社会所处的历史阶段，忽略了"道德品质""合格公民""是非观念"的培养，导致德育与学生的现实生活相脱离，教育的效果收效甚微。

二是德育内容针对性不强。由于对高校的德育目标定位过于狭窄，因此，德育主要以思想政治理论课为主，理论与实践脱离、与社会现实脱离；内容缺乏针对性，不能针对在校不同年级学生的不同需求，针对性地实施教育内容；德育与专业教育相脱离，没有把德育活动贯穿在专业教育活动中，导致专业教育与德育"两张皮"。

三是德育方法单一。德育应该是教师将道德规范传递给学生，学生形成道德的过程。然而在教学过程中，教师重视纯道德理论的单方面的灌输，轻视学生道德选择能力的培养；重视道德规范的约束，轻视学生个体自觉倾向的锻炼；教师只拘泥于传授给学生固定的道德规范，甚至只是日常行为规范的教育，而忽视了这些教育背后更深层次的内涵；忽视品德内化规律和学生的主体参与，不能发挥道德学习主体的作用，缺乏让学生进行道德的自我实践和自我教育的过程，不能调动学生的学习热情和积极性。

四是道德评价体系缺乏科学性。现今高校的德育评价体系只停留在德育系列教材的考核评价上，与学生的品行考评脱节。课堂评价往往以理论知识记忆为考核指标，用试卷来考核德育效果，评价学生的品行，没有把课外的德育实践活动、道德品行养成教育纳入评价体系中。

五是德育工作缺乏整体性。德育广义是做人的教育，既包括思想政治

---

① 于露：《我国德育教育发展的现状及问题》，《思想政治教育》2014年第3期。

教育，还包括"道德品质""合格公民""是非观念"等教育，德育的重点是帮助学生树立正确的思想观、人生观和价值观。要实现德育目标，不仅需要课堂内的思想政治理论教育、军事理论教育和心理健康教育等，还需要各类课外活动、社会实践活动和公益活动等。目前高校没有对各类德育活动进行整体设计，各类德育工作形不成体系，导致实施的效果不尽如人意。

（二）女子高校德育存在的问题

女子高等学校是实施女子高等教育的机构，以培养女大学生为主。当前，女子高校的女大学生除了有普通高校大学生共同的思想道德问题外，还存在着性别意识不强、缺乏发展动力等问题。女子高校女大学生出现的问题与女子高校德育有相当的关系，最主要的问题是女大学生的德育针对性不强，尚未形成完整的德育体系。

三 项目研究的意义

为了更好地在女大学生中培育社会主义核心价值观，提高其思想道德品质，促进女大学生的发展，中华女子学院相关人员成立了女子高校德育体系研究项目组，项目组成员在遵循高校德育工作要求，研究国外女子高校德育经验的基础上，根据我国女子高校的特点，总结高校德育实践经验，运用国内外德育理论、高等教育理论，对女子高校德育体系进行梳理，确定德育目标，整合德育内容，创新德育方法，试图探索和构建女大学生德育体系。项目的研究凸显了女子高校德育工作特色，对丰富和发展女大学生德育理论，对实现"育人为本、德育为先"的工作目标，使德育更加贴近学生的需求，提高女子高校德育工作的实效性、有效性和针对性，提高女大学生思想道德水平和品德素养，指导女子高校和普通高校女大学生德育工作实践具有重要的意义。

四 女子高校女大学生德育研究综述

从已有的研究中可以看出，专题针对女大学生德育方面的研究论文不多，归纳已有的研究论文，主要就高校女大学生德育现状、德育问题和对策开展研究。专题针对女子高校女大学生德育的研究更是少之又少，仅有几篇论文与此相关。研究的主要问题如下。

（一）高校女大学生德育现状研究

关于高校女大学生德育现状，比较系统的研究是全国哲学社会科学

"九五"规划课题"现代化过程中德育特点与规律的研究"之子课题"中国德育现代化面临的问题",选择师范大学和工科大学三年级共1024名在校生为被试对象,从性别等方面对当代大学生各个层面的道德认知问题进行实证研究(赵志毅,2001);通过对某省5所高校1502名在校大学生的问卷调查,描述女大学生权利意识的现状,与男大学生权利意识存在的明显差异,从权利意识的视角发现女大学生具有与男生相区别的在思想意识上的和谐性、理想性、自足性以及被动性、敏感性和矛盾性,从而提出高校思想政治工作的建议(赵颂平等,2005)。

其余的几篇则注重对师范院校的单一女生群体进行心理健康、思想道德状况等的问卷调查,结合调查数据提出德育工作的重点。阮碧辉在《女大学生思想政治工作的变化走向》[《达县师范高等专科学校学报》(社会科学版)2004年第4期]一文中对162名高师女生心理健康调查发现,女生在心理素质上普遍存在焦虑、自卑、人际关系紧张、自我心理调适能力不强等问题,从而提出思想政治工作的变化走向;付红梅的《师范院校女大学生思想道德现状与教育对策》一文(《零陵师范高等专科学校校报》,2002年第2期)对3所师范院校的500名女大学生的思想道德状况通过问卷、个别访谈等形式进行了认真细致的调查,指出师范院校对女生的思想道德教育并没有引起关注,应加强思想教育队伍建设,完善思想政治教育内容,创新教育方法,增强德育实效,加强女大学生心理健康的教育和指导。

(二)高校女大学生德育问题研究

梁旭光在《网络文化与女大学生思想教育》(《女小学教育研究》,总第60期)一文中分析了网络文化对女大学生思想教育的影响,提出当前女大学生网络文化固有的特点使得对女生的思想教育方面出现一些问题:对思想政治教育模式的抵触与厌倦;对主旋律文化的怀疑与审视;沉溺网络,不利于健康人格的形成;无节制的网上漫游,影响学业精进;对女大学生安全的威胁等,并提出了加强女大学生思想教育的对策。一是加快对现有思想教育模式的改革与创新;二是营造丰富多彩的校园文化;三是使思想教育工作挺进网络文化阵地;四是有针对性地做好问题女学生的工作。

针对女大学生群体的成才和发展问题,比较有代表性的研究是"广东当代女大学生成才教育的研究与探索"、江西省教育厅人文社会项目

"培养和造就新一代高素质女性人才——新时期女大学生状况调查分析及对策"等。两个课题的研究人员运用教育学、心理学、社会学、运动学、医学、女性学、人类文化学等多学科，从女大学生的心理、生理、教育、婚恋、成才、就业、权益保护以及与女大学生相关的社会热点等方面，进行了定量定性相结合的深入研究，取得了一些研究成果，有力地指导了女大学生思想政治教育的实践。

（三）女子高校女大学生德育研究

专门针对女子高校女大学生德育研究的论文不多，已有的几篇研究论文重点从如何构建具有女子高校特色的德育模式开展研究，具有标志性的意义。石彤在《构建女大学生发展性德育模式》一文（《妇女研究论丛》2008年第1期）中提出，在德育目标、内容、方法、形式等方面，女子高校与普通高校没有显著的差异。提出构建女大学生发展性德育模式，其目标是赋予女大学生成长和发展权，培养女大学生的自我发展意识，满足女大学生发展的基本内在需求。内容包括传播"四自"精神、提高女性自身的心理和生理素质、女性职业生涯发展、女性性别优势教育、女性潜能开发教育等。

黄海群在《落实学生主体地位 办特色显明的女子高等教育》一文（《中国高等教育》2009年第3期）中，以中华女子学院为例，提出构建以人为本的分层德育管理模式，即对大一新生实施以生活引导、心理疏导、学习指导为主的"牵手教育"；对大二学生实施以品质的培养、纪律的教育、责任的构建为主的"松手教育"；对大三学生实施以专业能力培养、学术能力建设、创新能力开发为主的"放手教育"；对大四学生实施以提高实践能力，提高创业能力，提高就业竞争力为主的"拍手教育"。

王光芝《女子高校思想政治工作的实践与探索》一文（《中华女子学院山东分院学报》2006年第4期）介绍了山东女子学院如何根据国家对思想政治工作的要求，结合学校的实际情况，从创新教育内容、创新教育方法、创新教育标准和创新教育制度等四方面探索出适应学生成长的思想政治工作的新路子。

吴宏岳、王世豪《我国新时期女校特色教育模式的构建》一文（《黑龙江高教研究》2009年第4期）探讨了构建女校特色教育的模式理论基础，介绍了广东女子职业技术学院从办学定位、专业设置、课程安排、教学方式方法、学生管理和校园文化等方面系统构建女校特色教育模式的实践经验。

成荷萍在《女子高校大学生健康教育模式构建的探讨》一文（《今日科苑》2007年第16期）中针对女子高校健康教育存在的问题，提出女子高校要建立健康教育课程教学内容体系，开展包括女大学生心理状况及常见心理问题的分析、调适及防治的心理健康教育和包括女性解剖生理学基础、影响健康的相关因素、女大学生生殖健康、女性常见性病的防治、大学生常见疾病的预防、日常急救常识的生理健康教育；建立健康教育师资队伍；开展健康问卷调查，组织有针对性的教学和健康咨询活动；建立课外健康教育活动训练体系，包括健康个体和团体辅导、咨询、健康知识讲座、开通健康热线、健康演讲比赛、健康教育网站及健康邮箱等；建立女大学生心理危机干预机制，建立女大学生心理协会，及时发现女大学生的心理问题，及时给予心理调适、干预和治疗；建立校园心理文化体系。

第三节 研究思路和研究方法

一 研究思路

项目在对现有文献进行研究的基础上，对中华女子学院、湖南女子学院、山东女子学院三所女子院校进行了调研，到南京师范大学金陵女子学院、同济大学女子学院、华南女子职业学院进行了访谈，了解我国女子高校女大学生德育现状，查找我国女子高校德育存在的问题。在此基础上，运用德育理论和高等学校管理学理论，在总结归纳高校德育实践经验的基础上，整合课内教学与课外实践、校内活动与校外活动，把德育渗透于教育教学的各个环节，构建完善的女大学生德育体系，创建女子高校女大学生德育工作联动机制，探索女子高校德育工作的特色，促进女学生的成才成长。项目根据国家对高等学校人才培养要求，还原德育本质，明确德育目标，把课内教学和课外实践、校内实践和校外活动（第一、第二、第三课堂）作为德育的整体内容进行系统设计，探索德育的实施途径和方法，为学生搭建一个第一课堂、第二课堂和第三课堂的有机结合，教师队伍、管理队伍和服务队伍的相互协同，教育与自我教育、管理与自我管理、服务与自我服务的相互配合，全员、全过程、全方位育人的德育平台。

二 研究方法

项目采用文献研究法、调查法、理论与实践相结合三种方法开展研究。

文献研究法。项目的研究要在已有研究的基础上开展,项目需要查阅相关的文献资料,对现有的文献资料进行梳理,提出问题。文献研究法是本项目研究的基础。

调查法。本项目是一个实践研究项目,要基于我国女子高校的德育现实开展研究,因此,需要调查女子高校德育情况,要对女大学生进行问卷调查,对从事女大学生德育工作的研究者和实践者进行访谈。

理论与实践相结合的方法。项目的提出来自德育工作实践,项目的研究需要在理论的指导下开展。项目要运用德育理论和高等教育管理学理论,在总结现有女子高校德育工作实践的基础上,构建德育体系,包括德育目标、内容、方法和途径,并进行实践探索;项目要对实践中的问题进行分析、归纳和总结,并把它抽象与概括,形成理论,从而指导我国女子高等学校德育实践。

三 主要相关概念的界定

(一) 德育

"德育是一个具有民族性、阶级性与时代性的概念。"[①] 在不同的国家、同一国家的不同阶级、同一阶级所处的不同时代,德育的概念均有所不同。

1. 古代对德育的定义

中国历史上的德育内涵,主要指人伦规范方面的教育,偏重于"做人"。传统文化中的"道"和"德"。"道德"一词,最早出现在《道德经》一书当中。书中写到:"道生之,德畜之,物形之,器成之。是以万物莫不尊道而贵德。道之尊,德之贵,夫莫之命而常自然。"这当中的"道"是指自然运行的普遍规律和社会发展以及人与人之间相互交往所应遵循的规律。"德"指的则是人世间人们的德行好坏,品行的高低以及君主在治理国家时所采取的方针政策。

---

① 戴钢书:《德育环境研究》,人民出版社2002年版,第2页。

"道"主要是指人们对于世界的普遍看法,它隶属于人们的世界观范畴;"德"主要是指人们自身品行德行的好坏,这属于人们的价值观和人生观范畴。在《道德经》当中,"道德"一词是被分开进行使用的。也就是说"道"与"德"是相互独立的,它们有着各自不同的含义。首先"道"是内隐的,它自身就是自然而然存在于世间万物当中的规律,凡是被人有心地和刻意地进行加工改变的事物都不符合"道"的本性。这其中也包含"无为"的意思;"德"是指一个人的德行,"德"要求人们在做事情时要遵循事物本身的发展规律。"道"与"德"两者之间存在着内在的联系。"德"是"道"的表现形式,"道"是"德"的实际内容。"道"是隐藏在事物当中的规律,而"德"是能被本人感受到并且能够显示在众人面前的事物。以"道"为体,以"德"为用,这两者永远也不能被分割开来。"德"被老子进行了划分,分为了"上德"与"下德"。也就是对于德行的高低进行了划分。"上德"指的是真正有道德的人不通过刻意的表现形式就能表现出自身高尚品德的方式。这种人会越来越有德。"下德"是指有些人通过刻意的手段与行为表现出高尚品德的方式,这种人将会越来越无德。这两种表现形式会带来两种完全不同的结果。

"道德"一词所包含的内在意义历来被我们重视,它影响着我们中华文化的发展轨迹,它是我们中华文明的瑰宝。道德的高低被我们作为评价一个人的根本标准。

2. 现代对德育的定义

"德育是教育者将品德规范转化为受教育者品德的教育。"[①] "德育就是把一定社会的思想观点、政治准则和道德规范,转化为受教育者个体的思想品德的社会实践活动。"[②] "德育是教育者按照一定社会或阶级的要求,有目的、有计划、有组织地对受教育者施加系统的影响,把一定的社会思想和道德转化为个体思想意识和道德品质的教育。"[③] "德育是指教育者按照一定社会或阶级的要求,有目的、有计划、系统地对受教育者施加思想、政治和道德影响,通过受教育者积极地认识、体验、身体力行,以形成他们的品德和自我修养能力的教育的活动。"[④]

---

① 华中师大等六院校:《德育学》,陕西人民教育出版社1986年版,第17页。
② 胡守棻:《德育原理》,北京师范大学出版社1989年版,第3页。
③ 《中国大百科全书·教育》,中国大百科全书出版社1986年版,第59页。
④ 王道俊、王汉澜主编:《教育学》,人民教育出版社1992年版,第330页。

3. 近年来我国对德育的定义

在我国，德育有广义和狭义之分，广义的德育包括社会德育、社区德育、学校德育和家庭德育。狭义的德育即指学校德育。学校德育是指教育者按照一定的社会或阶级要求，有目的、有计划、有系统地对受教育者施加思想、政治和道德等方面的影响，并通过受教育者积极地认识、体验与践行，以使其形成一定社会与阶级所需要的品德的教育活动，简而言之，即是教育者有目的地培养受教育者品德的社会实践活动。

目前在我国，对德育所下的定义有两种权威的说法。一是《辞海》：德育是"道德教育"的简称，在我国，是全面发展教育的重要组成部分。广义包括政治教育（政治方向和态度的教育）、思想教育（世界观和方法论的教育）和道德教育（人的行为准则与道德规范的教育）。狭义仅指道德教育。包括道德认识、道德情感和意志、行为等方面的教育。二是《教育大辞典》：德育是"形成受教育者一定思想品德的教育。在社会主义中国包括思想政治、政治教育、道德教育。"近十年来，由于教育改革和社会形势的需要，也把民主与法制教育，青春期教育，社会主义、人道主义教育，心理健康教育，甚至职业和生活指导教育，市场经济意识教育等作为德育的内容或组成部分。当前，人们对德育有了较一致的认识，普遍认为，德育就是教育者培养受教育者思想品德的教育，它是思想教育、政治教育和道德教育的总和。

(二) 高校德育

高校德育是学校德育中的一个阶段。它具备一般学校德育的特点，即必须与当时特定的、符合本国国情、本国社会文化发展变化相适应，并以符合一定社会需要的道德行为规范、政治信仰、价值观念等基准来对学生进行教育。学校德育其本质上其实是为统治阶级政治经济活动服务的，带有一定阶级特性。高校德育应该是以本国政治、经济制度相适应的思想、理论作为指导，对学生进行道德认知教育，并最终形成一定的道德行为的教育。

高校德育相比较一般德育而言，它对受教育者的道德影响要求更高，对受教育者在思想、政治、道德、心理等方面的培养更为具体。

大学生德育即高校德育工作者根据一定社会、一定阶级道德原则和规范，有组织有计划地对广大大学生施加系统影响的道德实践活动。

(三) 德育体系

体系泛指一定范围内或同类的事物按照一定的秩序和内部联系组合而

成的一个整体。

　　本项目所定义的德育体系包括德育目标、德育内容、途径方法，在德育原则的指导下形成的整体，具体包括第一课堂德育体系、第二课堂德育体系和第三课堂德育体系。

　　（四）女子高校

　　项目所界定的我国女子高校专指独立设置的主要以女性为专门教育对象（只招收女大学生或者招收极少量男大学生）的高等教育机构。本项目以中华女子学院、湖南女子学院、山东女子学院 3 所院校为主要研究对象。

第二章

我国女子高校大学生德育现状

德育是指教育者按照一定社会的要求和受教育者身心发展的需要,有目的、有计划、有组织地对受教育者进行系统的影响,通过教育者和受教育者双主体在实践活动中的互动,把一定社会所要求的政治准则、思想观点、道德规范、法纪法规和心理品质,内化为受教育者个体素质的教育。而高校的德育相比一般德育而言,它对受教育者的道德影响要求更高,对受教育者在思想、政治、道德、心理等方面的培养更为具体。它是教育者根据学生道德品质形成规律和思想品德发展的实际水平,坚持因材施教和以正面疏导为主的教育,向学生传授道德知识,讲解道德信念并最后形成良好道德行为习惯的过程。高等学校作为教书育人、传道授业的地方,理应承担起德育工作的重任。

第一节 我国高校大学生德育现状

所谓十年树木百年树人,德育工作的开展也符合我国思想道德建设和精神文明建设的要求。培养健康全面发展的人才就一定要重视德育,这不仅是国家的义务,更是学校的职责和全社会的共同使命。

一 我国高校大学生德育现状

大学阶段,青年学生的生理、心理各方面随着环境的变化而变化。当今世界变动的状态和我国正处在转型期引起的上层建筑的深刻变化,对大学生思想道德观念产生了强烈的辐射作用。当代大学生个性鲜明,独立性、创造性较强。但同时也容易受到社会上一些不良思想的影响,导致世界观、人生观、价值观发生错位。我国高校学生德育呈现出的新的特点,主要表现在以下几个方面。

（一）大学生的主流价值观正确，但存在困惑迷茫

大学生对党和政府的方针、政策是拥护和支持的，对社会充满信心，评价也是积极的，但大学生经常会用一腔热血和一知半解对国家政治发表评论，容易对在纷繁复杂的国际政治风云和中国改革环境下出现的一系列政治文化持怀疑或否定态度。当代大学生生活在改革开放的年代，亲眼看到我国综合国力的日益提高、人民生活的日益改善和社会生产力的巨大发展。我国良好的政治经济环境，特别是社会的健康发展决定了大学生对社会的向心力，奠定了他们接受社会主导政治理论的基础。因此，大学生对马列主义、毛泽东思想、邓小平理论的信仰，对建设有中国特色社会主义的信心，对党和政府的信任，将伴随着我国经济建设持续健康、快速发展而不断深化，并内化为自己的政治思想指南，全新的社会政治和时代精神将得到接纳和弘扬，并向以促进经济发展为主要判断标准的方向转变。但随着外来文化与西方思潮的涌入、传播，近现代各种哲学、文化思想与形形色色的西方价值观念，其腐朽没落的本质，极易腐蚀部分大学生灵魂，导致错误的价值取向。面对市场经济条件下出现的一些腐败现象，大学生又因社会阅历较浅，理论素质较薄弱，解决这些问题时难免"底气不足"、困惑迷惘。

（二）大学生的价值追求积极，但价值取向趋于务实

大学生注重个人价值的实现，自我设计、自我奋斗的色彩较浓。一方面，大学生追求有价值、有意义的人生，主动寻找个人与社会的结合点，自觉地充实自己，把个人理想纳入振兴中华的目标，将个人的志愿、爱好、兴趣同国家的强盛、民族的振兴、人民的富裕、社会的进步有机地联系起来，注重实干，讲究效益，希望通过自己的勤奋学习，掌握更多的知识，并积极参加社会实践活动、青年志愿者活动。另一方面，强调个人奋斗，他们特别重视对实用知识的学习和运用，课余把精力和时间主要用于外语、电脑等实用知识和技能的学习上，其学习的动力主要来源于"为了谋求自己美好的生活"和"报答父母养育之恩"，而持"为报效祖国而勤奋学习"的态度减弱，功利性比较浓；在择业时所考虑的因素增多，追求"实现自我、设计自我"，强调有利于个人的发展。同时，随着价值取向的多元化，正确的价值选择变得更加困难，直接导致大学生的价值冲突更加直接、更加剧烈；而世界各国、东西方价值观念在学生头脑中的碰

撞也更加直接、激烈。

（三）大学生获取新知识的能力较强，但对知识的鉴别判断能力较弱

在网络环境的影响下，大学生的鉴别判断能力下降，理想与价值观迷失。当代大学生获取知识的能力较强，获取的知识量已远远超出了学校教育的范围，而且超乎思想教育工作者的想象，但是，无论学生家长、教师，还是学生本人，由于对知识"爆炸当量"的心理准备不足，造成了大学生在不同程度上对知识鉴别、判断能力的欠缺。

（四）大学生注重竞争与参与，但竞争手段有不当之处

大学生普遍注重竞争与参与，但又没有全面正确地理解竞争的内涵，往往自觉不自觉地羡慕和仿效不正当的竞争手段。在市场经济条件下，价值规律的作用要求等价交换、优胜劣汰，竞争机制被引入了人们生活的各个方面，激发了人们的参与意识和竞争意识。身处象牙塔内的莘莘学子也不甘平凡，一方面他们敢于冲破传统束缚，敢想敢做、勇于进取，凭借自身的才智和实力，参与公平竞争，力求竞争的胜利。他们珍惜时间、讲求效益、力争成才，充分展示了当代大学生不甘落后、奋发向上的精神风貌。另一方面，不少大学生，面对现实社会的诱惑，习惯于以市场经济中的原则和价值观去衡量自己的言行，在校不努力学习而是沉溺于感情、拉拢人际关系等方面。

（五）大学生的自我意识较强，但存在个人主义倾向

大学生的价值取向与社会的政治、经济、文化等各方面的变化有密切关系。以"90后"为主的新一代大学生，她们追求理想，同时在现实生活中又容易产生功利化倾向。她们注重自我，个性独特，在追求理想和知识的同时，也追求金钱和物质享受。加上有些家庭对孩子溺爱，导致部分大学生自私、偏执的个性，形成了物质、金钱和地位至上的不良思想。在面临个人利益和他人利益、集体利益或社会利益相冲突的时候，她们总是过分强调个人利益，缺乏人道主义精神和奉献精神，功利主义价值观使大学生的理想、信念、追求发生动摇，道德价值观念受到冲击，一旦这道精神防线崩溃，很可能做出错误的道德行为选择。她们直接参加社会实践的机会不多，对社会实践的艰辛缺乏应有的了解，容易被一些社会假象所迷惑，甚至走向实用主义或现实主义的极端境地。少数学生只关心自己的就业和个人的利益，很少关心社会发展和民族生存，对政治和民生漠不关心，信奉实用主义和拜金主义；还有一些学生学习方向和目标不明，学习

态度不端正,缺乏求知欲,在学习上不求创新,不愿意参加班集体、学校组织的健康积极的校园文化活动,对学校思想品德教育活动更是不热心、不参与。

(六)大学生的思想活跃,但理性思维能力较弱

大学生的思想活跃,但缺乏理性思维,对道德观念、道德体系的认识十分肤浅。面对网络上各种社会思潮,不同国家、民族、政党的意见,她们勇于直面现实、批判现实。但由于其社会经验不足,对中外历史和传统文化的感知肤浅,以自己的是非标准来评判社会上的一切,追求理想化。尤其是对于国外的思潮、观念、生活方式等缺乏客观、正确的认识,也很少能够站在社会和历史背景的角度,对各种社会现象的根源进行理性的分析和探究。

二 我国高校德育工作现状

从当前高校德育工作的总体实践看,其主流是好的,在培养社会主义合格的建设者和可靠的接班人方面发挥了不可替代的重要作用。但与此同时,我们也不能忽视我国高校德育工作存在的问题。

(一)高校德育意义重大,但没有被充分认识

在教育整体中,德、智、体、美等教育缺一不可,德育居于主导和统帅的地位。当前,我国的教育仍以应试教育为主,智育处于评估首要地位,德育在大学的全盘工作中没有得到应有的重视。大学的教学质量评估主要依据本科生生源、研究生报考人数和录取率、学生外语考试成绩、英语四六级过级率以及一些学术性学科竞赛成绩等。这些数字化的评估指标反映了大学水平评估的"知识取向",导致大学忽视了对学生全面素质的培养。这使高校教育更倾向于知识取向,而忽略了道德取向,导致德育在高校的实际工作中遭到冷遇和排挤,德育教师不受重视,德育课为专业课让路的现象。诚如鲁洁教授所言:"在社会泛起唯经济主义、唯科学主义等浪潮中,当社会道德从根本上被挖空时,学校教育已经完全丧失了它应有的批判和反思功能,反而在相互同流、推波助澜中,与社会其他方面共同酿成了空前的道德危机。"[①] 在确立德育目标时,没有充分考虑当代大

[①] 鲁洁:《教育的返本归真——德育之根基所在》,《华东师范大学学报》(教育科学版)2001年第4期。

学生的年龄特征和接受水平，突出共性，淡化个性，忽视了德育目标的层次性和现实性。

（二）德育目标定位过于片面，忽视了学生主体的内在需求

不管从理论还是从实践上看，学生个性品质具有多样性和多层次性，然而，目前高校德育往往强调按同一标准、同一方法要求教育学生，很少正视学生主体的内心需求，忽视了对人的关注，其具体表现为：在德育要求上，重政治教育、轻健康人格培养；在德育过程上，重既往经验灌输、轻创造力开发；在德育模式上，重照本宣科或搬用别人模式、轻自主创新。这实际上也就构成了狭隘的道德实用工具倾向，使当今的大学德育偏离了对人自身品德建设的目的性价值，出现了德育的急功近利的不良情况，这必然导致高校德育的片面化。

（三）德育方法和内容匮乏滞后，缺乏创新性

高校对当前大学生的思想价值取向的变化研究不够，脱离大学生的实际，忽视德育的个性价值，片面强调社会价值。德育方法缺乏创新性，忽视了学生的主观能动性和自觉性，没有考虑学生的需要、兴趣及其接受态度和程度，把教育者的价值观强加给学生。我国高校德育现在仍然以思想政治理论课教育为主要方式，教法脱离实际。思想政治理论课是高校德育的主渠道，但在教学中却呈现出教法单一、满堂灌输的特征。长期以来，思想政治理论课教学注重学生的死记硬背，学生没有真正理解德育内容的实质。这种单一流向的德育方式，使学生失去学习兴趣，不利于学生主动性、能动性的发挥，导致学生道德理论与行为知行不一。尽管当今的德育教学改革强调要发挥学生的主动性，采用了多种教育方法，但总体收效不大。德育的对象是有个性、有差异、有思考判断能力的个体。一个教师面对几十个学生，讲授方法必然是主要的，但这种"我讲你听"的说教式道德教育模式却忽视了个别教育，忽视了学生的内在需要和自我教育，使主客体间很难产生统一的情感体验，学生很难从内心情感上接受或认同德育内容。因此，仅靠向学生灌输抽象的理论和规范，不顾学生的心理发展特点和内心需要，很难达到预期的效果。与此相伴随的另一个问题是德育内容的匮乏滞后，其主要表现为大学的思想政治理论课德育内容、模式单一，缺乏具有大学特色、能张扬学生个性的教育内容。这不仅造成了思想政治理论课教育脱离实际，也使一些大学生认为德育内容在反复重复，从而不予重视。另一方面，没有将适应社会发展需要的内容及时体现在学校

道德教育中,道德教育内容严重滞后,不能满足学生的道德需求。此外,德育评价标准陈旧、落后。我国学校对学生道德状况的评价主要是闭卷类考试,这显然是不科学的。因为对学生实施德育的过程可能会导致其外显行为和内隐思想的变化,这绝非标准化、技术化的试卷可以评价的。考试型评价方法容易导致学生不敢表露真实想法,常常言行不一,教师也无法把握其真实的思想。

(四) 德育教师职业水准下降,德育实效整体低下

高校德育工作队伍是促进大学生健康成长的一支重要队伍,但在招生规模扩大和教师短缺的情况下,不少高校把教师的学历、职称和科研成果当作奖罚、晋级的重要依据,从而忽略了教师职业水准的要求。有的思想政治理论课教师知识贫乏、能力不强,习惯于用过去的思维方式来开展当前的思想品德教育。他们对学生的个性缺乏认识与理解,不会做耐心细致的工作,不善于启发引导并与学生平等交流,没有把德育工作看成是教师与学生人对人、心对心、情对情的双向交往过程,对学生关心不够,强迫学生绝对服从或姑息迁就;有的教师治学不严谨,没有深入钻研教材,对学生不能进行公正、合理的评价,凭主观臆测办事,师生关系缺乏良好的沟通基础;有些教师敬业精神下降,把主要精力放在第二职业上,不能为人师表、以身作则;还有些教师道德丧失,主要表现在学术腐败以及考试舞弊上,这些都有悖于教师的职业水准和道德行为规范,严重损害了教师的形象,也势必严重影响到德育的整体效果。另外,高校德育管理体制不健全,机制不顺、运行不畅、规划不实、队伍不稳、落实不力,这都导致德育在管理上缺乏必需的力度和深度,并进而导致德育的生命力日趋萎缩,德育的整体实效性较低。

(五) 大学生行为养成教育环节薄弱,德育生活枯燥无味

大学生良好道德习惯的养成,不仅要靠思想教育,而且必须辅之以必要的行为管理和德育生活熏陶,把德育生活融于大学生的行为养成中,逐渐培养他们的道德习惯和意志力。由于大学生的身心发展不平衡,思想易于波动,自我约束力差,必须通过严格的教育帮助其自觉践行德育规范。但是,目前高校学生管理的有些制度虽已制定但由于执行不严或操作性不强而只能流于形式。此外,德育教师片面地把学生看成是一种不清楚自己道德需要、只需被动接受先进道德观念的"美德袋",一味地进行灌输,追求德育的卷面成绩,对学生的实际道德素质却不管不问。所有这些都偏

离了德育的原本定位，偏离了学生德育生活的基本方向和现实基础，不能激发学生兴趣，更不能从德育角度强化学生的行为养成教育。

（六）德育工作重理论轻实践，道德认知与道德实践脱节

高校是道德教育的阵地，目前我国高校德育工作中存在的一个突出问题是重理论轻实践。很多高校德育工作仅仅停留在课堂上向学生灌输各类思想价值观，而忽视了将理论与实践相结合。大多数学生不能做到知行统一，不能将课堂上学到的理论贯彻落实在日常生活中，面对纷繁复杂的社会现象不知何去何从，甚至口头上说的是一套实际行动中又是另一套。

第二节 我国女子高校大学生德育现状

女大学生作为当代大学生的重要组成部分，是一个不可忽视的群体，这一时期的女生不论在生理发育还是心理发育方面已趋于完善和成熟。就生理情况而言，步入青年期的女大学生，身高和器官生长发育速度基本稳定下来，性腺机能完全成熟；从心理方面来看，她们对未来充满向往，理想化色彩浓郁，情绪体验深刻细致，情感易外露，情绪稳定性不够。她们有理想，有进取精神，接受新事物快，不固执，但容易受到旧的习惯势力的影响，留有狭隘、软弱、自卑等不良性格痕迹。近年来，随着社会主义市场经济的进一步发展和改革开放的进一步深化，各高校与社会的联系也进一步加强，学校里的大学生多多少少都会受到社会风气的影响和冲击，而女大学生是一个特殊的、区别于男大学生的相对固定的社会群体，她们在生理、心理、性格上，在婚恋家庭、性别社会角色、社会化过程、就业、关系资源开发、消费方式、生活方式以及学习生活态度等方面都有特殊的需求、动机和行为表现，更容易受到社会风气的影响。

一 女子高校大学生德育现状

我校课题组调查了中华女子学院、湖南女子学院、山东女子学院三所女子高校的学生。调查问卷内容涉及基本情况、思想状况、学习情况、生活状况、发展方向和综合方面等六个方面，发放问卷5100份，回收有效问卷5034份，问卷回收率为98%。经过数据清洁、逻辑检查后，分析女子高校大学生德育现状如下。

（一）政治信仰方面

女大学生是关系民族前途和命运的重要群体，其政治态度、政治选择在一定程度上是社会政治价值判断的晴雨表。

调查数据显示，大部分学生有意愿加入党组织，三所院校中表示愿意加入中国共产党的占54.3%以上，随着年级升高有所下降，由一年级的79.2%降到70.3%，三年级入党意愿最低，为54.3%。在入党动机上，愿意入党的同学中，入党动机主要是追求理想和信念，占到48.1%—54.6%，其次是谋求事业上的发展或寻求政治荣誉感、增强就业竞争力。数据显示，大部分同学对加入党组织方面有意愿，但是没有想好的比例还不少。女校在学生思想政治教育过程中，党的组织培养和发展的任务很重，大一到大四的学生中有较大的空间发展党员，特别是大三学生在学业、择业发展过程中处于一个关键点和迷茫点，也是容易失落的一个节点，需要加强政治引导和信仰引导。

（二）价值取向和道德标准方面

调查对象认为人生价值主要体现排在前四位的是：对社会的贡献大小，占到47.6%—72.7%，职务的高低和权力的大小，占到11.1%—52.4%。还有8%左右的同学选择人生价值体现在其他方面，主要包括自我感觉幸福、家庭和睦以及实现自身的价值。女校学生参加社会公益活动的目的占首位的是为了服务社会帮助他人，占到55%—80.6%；其次是满足自我，提高精神境界，占到47%—72.1%；大部分学生参加公益活动的目的是服务社会，帮助他人，公益意识强，也有部分同学比较现实，还有部分同学为了得到赞扬背后所潜在的内在价值驱动力需要加强引导。从数据可以看出，大部分学生有自律意识，反对校园考试作弊现象，但是也有少数学生自律意识较差，心存侥幸，需倡导诚信考试，加大纪律宣传教育，规范作弊处理。

（三）网络媒介的影响日益加深

调查发现，目前女子院校学生平均每天上网时间为1—3小时的所占比例最高，其次是3—5小时。学生上网的主要目的是阅读新闻，查找学习资料，音乐和娱乐及聊天、交友。随年级升高，阅读新闻、聊天交友及音乐娱乐比例逐年增高。随着信息技术及互联网的迅速发展，如何加以引导和规范以促进学生合理使用网络是关键。上网情况无明显年级差异。

（四）就业方面

调查显示，在女校学生中，对大学生择业、就业、创业政策了解一般的比例占34.1%—46.1%，并随年级升高而有所升高；不太了解的，占23.8%—42.3%，随年级升高降低；了解的同学比例较少，占14.2%—22.1%，但随年级升高而略有增加，很不了解的占2.4%—6.9%，非常了解的占2.6%—5.9%。学生在选择未来发展方向时主要考虑的因素依次是：薪酬与福利、发展机会及兴趣或社会声誉等。但不同年级有显著差异，低年级学生较多考虑薪酬与福利，随年级升高，越来越多同学考虑社会声誉、发展机会、专业对口及兴趣。

（五）社会环境对女大学生德育的影响

我国当前正处于社会急剧变革的重要转型时期，马克思主义认为，一定的社会存在决定着一定的社会意识，道德作为一种特殊的社会意识，必然受着社会存在的影响。在女子高校德育中，同样充满着诸多的困惑。如高校在实施"以人为本"的现代价值理念，坚持受教育者的主体地位，并试图转变传统德育模式，构建新的现代德育体系的同时，也对其认识不够和把握不当。

（六）市场经济作用对女大学生德育的影响

社会主义市场经济体制对女子高校德育的影响是双方面的。首先，市场经济的竞争机制有利于促使女大学生对个人自我价值的追求与奋斗，有利于培养她们的进取观念和价值观念，有利于增强她们的竞争意识，更好地适应当今社会变化发展的需要。然而，市场经济体制形成发展过程中也存在对高校德育的消极影响因素。如市场经济的竞争性在鼓励和鞭策大学生不断发挥主观能动性，在激烈的竞争中成就自我的同时，也让他们逐渐失去了团结协作的动力。市场经济的自主性在增强当代大学生的自我意识，培养他们的独立能力的同时，也使得一些学生过分关注自我，强烈追逐个人利益，而淡化了集体意识，从而诱发极端的个人主义和享乐主义。调查结果表明，25.2%的大学生认为及时行乐不是没有原因的，"舍己为人""以德报怨"等我国优良传统美德被少数女大学生认为是陈腐守旧的。另外，还有被调查的女大学生认为，当今大学生的整体道德水平与他们所处的社会环境因素是紧密相连的，社会风气不正的话，大学生道德水平很难得到真正提高。

二 女子高校德育工作现状

（一）德育工作管理体制

高校德育管理体制是指以正确的德育指导思想为基础，遵循德育原则而建立的德育组织系统。德育管理体制是高校德育工作体系的有机组成部分，在高校德育工作体系中占据重要地位，科学、有序的德育管理体制能正确处理好德育过程中的各种关系。以几所女子高校为例，德育管理体制的现状主要表现为以下四个方面。一是学校建立起了以学生管理体制为主要依据的德育系统，校、院系均成立了德育工作机构，配有专职辅导员；成立了思想政治理论课领导机构——思想政治理论教学部，引进了思想政治理论课教师；学校每年都开展师德标兵评选活动。二是德育摆在智育之后，高校的工作主要围绕智育进行；部分领导、教职工主观上认为党委抓德育，行政抓智育，没有树立全员育人理念。三是德育和智育一般是分开进行的，负责思想政治理论教育的教学部门与负责德育行为教育的学生管理部门工作上一般互不联系；实施德育评价时非常重科学知识和能力的提高。四是每年对德育队伍学历能力和待遇提高及设备增加等方面经费的投入有限，且基本没有对教职工进行职业道德教育。

（二）主要德育途径和方法

德育途径和方法是德育工作人员开展德育工作的必备武器，没有正确、有效适应高校德育工作实际需要的德育途径和方法，即使拥有顺畅、科学的德育管理体制和素质超凡的德育工作队伍，高校德育工作也会事倍功半，成效低下。目前的高校德育的主渠道和主阵地是专门的德育课程（思想政治理论课）和德育活动，专业课、党建工作、党团活动和各类大型活动是辅助渠道。思想政治理论课教师一般采用知识灌输、说理的形式进行德育教学，重知识、轻实践。学工等部门的德育工作人员习惯于用命令、指责、训斥的方法对学生进行品德教育，没有运用先进、科学、人性化德育工作方法的意识。专业课教师在课堂进行专业知识教学时，也利用专业知识中蕴含的德育因素对学生进行品德教育，但大多数专业教师认为品德教育主要是学生工作人员的事情，且对学生品德的认定与评价一般以专业课和德育课的考试分数为主，以学生工作人员的主观评价为主，很少考虑学生的实际道德行为和意见，家庭和社会较少参与，没有形成校内、校外德育工作联动机制。

（三）德育工作队伍构成

德育工作者是高校德育工作的主力军，优秀的德育工作人才更是德育工作前进发展的重要动力，他们的现状直接关系着高校德育的前途和未来。根据调查发现女子高校中主要是由学工部门（学生处、团委、招生就业工作处）专职工作人员和院系党总支书记、辅导员及班主任负责学生的德育管理（含日常事务管理）工作，这些人中有些是刚毕业的大学生，很多人都不是教育学或心理学专业毕业的；日常事务烦冗，很少有时间下寝室下班级，主要利用大会形式开展德育。他们开展德育工作时凭借的是经验、老办法，而缺乏完善的法理和规章。他们工作很多、很杂，额外工作补助不多，很多人多年来职称和职务原地踏步，很少晋升，德育工作者与专业教学人员在被认可度上差别比较大。思想政治理论课教师大多是相关专业博士，理论水平较高，但教学经验缺乏，基本上都是从学校到学校，缺乏社会经验，很难将理论联系实际。

第三节 我国女子高校大学生德育工作存在问题分析

一 德育理念滞后，德育工作的整体协调性不足

高校的德育工作在实践中更多关注的是按照社会规范的需要来确定培养规格和设计培养过程，非常强调德育的社会价值、工具价值，德育等同于政治思想教育。甚至有的德育活动本来不具有政治色彩，也被贴上政治标签，以突出教育者的工作成绩。同时，高校还在一定程度上忽视受教育者自身德行发展和完善的需要，忽视对大学生进行思想品德教育和道德习惯的培养，忽视对学生健全人格的塑造，忽视学生的个性发展和主体性，忽视学生的价值，推崇听话、服从，认为受教育者就必须服从教育者的意志，教育者必须对受教育者严加管理和监督。长此以往，最终的结果是大学生比较符合社会共同规范的要求，但其独立思维能力、批判精神、创新意识、良好的个性心理素质和品德素质等的培养和发展却大大被削弱。为适应社会要求，我们强调德育的社会价值、工具价值是可以理解的，但过分地强调便适得其反，会导致人的主动性和创造性的发展被扼杀，不利于学生良好品德素养的养成。另外，还有一个影响高校德育工作实效的问题就是，全校没有德育工作综合协调部门，开展德育工作时各自为政，德育工作效率极低或根本没有效率。各德育要素之间缺乏互动性，德育的第一课堂和第二课堂之间尚未形成相互呼应的有效衔接；学校内部的全员、全程、全方位德育格局尚未形成；学校外部的大、中、小学纵向衔接和学

校、家庭、社会的横向贯通"立交桥"尚未真正建立，德育教学内容、形式和现实有所脱节。

二 德育评价不全面，德育评价理念和评价体系落后

从评价理念层面来说，高校的德育评价更多强调的是其管理功能，对教育功能的认识和开发则非常不够；而且对德育评价目的认识不明确，重视终结性评价，对形成性评价和学生品德发展的过程和内在因素重视不够。我们的管理者比较习惯用既定的品德标准来衡量不断发展中的受教育者，当受教育者的品德言行与既定的标准不符合时，不是去反思既定的标准是否合理，而是用既定的标准全盘否定受教育者的品德的发展状态。同时，因评比需要，管理者要求评价结果尽量数字化，因此使德育评价这一复杂的问题简单化，"人"的问题"物化"，精神问题物质化。可见，这种评价不是积极大胆地激励引导学生，而是想方设法约束防范学生。这样一来，富有个性、敢于说真话、敢于发表独立见解的人，反而不被认可，不受欢迎。第一课堂的评价以理论知识记忆为主要考核指标；而第二课堂的德育实践活动、道德品行养成教育等尚未纳入德育课程和考核体系，在知行统一的育人过程中学生的主体作用未得到充分发挥。

三 德育途径单一，德育方式、方法呆板简单

在目前高校的德育工作中，"灌输"仍然是最主要的方法，一些教育者错误地把学生当作装灌美德的容器，把活生生的道德实践转换成规定性的道德规范知识。这种强制灌输性的教育既缺少学生的实践活动，又缺少体验，是崇尚独立自主、讲究自由选择，以理解为接受的根本前提的大学生所厌烦的，这种德育方法导致了大学生"知而不信""言而不行"。这种灌输教育方式脱离了学生的道德经验和能力，限制了道德智慧的发展，也抑制了个体的个性与自由。

高校的道德教育有明确的定位，对被教育者来说，应始终坚持正确的价值观和道德观引导。为此，在课堂上教师可以通过讨论，启发学生思考，使学生对问题有更多方面的深入了解和分析，从而把大学生的思想认识和道德认识引导到正确的价值取向上来。然而，在高校，很多课程包括德育课程的讲授，存在着教师课堂讲授随意化、个性化的问题，部分教师置统一教学大纲不顾，完全按自己的观点、有些甚至用值得商榷的观点讲授课

程，引导学生。这在一定程度上使大学生本来就困惑的道德意识变得更加模糊、混乱，偏离了教育原则和目的。对于上述大学德育方式、方法方面存在的问题，著名学者潘懋元曾有过精辟论述："德育方法上的问题主要是形式化、简单化而不甚讲求实效。我们的德育工作，长期以来习惯于通过课堂教学灌输政治与道德知识，因而不断增加政治课、德育课的门数，而不善于寓德育于人文、社会以及自然学科课程的教学之中；习惯于通过号召，虚张声势，而不善于做深入细致、有针对性的思想工作；习惯于通过批评、禁止等行政管理手段来规范学生的行为，而不善于形成集体舆论、文化气氛对学生进行熏陶；习惯于居高临下从社会的需要对学生提出来种种要求，而不善于从学生的角度进行心理分析，以心理咨询的方法引导学生。某些方法的采用，虽然见效于一时，但不能在学生思想深处扎根，在市场经济负面地冲击下便显得苍白无力。"[①] 潘懋元先生的这一深刻论述全面总结了高校德育工作方式、方法方面存在的严重问题，值得我们深思。

四 德育工作队伍不受重视，整体素质有待提高

高校对德育的重要性认识不足、措施不力，对德育工作者不关心，经费投入少。特别是有些领导干部和教师，认为德育是务虚的，在当前大环境下难有实效；认为德育就是政治教育，是政治课教师的工作；认为思想政治理论课是摆设，德育投入可有可无，能省则省，等等。所有这些认识，使学校的德育工作处于"说起来重要，做起来次要，忙起来不要"的状况，结果是"领导空喊，学校偷懒，学生反感"。在谈到全国高校普遍存在的此类问题时，著名德育专家刘吉曾形象指出："现在的问题是人人都说思想政治工作重要，但做起来次要，甚至不要，认真抓的人不多。不想做、不愿做、不会做思想政治工作的人不是少数；轻视、忽视、不重视思想政治工作是普遍现象，绝不是一个单位、一个部门、一个行业、一个地区的问题。当前我们党内在这个问题上存在说假话、说一套做一套的不良现象。[②]" 部分领导干部和教职员工作为大学生学习、生活的指导者和管理者，其不良的道德行为也会极大影响学生的道德选择，从而导致一些大学生品德素质

---

① 潘懋元：《改进高校德育工作的两个问题〈社会主义市场经济与高等学校德育建设〉》，《高等教育研究》1996年第2期。

② 刘吉：《对思想政治工作几个重大问题的思考——学习江泽民同志在中央思想政治工作会议上讲话的体会》，《北京日报》2000年7月24日。

低下。比如,一些教师自身生活作风败坏,学术舞弊,给学生德育带来了负面影响;一些教师的一言堂作风造成了学生的反民主意识和奴性思想;以不良的态度对待学生,过多的教训甚至贬损使许多学生产生过失心理、负罪心理和逃避心理;空洞的说教和形式主义使学生对政治、道德厌倦。更有甚者,一些政治课、德育课在某种程度上成了培养学生双重人格的科目,学生学会了言不由衷,言行不一,学会了怎样使理论脱离实际、在辩证法名义下的形而上学思维。加强大学生的品德教育,必须有一支高素质的德育工作队伍和先进的工作设施,而高校目前投入德育工作方面的人力、财力、物力严重不足,德育工作设施极其陈旧,专职德育工作人员(主要指学生工作系统的工作人员,包括校、院两级分管学生工作的主要领导和专职辅导员,但不包括兼职的班主任和德育课教师。下同)待遇不高;且因缺乏适应市场经济和网络时代新情况的有效激励机制,缺乏规范的德育工作人才建设制度和评估约束体系,德育工作队伍存在思想不稳定、数额不足、素质不高、后继乏人、工作积极性不高等问题。

五 学生自律意识差,自我教育能力不强

自我教育能力是道德主体对道德规范、信念、社会舆论等加以内化并用来认识、评价、判断、控制和监督自我的能力,是大学生道德自律的重要内驱力。良好的自我教育能力有助于受教育者形成和发展良好的道德品质和个性。但是当前,一方面,长期以来高校的教育者由于受传统德育模式的束缚,对学生自我教育能力的培养不够重视,没有意识到发展和培养学生自我教育能力的重要性,不注重激发学生自我教育的需要,脱离社会生活在课堂上对学生开展自我教育,且课堂教学中经常运用的传统教学方法不能有效传授自我教育方法,没有帮助学生提高自律意识。另一方面,部分学生因进校时的文化素质和品德素质不高,自我意识和"慎独"能力不强,对自身缺乏客观评价,忽视了自我教育和自律意识的作用,一味等待教师来帮忙纠正不良品德行为。校园文化在培养自我教育能力和自律意识中具有重要作用,互联网作为信息化进程的产物,正以其特有的平等、开放、及时、互动性等特点成为大学生开阔视野、扩大交往、学习知识的重要渠道。但互联网也有其不利的一面,那就是网络中充斥的色情、暴力等不健康的内容和其极易使人脱离现实等特点,弱化了大学生的自我教育能力,影响了大学生良好品德的养成。

六 高校、家庭、社会三方合作机制不完善

高校、社会、家庭三方对大学生品德教育均负有不可推卸的责任。但是当前,高校的德育工作主要依靠高校自身及其专职德育工作者来承担,脱离社会,脱离家庭,德育效果大打折扣,主要表现为:首先,高校、家庭、社会三方对学生的德育要求不一致,经常"撞车"。具体来讲,就是在价值取向上,存在着理想主义与实用主义的冲突;在道德修养上存在着育人为本与道德虚无的冲突;在精神生活上,存在着高雅追求与庸俗趣味之间的冲突,社会上反科学、反理性的迷信愚昧和歪理邪说、低级庸俗的商业街头文化、互联网上的有害信息等无不对大学生产生负面影响;生活方式上,存在着倡导艰苦奋斗与贪图享乐的冲突,高校的艰苦奋斗教育与一部分家庭父母的溺爱有加、社会上的奢侈风气产生强烈的冲突,一系列的冲突极大弱化了高校的德育实效。其次,三方没有合作平台,不愿意、也不知道如何着手合作做好学生德育工作。但是如果大学生道德出现问题,社会和家庭就会指责高校教育不力,却从不反思和检讨自身行为。

总体而言,近年来,由于社会环境、教育导向、道德教育方式等因素的影响,不少大学生道德迷茫,价值取向扭曲,理想信念模糊;在市场经济的大潮中,社会上出现的丑恶现象对高校的道德教育也产生了负面影响,学生中出现了请客送礼,抄袭舞弊等不良现象;对外交流的扩大,特别是互联网技术的应用和发展,西方腐朽思想文化向高校渗透,享乐主义、拜金主义和极端个人主义在一定程度上影响着大学生的思想道德观念。面对当前高校德育工作的严峻形势,高校已经意识到了问题的严重性和紧迫性,并正在竭尽全力,努力查找产生问题的原因,采取各种措施扭转这一局面,以培养道德品质合格、有利于社会发展的新一代大学生。

第三章

我国女子高校女大学生德育体系构建的基本思路和原则

第一节 构建的基本思路

构建德育体系以系统理论为理论基础，以德育为先、整体性、以学生为本、理论联系实际为基本原则，以第一课堂教育、第二课堂教育、第三课堂教育为主要内容，以政策、制度、评价为保障整体构建女子高校大学生德育体系，为增强高校德育工作的科学性、针对性和实效性提供理论参照和实践模式。

一 以三个课堂为平台，构建我国女子高校大学生德育体系

当前，在经济全球化、社会信息化、文化多元化、价值取向多样化的新形势下，以及大学生的个体性、独立性、多变性、差异性日益凸显，给高校德育工作带来了新挑战。高校德育工作是个有机的整体，并不仅仅限定在"八小时之内"的第一课堂内，还应以校园与社会为平台，围绕学生的日常生活，加强校园文化建设、校外实践建设，也就是要扩展到德育的第二课堂和第三课堂中。

在多样化、信息化、多元化条件下，迫切需要准确把握新时期高校德育的走向和趋势，厘清德育活动中的各种关系和问题，这是提高德育的针对性和实效性，始终能够坚持高校德育正确方向的重要前提和必要条件。女子高校德育工作不但要顺应这种形势的要求，更要找出自己的特色，摸清"90后"女大学生的特质，从实际出发寻找女子高校德育的方法和途径，解决女大学生的切实问题，构建女子高校大学生德育体系。

女子高校还应根据课内教学和课外实践、校内活动与校外活动的内容，探索德育的实施途径与实施方法，搭建一个第一课堂、第二课堂和第

三课堂有机结合；教师队伍、管理队伍和服务队伍相互协同；教育与自我教育、管理与自我管理、服务与自我服务相互配合，全员、全过程、全方位育人的德育平台。

二 科学设计三个课堂，促进德育体系的形成

随着"大德育"理念的逐渐推广，三个课堂的提法逐渐被认可，大家相对一致认定传统德育课堂教学为德育第一课堂教育，校内课外活动部分为德育第二课堂教育，校外社会实践部分为德育第三课堂教育。三个课堂内容互相延伸，形式灵活多样，相互配合、互为一体，形成德育体系。

德育第一课堂是普遍性和特殊性的有机结合，一方面它具有明确的培养目标和教学计划，以班级为基本单位，以教室为主要场所，由教师在规定时间内开展组织教学，进行知识传授。以课堂教学为中心开展德育的第一课堂教育，主要包括以思想政治理论课程为主的理想信念教育；以军训、军事理论课为主的爱国主义教育与国防教育；以女性学为核心课程的女性社会性别意识教育；以心理健康课程为主的女大学生心理素质教育；以博雅课程教育为主的女性自我修养教育；等等。德育第一课堂必须充分发挥主渠道作用，通过创新性课堂教育教学的开展，帮助女大学生进行道德发展目标、成长方式及学习方法等的调整，激发其发展自我、奉献社会的道德追求，培养其独立思考、积极参与的主体意识，提升其践行道德要求、推动社会风尚的实践能力，最终实现从"要我做"到"我要做""我能做"的根本性转变。女子高校德育第一课堂应坚持知识传授，引导女大学生理性思维习惯的养成，使女大学生将个人价值和社会价值有机融合。

德育第二课堂是以校内课外活动为载体开展德育的第二课堂教育，主要包括文化活动、科技活动、创业活动以及学生结合所学专业举办的课外活动等。高校德育第二课堂作为学生创新能力培养和素质拓展的重要载体，在培养学生创新意识、激发潜能、人格塑造等方面的作用越来越突出。第二课堂教育以其灵活、广泛、新颖的特质和第一课堂无法替代的育人作用，成为实施素质教育的重要载体。第二课堂是高校德育的重要载体，是第一课堂教学的有益延伸和补充。大学教育需要利用有特色的第二课堂活动教育学生、培养学生，坚定理想信念，营造优秀校园文化，提升学生的实践能力、科研能力、组织能力和领导能力。女子高校德育第二课

堂还应实现对女大学生"四自"精神和公益意识的培养,使其全面发展成为知性高雅的应用型女性人才。高校在第二课堂教育中,要注重对学生创新精神的培养,要利用校园文化建设来凝聚学生,开展丰富多样的校园活动,使学生获得归属感与荣誉感。通过开展多层次、高品位的品牌校园文化活动,使学生在健康向上的校园文化氛围中受到熏陶和教育,把校园文化的内化教育功能与大学生自我塑造有机结合起来,最大限度地发挥文化在育人方面的积极作用。要做好青年教师专职团干部的培养工作,在德育第二课堂活动中发挥其"排头兵"和"传帮带"的作用。在构建和谐校园文化方面起导向作用,加强对青年教师专职团干部的培养可以提升德育第二课堂的内涵和水平,对培养和壮大学生干部队伍有重要意义。高校应致力于提高学生创新的热情,精心筹划科教活动项目,激发学生对于创新的积极性,增强大学生的科学精神。高校应提供更多实践机会,促进学生理论联系实际。女子高校第二课堂活动的开展应以性别意识为基础,加强男女平等基本国策和"四自"精神的教育,挖掘女性发展潜能。

　　德育第三课堂是对第一课堂和第二课堂的有益延伸和必要补充,在女子高校人才培养中发挥着不可替代的作用。扎实开展第三课堂活动,有助于学生将理论知识学习与社会实践相结合,通过实践锻炼促进自身成长。女子高校的第三课堂是以社会实践为核心开展德育的第三课堂教育,主要包括大学生对社会的认知,社会实践、志愿服务以及就业见习等校外活动。女子高校既要重视第一课堂和第二课堂,也要重视第三课堂,要把第三课堂建设放在人才培养的重要位置。第三课堂的内容和途径应区别于传统课堂,以参观体验为主,注重学生的思维训练和实践能力,使学生们通过多元的社会实践拓展学习场域,从而增强交流能力与社会交往能力。女子高校德育第三课堂的构建要以中国特色社会主义理论体系为指导,全面贯彻党的教育方针和社会主义核心价值观,遵循女大学生成长规律和教育规律,以知国情、受教育、长才干、做贡献为宗旨,以社会体验、志愿服务、社会调研和就业实习为内容,以形式多样的社会实践活动为载体,以稳定的实践基地为依托,以建立长效机制为保障,积极引导女大学生走出校门、深入基层、深入群众、深入实际,了解社会、服务社会和奉献社会,树立正确的世界观、人生观和价值观。通过第三课堂,女大学生逐步融入现实生活,深化对社会的了解,切身感受个体与社会之间的相互关系,理解和习得分辨善与恶的知识和能力,在社会生活实践中完成人生定位，确定追求的目标方向，在服务社会的过程中实现人生价值。第三课堂为学生从学校跨入社会的人生关键阶段，也是个体道德人格形成的关键阶段，学校要提供至关重要的支持和引导，实现学校与社会，知识与实践的有效对接。

只有三个课堂内容充实、形式多样，才能让学生接纳并内化到行动中，真正发挥育人的功能。

三 协同推进三个课堂，形成完整的德育体系

在女子高校这个特殊的育人环境中，如何运用科学的、发展的方式和措施，针对女大学生全面发展出现的问题，进行有效的引导和指引，使社会主义核心价值观、社会优良风气和道德风尚得到女大学生的认可与接受，并内化为她们的行动准则和指南，使她们在思想和行动上达到"知行合一"，是女子高校德育的重要目标。

我们所说的第一、二、三课堂的内容与形式，实际上就是将高校德育从课堂延伸到课外，从校内延伸到校外，从理论学习延伸到社会实践。三个课堂之间的关系，从目的上来说是统一的，都是为了提高学生的知识、能力与素质。从地域空间上来说，第一课堂主要在教室内部，第二课堂大多在教室外校园内，第三课堂以校园外为主；从形式上来说，第一课堂主要以教师授课为主，第二课堂主要是高校组织下的学生为主体的各项校园活动，第三课堂主要是学校指导下的学生自主参与的各项校外社会实践活动。三个课堂之间的关系是相辅相成、互相促进的。第二、三课堂是对第一课堂外延上的延伸、内容上的补充，其最终目的就是为了全面培养高素质的女性人才。

第三课堂是第一课堂和第二课堂的有益延伸和必要补充；第一课堂是学生获得专业知识的主要途径；第二课堂是在第一课堂的基础上，通过组织开展丰富多样的校园文化活动，为学生多方面能力培养提供课堂教学所无法提供的帮助。但仅有这些还不够，知识需要被运用和检验，需要创造和发展。知识再生产的循环是整个社会再生产循环的有机组成部分。第一课堂和第二课堂主要是知识传承本身的循环，是学生、教师和教材之间的流转，第三课堂实现知识学习与社会生活的初步衔接，通过融入社会生活，知识在应用中被检验、修正和发展。

女子高校德育第一课堂应坚持履行传授的职责，但不唯知识教学论，

要适应、体现高等教育的目标要求，在教学中致力于"授人以渔"，引导女大学生学思结合、践行统一。女子高校德育第二课堂应丰富活动内容，包括学术科技、文化娱乐、体育活动、社会实践等社会适应性活动，努力提高学生的人文素质和各方面能力。女子高校德育第三课堂应使女大学生逐步融入现实生活，深化对社会的了解，切身感受个体与社会之间的相互关系，理解和习得分辨善与恶的知识和能力，在社会生活实践中完成人生定位，确定追求的目标方向，在服务社会的过程中实现人生价值。

第二节　构建的基本原则

德育体系是一个复杂的系统，涉及德育的方方面面，各个相关联部分必须协同运作、互相配合，才能保证德育效果。构建德育体系的基本原则是整个体系建构的重要方面，这些原则应该成为德育体系整体运作的基本目标和规范。

一　以德育为先的原则

要坚持"育人为本"必须贯彻落实"德育为先"。十八大也把"育人为本、德育为先"写入党的报告中，充分体现了党对现阶段学生德育工作的高度重视。因为坚持德育为先是解决培养什么人、怎样培养人的重大问题的关键。人以德立，国以德兴。立德树人是教育的根本任务。德育为先，强调了教育要坚持社会主义方向，培养有理想、有道德、有文化、有纪律的社会主义事业建设者和接班人。德育为先，是教育工作必须遵循的根本原则。

（一）德育为先的内涵

德育即育德，也就是有意识地实现社会思想的个体内化，或者说有目的地促进个体思想品德的社会化。

德育为先是强调德育对整个教育而言要有先导性、引导性的地位与作用。德育为先的具体内涵：首先，德育为先是一种教育理念和育人的要求。离开德育谈教育无异于缘木求鱼。如果教育只重视传授知识，那就只能说它在重视教书的任务，但却没有重视育人的使命。其次，德育为先所表达的并不是教育中的顺序问题，而是对教育的本质的界定。在教育过程中，我们都知道德育、智育、体育、美育缺一不可，任何只强调某一方面的做法，都背离了素质教育的关于全面发展的要求。第三，德育为先是多角度、深层次的为先。高校德育工作可以分为几个层面：领导层面、教师层面、管理层面等几个方面。其中领导是方向，教师是中心，管理是保障。领导要重视德育，教师应热爱德育，管理需服务德育。

（二）坚持德育为先的原则

坚持德育为先是中国共产党的一贯主张，坚持德育为先的原则是全面贯彻党的德育工作方针的需要。在德育管理实际中，在学校素质教育中，坚持德育为先原则是坚持党对学校的领导、贯彻党的德育工作方针的具体体现，是中国特色社会主义教育事业的鲜明标志，也是我国教育为社会主义事业培养合格建设者和接班人的重要保证。

德育管理的基本功能是协调德育与学校其他工作关系、合理配置德育资源、增强德育的有效性。坚持德育为先原则是提高德育管理有效性的需要，坚持德育为先原则，有利于增强德育管理者的责任感，增强德育工作者的自信心和使命感，有利于资源合理配置，保证教育工作的需要。

提高学校整体素质是现代学校发展的综合目标，坚持德育为先原则是提高学校整体素质的需要。德育既是学校整体素质的重要方面，又在学校素质结构中居于主导地位，对于学校的其他素质具有导向、制约、激励和保证作用。

（三）贯彻德育为先的原则

高校要深入贯彻"德育为先"的理念，以育人为本，以德治学。德育为先重在落实，高校"德育为先"主要通过课堂教学和课外实践来实现，学校理应做到德育先识、德育先行。

课堂教学是高校落实"德育为先"的主渠道，要不断挖掘课堂教学的潜力，充分发挥它的主导作用。

首先要提高思想政治理论课的教学质量，提升思想政治理论课教师素质是关键。思想政治理论课是大学生的必修课，但不少学生认为思想政治理论课教学枯燥乏味、难以接受，课堂教学难以达到预期效果。思想政治理论课教师如何将抽象的理论转化为能为学生所用的知识是关键。为使思想政治理论课教学能够贴近学生的生活，教师就需要不断提升自己的知识转化能力，使自己成为学生思想道德的有效引导者。其次要大力普及法律知识，提高学生的法律意识。要培养学生公平、正义等主流价值观，就需要学生有较强的法律意识。法律意识有助于学生良好道德行为习惯的养成,是现代大学生应该具备的思想道德素养的一个重要方面。最后要充分运用形势政策教育中理论联系实际的优势。"形势与政策"课具有的时效性、针对性、政策性等特点决定着形势与政策课是理论与实践之间的桥梁。形势政策教育形式多样,内容生动鲜活,它以建设有中国特色社会主义的理论为指导,紧密结合国内外实际,把发生在大学生身边的事件作为教育内容,并使之与思想政治教育的理论结合起来,能极大激发大学生的学习热情,增强大学生的民族自信心和社会责任感。

德育的课外实践,主要通过评选榜样示范和活动认同等方式教育和影响学生,从而使学生形成正确的世界观、人生观和价值观。

首先要大力建设校园文化,增强德育的生命力。校园文化的具体表现形式可以分为两部分:一部分包括校园环境、建筑、图书、设备等在内的硬件设施,一部分是由学校的各种规章制度及校训、校风、教风、学风、审美倾向等组成的软件。其次要充分发挥党团组织的作用。党团组织既要教育人、引导人,又要关心人、帮助人。要发挥党团组织的政治优势和组织优势,坚持标准,保证质量,把优秀的大学生吸纳到党的队伍中来。同时要保持密切联系群众的优良传统,关心贫困学生、帮助有困难的学生;拓展社团组织活动的领域,发扬学生的集体主义精神和团队协作精神;开展节日活动,增强大学生的主人翁意识和爱国主义情感。如在五四青年节、"一二·九"运动等节日可以开展内容丰富、主题鲜明的全校性的活动;组织学生开展社会实践活动,增强学生的社会责任感。社会实践是学生走出象牙塔,锻炼自己的知识转化能力的有效手段,因此是对学生道德教育的必不可少的重要环节。

二 整体性原则

在德育体系中坚持整体性原则是高校"全员、全过程、全方位"育人机制的需要,也是形成高校德育工作齐抓共管、相互配合支持的德育工作机制的需要。

(一)整体性的内涵

整体性原则又称系统性原则,是指管理者在工作中将工作对象看作一个由众多要素有机结合起来的系统,从整体着眼对待各个部分和部分之间的关系,使局部服从整体,实现工作效果最佳化。学校的领导者在管理学校工作时要对各部门、各项工作和各种要素进行系统分析，对它们协调地加以计划、指挥、控制和评价，最大限度地完成学校各项任务和目标。

（二）坚持整体性的原则

坚持高校德育工作的整体性原则是形成学校"全员、全过程、全方位"的育人机制的需要。培养年轻一代的大学生，努力使之成为全面发展和健康成长的一代"四有"新人，"成长、成才、成人"是人才培养的宗旨与目标，这既是面向全体学生，面向学生的一切，同时也要坚持全员育人的根本原则，把管理育人、教书育人、服务育人的工作落到实处、落到细节。同时还要对大学生的整个成长过程负责，从招生进来到毕业走上工作岗位这一期间的学习、培养过程负责，即对其成长的全过程负责。全方位育人既是指在德智体美劳诸方面全面发展与健康成长，也指高校育人工作是一个整体，缺少哪一个部门与人员的支持和配合都不行。

坚持高校德育工作的整体性原则是形成高校德育工作齐抓共管、相互配合支持的德育工作机制的需要。高校德育是一个系统工程，涉及高校的单位、部门比较多，因此需要相关部门的人员大力支持、相互配合，变分力为合力，变阻力为动力，既齐抓共管，又分工负责，充分发挥各部门人员的主观能动性，形成高效运转的德育工作新机制。

坚持高校德育工作的整体性原则是实现高校德育工作内容与方法相互衔接的需要。大学生德育与高中阶段德育内容的重复、交叉现象，使得其分工不是那么紧密和自然。再就是大学生德育方法与高中阶段的德育方法也无显著、鲜明的变化，容易使学生产生应付、厌烦、对抗、抵触与逆反心理，从而使得高校德育工作的实效性大打折扣。

坚持高校德育的整体性原则是提高高校德育工作实效性、有效性的需要。高校德育工作是一项系统工程，整体性、统一性是其根本特点。德育工作首先要与其他工作有机结合并高度统一起来，要克服以往德育工作"两张皮""单打一"的现象和弊端，使德育工作贯穿、渗透在文体活动中，以收到"润物细无声"的艺术效果。德育工作的整体性还要求我们的德育工作者要有齐抓共管、相互配合的意识与行动。只有形成"大德育"观，社会、学校、家庭、用人单位之间相互交流情况、沟通信息，相互配合支持，形成德育工作的立体交叉网络与工作体系，才能大大增强德育工作的有效性。

（三）贯彻整体性原则

努力形成高校德育工作齐抓共管、相互配合、支持、协调的育人工作机制。德育工作的整体性原则要求我们高校德育工作的各个职能部门的工作要到位，要根据自己部门工作的特点和重心，积极主动地开展德育工作，发挥各个部门的主观能动性和工作创造性，努力开拓工作的新渠道新领域。同时又要和其他部门相互支持配合，不留高校德育工作的"盲区"和"死角"。

努力构建"全员、全程、全方位育人"的整体校园环境与氛围。高校要加强与社会、家庭、用人单位的联系，形成全方位、立体化、多渠道、相交叉、多互通的德育工作体系与网络。从德育工作的整体性原则来说，高校应主动加强与社会、学生家庭、用人单位的联系，及时交流信息，沟通情况，相互配合支持，以求共同做好大学生德育工作。

德育是一个整体，只有采取理论教育与实际工作相结合的模式才能达到理想的效果，改变教学与管理相互脱节、各自为政的"两张皮"现象。作为系统化的高校德育工作，教学与管理应互相融合，达到教学中的言之有物；管理部门的部分同志应参加一定的教学活动，通过课堂理论讲解和分析自己工作中遇到的实际问题，促进学生提升对理论的认识与看法，避免就事论事，做到言之有理。

大学是社会的一部分，社会就是一个更广意义上的大学。德育的目标就是要帮助大学生完成社会化的过程，让其成为对社会有用的人。我们通过第一课堂的教育，完成理论武装头脑的过程，使其按照社会主义核心价值观的要求，做一个遵纪守法、道德高尚的人。我们通过第二课堂的暑期社会实践、学生义工、志愿服务等活动，让学生做一些社会调查、撰写调查报告，让学生逐步适应社会、了解社会。通过第三课堂的社会实践和实习，让学生真正走向社会，向社会人转化。

三 以学生为本的原则

学生是教育的中心，也是教育的目的；学生是教育的主体，也是教育的根本；学生是教育的出发点，也是教育的归宿。一切教育都必须以学生为本，这是现代教育的基本价值。学校贯彻"以人为本"的科学发展观，就是要从根本上坚持以学生的成长为本，以学生的发展为本，充分尊重、理解和信任每一个学生，真心诚意地把学生当作教育的主人，学校的主人，保证学生全面健康地发展。

（一）以学生为本的内涵

就思想渊源而言，以学生为本的教育观源于古希腊的自由教育，其核心是充分尊重学生在个性、兴趣、爱好、能力、特长等方面的差异，因人施教。"以学生为本"就是把学生作为学校教育和管理的根本，就是从学生成长和发展的角度出发去开展工作，就是时时处处把学生的切身利益放在学校改革和发展的首位。教育是以关心、关怀、关爱学生的健康成长、全面发展为目的的，这就决定它不仅仅是知识的讲解和传授过程，更多的是文化传承、思想交流、情感沟通、心灵塑造的过程。

"以学生为本"的内涵包括从学生的发展出发，让学生主动发展，让学生个性得到充分发展，让学生实现可持续发展，让学生得到全面和谐发展，让全体学生都得到发展。使全体学生获得全面、主动、有个性的可持续发展，是"以学生为本"的根本内涵。

(二) 坚持以学生为本的原则

当前，我国高等教育正处于从规模转向高质量的关键时期。随着高校办学规模的扩大，学生群体出现多样化的趋势，学生学习兴趣、学习能力、学习需求的差异性日益凸显。如何适应大学生群体的需要是保证教育质量的关键。但是在以往的教学改革中，对学生日益增长的多样化、个性化的学习需求考虑不足，这使得我们的教育缺少特色和个性，造成"千校一面""千人一面"。高校能否坚持以学生为本，直接关系到高校德育的实际成效、根本价值和发展前途。

第一，坚持以学生为本的德育原则是我国高等教育培养目标的需要。高等教育的根本任务是人才培养。《中华人民共和国高等教育法》要求高等学校的学生应当具有良好的思想品德。在新的形势下，全面贯彻党的教育方针，必须坚持育人为本、德育为先、能力为重、全面发展。高校德育的根本任务就是以马克思主义中国化的最新成果武装学生头脑，以社会主义核心价值观教育和引导学生正确认识我国国情，继承和发扬中华民族优秀文化传统，树立民族自尊、自信、自强、自立的精神，树立正确的世界观、人生观和价值观，培养良好的道德品质，培养学生具有自力更生，艰苦奋斗的精神和坚强的意志品质，使学生在观念、知识、能力、心理素质方面尽快适应社会发展的要求，促进大学生思想道德素质、科学文化素质和健康素质协调发展，引导大学生勤于学习、善于创造、甘于奉献，成为有理想、有道德、有文化、有纪律的社会主义新人。因此，高校德育必须充分考虑学生的主体地位，围绕学生这一主体来开展，只有这样才能保证教育培养目标的有效实现。

第二，坚持以学生为本的德育原则是促进学生综合素质全面提高的需要。现代社会是政治、经济、科技、教育、文化和生活变化发展极其迅速的时代，要适应迅速变化的、复杂的、转型的社会环境，个体没有良好的综合素质是绝对不行的。"才者德之资也，德者才之帅也。"道德是已有文明的无形看护者，由道德所铸成的道德自觉和心灵秩序，将是遏制恶欲、恶念、恶势力的蔓延和滋长的精神武器。当前高校一定程度上存在着只重视大学生的科学文化知识教育和专业技能培养，而相对忽视大学生思想品德教育和培养的倾向，大学生的思想观念发展和行为规范呈现出滞后于大学生知识能力技能发展的倾向，综合素质得不到健康全面发展，不能从根本上适应社会科技进步和时代发展对大学生素质提出的客观要求。只有坚持以学生为本的德育原则，才能在德育过程中实现学生实践主体和价值主体的统一，激发和满足学生思想道德发展需要和精神文化需要，把自己塑造成为具有优秀个性特征和良好素质的社会主体，形成独立和谐人格，个性得到良好发展，有效地面对生活、适应社会，实现自己的人生价值。

（三）贯彻以学生为本的原则

第一，在德育工作中确立"以学生为本"的理念。学校德育一贯主张"先学做人后学艺"的原则，显然已把"做人"这一德育的主题摆在了首要地位。在实施过程中，学校必须确立"以学生为主体"的师生平等思想，充分认识学生是德育的主体，是德育活动的主人。因此在德育目标的确定上，不仅要考虑社会的要求，更要重视学生自身成长的需要；在德育内容的安排上，不仅要依据社会规范，更要遵循学生的年龄特征和品德形成发展规律；在德育途径和方法的运用上，不仅要充分发挥教师的主导作用，更要强调学生的主体参与意识。教师在任何场合任何环节都要注重学生的主体感受，在处事接物中公平对待每一位学生，充分尊重学生的人格和个性尊严，真正使学生以主人的姿态参与德育活动。在此必须实现三个思想转变：一是由独断式德育转变为疏导式德育。因为学生的思想随着时代的变化正经历着巨大的变革，他们有着强烈的自主意识和个性主张，因此在学生面前过于宣扬教师的自我主导意识已不合时宜，教师高高在上已不适应日益变化了的客观环境和学生的思想实际；二是由纯粹索取式德育转变为批判式德育。长期以来，我们的德育活动过分强调各种道德规范、行为准则的遵守，片面强调学生的主观服从和盲目听从，却忽视了学生道德的判断能力及其判断能力的培养，我们必须让学生在接受新思想新观念时通过批判式的态度来选择道德准则和道德规范，进而提高学生德育的自主判断能力。三是由强迫式德育转变为自主式德育，学生只有自主选择有效的道德标准才能对优秀文化和垃圾文化有鉴赏鉴别的能力，才能抵制社会上的种种消极因素。通过各种途径散播到学校的消极因素，对正在成长中的青少年学生的行为习惯会产生不利影响，使其滋长投机冒险心理，疏于遵守校规校纪，甚至走上违法乱纪的道路。

第二，坚持"以学生为本"，促进学生全面个性自主发展。高校课程设置的最高宗旨和核心理念是"一切为了每一位学生的发展"。理想的教育教学应是师生互动、心灵对话的舞台。教学活动应激发学生的学习兴趣，注重培养学生自主学习的意识和习惯，为学生创设良好的自主学习情境，尊重学生的个体差异，鼓励学生选择适合自己的学习方式。

"呼唤人的主体精神是时代精神最核心的内容"。每一个学生都是一个活生生的个体，每一个学生都希望得到别人的理解和尊重。尊重是调动学生积极性和主动性的重要保证，尊重才能形成亲和力。这样学生的人格尊严得到充分地尊重和保护，学生的主人翁意识也就得到拓展，参与学校和自我管理的主动性就得到进一步发挥。学校要以培养学生的独立性、责任性、进取性、创造性为具体目标，积极引导学生积极主动参与德育过程，让学生在自主活动中学会自我管理、自我规范、发展自治能力，在自主活动中实现自我发展。

做学生的服务员、管理者和领路人。坚持"以生为本"，教师要密切关注学生的言行、学生的情感、学生的心理、学生的状态和学生的诉求。如果缺乏对学生的真诚热爱和细微体察，教育就会失去生机和活力；如果没有对学生的人文关怀和服务意识，教育就会丧失生命和源泉。教师应该是学生的亲人，是学生的观察者、呵护者和服务者。"以生为本"还必须使教师树立管理者和领路人的权威，既不能对学生放任自流，但也不是板起面孔、大呼小叫。要注意给予学生申诉、利用、维护和保障自身合法权益的机会和渠道，更要不失时机地对学生提供适当教育，强化管理、注意倾听、注意观察、注重分析、注重诊断，把握学生鲜活的实实在在的个性特点，进一步引导学生成长成才。只有让学生心悦诚服，教师才能令行禁止，指挥如意，从而顺利地完成教书育人的历史重任。教师要站在国家、民族发展的高度，抓好学生的管理工作，既要无微不至，又要把握住大方向，使学生的一切活动都处于良性状态，即使在教师看不到的情况下，学生的活动也应该是教师意料之中和所期望的那样。

第三，建立健全以学生为本的高校德育工作长效机制。高校德育工作要全面贯彻落实以学生为本的德育理念，就要创新德育形式和方法，建立健全工作机制，增强德育工作的针对性、实效性、吸引力和感染力。

以学生为本，探索大学生德育新模式。当前，要从构建和谐校园的角度加强大学生的思想政治教育，把学生的健康成长成人和成才放在第一位。德育工作者在思想政治工作实践中，要坚持一切从学生的实际出发，相信学生、理解学生、尊重学生、关心学生、帮助学生。要深入调查研究，及时准确地把握学生的思想动态，充分尊重学生，坚定依靠学生。以学生为本的高校德育，要把思想政治教育摆在高校工作首位，贯穿于教育教学的全过程，要遵循坚持五结合原则：一是教书与育人相结合。要统筹课内与课外，处理好教书与育人的关系，充分发挥课堂教学在德育中的主渠道功能，把思想政治教育融入大学生学习的各个环节中，促进大学生自觉加强思想道德修养。二是理论教育与社会实践相结合。要积极拓展思想政治教育的新途径，深入开展社会实践活动，让学生在以学生为本创新高校德育实践中体验理论、提高认识。三是教育与自我教育相结合。在加强德育的同时，积极引导大学生开展自我教育，确立学生的德育主体地位。四是教育与管理相结合。教育长于治本，管理长于治标，二者有机结合，相辅相成，才能标本兼治，收效显著。五是一般教育与个别教育相结合。既要进行面向广大学生的一般性教育，又要注重采用个别教育的方式。五结合原则为探索德育新模式提供了方法论上的依据，有利于发挥各种教育方式的作用、扬长避短、优势互补，有利于建立一种具有较强针对性的德育模式，保障德育目标的实现。

建立科学的德育工作体系。建立科学的德育工作体系是做好大学生思想政治教育工作的前提，更是建立思想政治教育长效机制的保证，因此要打造两支队伍，即专兼职相结合的政工队伍和学生干部队伍。首先，要加强专职政工干部队伍建设，配备一批思想作风硬、具有奉献精神的专职政工人员，他们是思想政治教育的骨干力量。其次，要培养兼职思想政治教育队伍，发挥专业课教师的特殊作用。要充分调动全体教师的积极性，增强教书育人的自觉性和责任感。教学是学校最基本、最经常的教育活动，课堂也是进行思想品德教育的主要阵地。一方面，在教学过程中，教师要发挥教书育人的作用，在传授专业知识的同时，借助教学内容，对学生进行思想教育。另一方面，教师是实施德育的主体，师德状况直接影响着学校德育的水平。要加强师德教育，重视示范作用，引导教师提高道德修养，言传身教，用高尚的人格感化学生。可以建立教师联系班级、宿舍制度，有计划地轮流安排教师担任班主任或生活指导教师，经常深入学生中间，了解学生的思想动态。在学生干部队伍建设方面，要加强对学生干部的培养与指导。学生干部是学生进行自我管理、自我教育的主要力量。要注重发挥学生干部的模范带头作用，充分利用他们在学生中的威信，发挥他们自我管理、自我服务的作用。

完善全员育人、全过程育人、全方位育人的长效机制。大学生德育是一项系统工程，建立健全机制是做好新形势下大学生德育工作的重要保证。当前，加强大学生的思想政治教育，要在"全"字上下功夫，完善全员育人、全过程育人、全方位育人的长效机制、良好氛围和工作格局。全员育人就是全校的教职工都担负着育人的责任，都是德育工作者。全过程育人就是要把思想政治教育贯穿到大学生整个大学学习期间的学习和生活中。全方位育人就是要做到教书育人、管理育人和服务育人。只有这样，才能形成大学生思想政治教育齐抓共管的局面，思想政治教育才能更加富有成效。

发挥课堂教学主渠道的作用。在教学过程中，教师要发挥教书育人作用，所有学科都要渗透德育，抓好育人。德育活动要遵循学生思想品德的形成规律，充分考虑学生的受教育程度和认知水平，根据大学生的心理特点，开展教育活动，详细制定德育目标。要注重在道德内化上下功夫，从点滴小事入手，从道德细节入手。为了使思想政治教育深入人心，易于被学生接受，应采取讲座、报告会、主题班会和个别谈心等形式，帮助学生解答在思想、学习、生活、情感方面的困惑和疑问。要以理服人，以情感人，贴近生活，把思想教育与解决学生的实际问题相结合。既有严肃认真的态度，又要有生动活泼的形式，要注重思想教育的实际效果，不断提高思想教育的质量。

第四，以学生为本，把思想教育与心理健康教育有机结合起来。健康的心理是优良品质的基础，对个体的全面发展具有积极的促进作用。近年来，大学生面临的就业压力、学习压力普遍加大，由此引发的心理问题也日益增多。加强心理健康教育，是新形势下全面贯彻党的教育方针、实施素质教育的重要措施，更是高校德育工作提高实效性、实现创新性的一个重要突破口。心理健康教育是德育工作的重要组成部分，要采取切实措施，建立健全学生心理健康教育和咨询的专门机构，建立学生心理危机干预机制，不断探索思想政治教育与心理健康教育相结合的有效途径。

第五，主动占领网络思想政治教育阵地。网络文化也是一种行为文化，它是校园文化的虚拟表现。随着科技的发展，网络已成为传播先进文化和科技知识的重要阵地。网络具有隐蔽性的特点，要建设好融思想性、知识性、服务性于一体的校园网，运用网络这一虚拟空间不断拓展校园文化建设的渠道，积极开展健康向上的网络文化活动，牢牢把握网络文化的主动权，努力使其成为校园文化建设的重要载体，成为思想政治教育的新阵地。德育工作者要适应形势发展，加强引导，利用网络改变传统德育模式，可以在学校网站建立思想政治专题网页，将德育内容设计成形式新颖、易于学生接受的网络信息，使德育工作更富有实效性和时代性。另外要加强对学生进行网络伦理、网络道德和网络自律教育，培养和提高他们自觉抵制有害信息的意识和能力。加强网络思想政治教育，要遵循互联网发展规律和社会主义精神文明建设规律，体现社会信息化进程和大学生思想政治教育要求，把高校校园网建设成为传播先进文化和弘扬主旋律的重要渠道，加强大学生思想政治教育的重要阵地和全面服务大学生的重要平台。

四 理论与实践相结合原则

（一）理论与实践相结合的内涵

毛泽东1942年2月在《整顿党的作风》的报告中，形成了迄今为止称得上是对理论联系实际命题科学内涵的一个经典性表述，即"中国共产党人只有在他们善于应用马克思列宁主义的立场、观点和方法，善于应用列宁斯大林关于中国革命的学说，进一步地从中国的历史实际和革命实际的认真研究中，在各方面作出合乎中国需要的理论性的创造，才叫作理论和实际相联系"。这段话包括以下三层意思：其一，必须善于把握和运用对实际具有方法论意义或直接指导意义的科学理论；其二，必须在科学理论的指导下认真开展对实际问题的调查和研究；其三，理论联系实际的最终结果，不仅要求切实解决各方面的问题，而且要求将实践经验上升为新的理论。毛泽东的论述，为我们正确理解和把握理论联系实际思想原则的科学内涵指明了方向。

（二）坚持理论与实践相结合的原则

高校德育中，只有理论与实践相结合，才能真正发挥德育的力量，促进大学生生存和发展能力社会化、大学生角色社会化，有助于帮助大学生进行职业生涯规划，提高其创新能力。

理论联系实际是德育的生命线。理论联系实际是我党领导革命和建设成功的重要条件。毛泽东思想、邓小平理论都是理论联系实际的产物，中国革命和建设获得的举世公认的宏伟成就告诉我们，不能坚持理论联系实际必然导致失败，教条主义会断送已取得的成功，唯一正确的道路就是理论与实际结合起来。始终坚持理论联系实际，德育才能达到目的并获得成功。

理论与实践相结合的原则是构建德育模式最重要也是最基本的一条原则。德育模式的开拓需要超前的理论研究作指导，需要对德育过程的目标、内容、途径、方法、原则、规律等作理性的思考，对德育"应该怎样"实施进行设想，然后付诸实践并在实践中进行检验。德育模式本身是联系理论与实践的桥梁，它必须是理论研究与实践应用结合的成果。在新形势下，学校德育不断涌现出新问题、新经验，必须借助理论思维把大量分散的德育经验、知识材料加以整理、概括和抽象，才能正确地反映德育规律。另一方面，实践是理论发展的源泉。实践性、可操作性是德育模式的重要特点。

德育的根本任务是帮助学生树立正确的世界观、人生观、价值观，是一项长期艰巨的工程，由此对德育教师就有了更高的要求。德育教师不能把理论教材讲成一般知识，必须真正地理论联系实际，学生才能入耳、入脑、入心。赋予理论生命力，理论才不是僵死的教条，才能真正地让学生掌握并接受，内化到自己的行动中。在马克思主义理论知识的教学中，让学生掌握马克思主义的理论知识是基础，培养学生应用马克思主义的理论知识观察、分析和解决实际问题的能力是关键，通过教学提高学生的觉悟并且落实到行动则是教学的归宿和落脚点。

（三）贯彻理论与实践相结合的原则

要实现理论与实践相结合，就必须首先要学好理论，准确领会理论的精神实质，掌握马克思主义理论的立场、观点和方法。没有理论，就无法联系实际。理论与实践分离的结果，客观上只能培养学生养成知行分离和

"说一套""做一套"的不良习气。这事关未来民族素质和社会风气的塑造，影响深远、责任重大。因此，德育一定不能仅局限在课堂上，还必须拓宽思路，扩展到第二、三课堂之中。理论联系实际，推动学生学以致用、知行统一、言行一致，这才是我们德育工作者和思想政治教育课教师对党对人民真正负责任的表现。

从大学生的认知过程来看，可分为知、信、行三个阶段。通过第一课堂教师的讲授，学生可以掌握一定的理论知识，这是"知"的阶段。在这个过程中，学生是带着疑问和求知的心态来对待教师传授的知识的，他们对这些知识有可能信，也可能不信，对这些理论知识他们还一知半解和半信半疑，不能内化为学生的自觉行动。要达到"信"与"行"就必须让学生参加社会实践，通过参观、服务等社会实践活动来接触社会、认识世界，在实践中检验理论学习的正确性，真正达到"信"，然后才能升华到"行"的阶段，把第一课堂所学内容内化为个人的意志和信念。

高校开展大学生社会实践活动，能够加强和改进大学生德育，发挥大学生的人才智力优势，是促进和谐社会建设的重要举措。高校只有引导大学生通过实践，用所学的理论知识去解决一些实际问题，并在实践中发现问题，然后再回到理论学习中，这样才能激发学生的求知欲，提高学习效果。青年学生将课堂上学到的理论知识很好地应用于实践，接受实践的检验，才能真正掌握真理，增长才干，健康成才。大学生通过社会实践，不仅服务了社会，同时也经受了锻炼，提高了能力，加深了对专业知识的理解和认识。另外，只有理论联系实际、"学以致用"，才能真正发挥大学生的人才优势，促进社会的发展。

第三节 构建的基本内容

基于对女子高校女大学生德育现状的调查和研究，根据不同年级、不同年龄学生的发展特点，在女子高校德育工作中构建以第一课堂、第二课堂和第三课堂有机结合、相互补充的德育模式，既有利于推动女大学生德育实践的创新，也有助于女大学生的成长和成才。

一 第一课堂德育体系构建内容

第一课堂是女大学生德育工作的主阵地，构建第一课堂德育体系应以实然课堂与应然课堂有机融合为构建方向,既要发挥以课堂、教师、教科书为中心的传统"三中心"教学体制的优势,又要体现以学生为本,教育创新的理念,使第一课堂成为促进女大学生全面发展的主渠道、主阵地。构建内容主要包括两方面。

(一) 公民基本教育课程

1. 思想政治理论教育

构建女子高校大学生德育体系要完善思想政治理论课程体系,加强理想信念教育。通过"马克思主义基本原理""毛泽东思想和中国特色社会主义理论体系概论""中国近现代史纲要""思想道德修养与法律基础"和"形势与政策"五门课程的学习,使学生能够掌握基本原理,同时运用所学理论去认识社会、指导实践,并在接触、参与社会实践中接受教育,加深对所学理论的理解,培养观察问题、分析问题和解决问题的能力,更好地发展自我、适应社会,整体提高学生思想道德与理论素质。

2. 国防教育

女子高校德育体系需构建国防教育体系,增强女大学生的国防意识。通过军训、军事理论课、形式与政策报告会等,使女大学生掌握基本军事理论与军事技能,增强国防和国家安全意识,强化爱国主义、集体主义观念,加强组织纪律性,促进女大学生综合素质提高,使女大学生了解我国国防历史和现代化国防建设的现状,增强以爱国主义为核心的国防观念,树立起居安思危的忧患意识,振奋以民族自尊心、民族自豪感为基础的国防精神,增强建设祖国的使命感和责任感,自觉掌握基本的国防知识和必要的军事技能,自觉履行国防义务。

3. 社会性别意识教育

在女子高校大学生德育体系中应构建以女性学为核心的课程体系,加强女性社会性别意识教育。开设女性学导论,组织各类性别意识讲座,运用社会性别视角帮助学生了解自身的性别特点,树立平等的价值观念,培养独立自主的人格,提高适应社会的能力,为学生提供一个认识自我和社会的全新的思维视角,帮助女大学生建立起女性的社会性别意识,从社会性别的角度明确适合自己性别的发展方向,获得必要的发展帮助与生活帮助。

4. 心理健康教育

构建心理教育体系,加强女大学生心理素质教育,开设心理健康课程，结合女大学生的心理发展水平和特点，将心理健康教育内容生动化、具体化。为培养大学生良好的心理品质和自尊、自爱、自律、自强的优良品格，增强大学生克服困难、经受考验、承受挫折的能力，以良好的心理素质完成在校的学习任务，培养适应社会所需要的良好心理素质。

（二）博雅课程

构建包括"文学与艺术""历史与文化""社会与科学""科技与自然""性别与发展"五个模块在内的博雅课程教育体系，逐步完善博雅课程内容，从认知基本理论与应知应会内容入手，在潜移默化中规范和引导学生的日常行为，全方位提高学生的综合素质，培养知性高雅的女大学生。

1. 文学与艺术教育

主要通过对经典人文与艺术作品的学习和分析，探索文学与艺术作品风格的形成和转变，以及社会环境对作品的影响，培养学生对文学艺术作品的鉴赏能力和表达自我感知与想象创造的能力。

2. 历史与文化教育

主要通过对社会发展特殊时期的历史和不同区域文化的学习，帮助学生理解一些重大历史事件产生的缘由及世界各国不同文化的形成原因，培养历史和文化的反思能力，增强学生的历史责任感、传承与创新文化的使命感。

3. 社会与科学教育

主要通过对中外哲学思想的了解和社会科学的基本思想和方法的学习，培养学生理性思辨与伦理判断能力，关注社会发展与管理中出现的重要问题，培养学生的社会责任感；综合运用社会科学的相关理论与方法，培养学生的沟通能力与领导素养。

4. 科技与自然教育

主要通过对科技与自然相关知识的了解，使学生理解人与自然的相互关系，培养学生尊重生命，树立保护自然的理念。通过对数学思想的了解，学会数学的思维方法，培养学生的逻辑思维能力。

5. 性别与发展教育

主要通过对社会性别相关理论、思想和方法的学习，增强女大学生的责任感和社会性别意识，树立正确的价值观，形成基本的价值判断能力及自我发展能力，促进女大学生自我完善、自我发展。

二 第二课堂德育体系构建内容

大学第二课堂是女子高校德育中一个必不可少的环节，它以科研、竞赛、展示、服务为内容，以创造学术科技成果、促进大学生成才为目的，为课堂教学提供了更为广阔的智力背景，是一种更多体现学生自我、充分发挥主观能动性的有效教育途径。第二课堂教育更加重视学生在各类课外活动中对于知识的灵活运用，能够有针对性地拓展课堂教学内容的深度和广度，有利于帮助女大学生在独立实践中获得学问以外和学问以上的智能，也有利于培养自尊、自信、自立、自强，具有公益意识的女性人才。

（一）理想信念教育

1. 通过开展第二课堂活动，使学生能够在形式多样的活动中逐步学习和掌握党的创新理论成果，从而引导大学生进一步了解国情、认识社会，提高思想政治素质和辨别是非的能力，筑牢理想信念的根基。

2. 引导大学生在学习掌握国家发展历程的基础上，深入理解马克思主义中国化的渐进过程与最新成果，自觉走理论与实践相结合、与人民群众相结合的道路，进一步增强对于我们党坚持中国特色社会主义的理论自信、道路自信和制度自信。

3. 引导大学生关注国际国内形势发展变化，了解重大社会现象的原因、现状及发展趋势，培养一种大视野和大局观念，提高在经济社会发展过程中应对复杂问题的能力，增强贯彻党的路线、方针、政策的自觉性和坚定性。

（二）校园文化教育

1. 以第二课堂活动为载体，以文化艺术节、社团文化节、体育文化节等活动为平台，以校园文化建设为基础，培养学生"我以母校为荣"的理念，强化大学生对学校文化的认识和理解，不断培育集体荣誉感，增强归属感和身份认同感。

2. 建立积极向上的学生组织、学生社团，是有效凝聚学生、开展思想政治教育的重要组织动员方式，也是以班级、年级为主开展学生思想政治教育的重要补充。因此要充分发挥各类学生组织的自我服务、自我管理、自我教育、自我发展能力，积极鼓励以社团为主体，创建多样化的校园文化活动品牌，在丰富多彩的社团活动中，锻炼大学生的想象力与实践力。

3. 发挥教师和学生骨干的作用，既要通过为学生组织和学生社团解决实际问题等方式，取得学生的广泛认同，又要加强对社团校园文化活动的指导与帮带力度，在引导规范各类文化活动正确方向的同时，还能在活动中发现骨干、培养苗子，为学生干部队伍培养后备力量。

（三）科技创新教育

1. 主要是通过建立完善的科技创新制度、建立良好的科技创新平台、建立优秀的校企合作关系等多种措施，逐步形成持久有效的大学生科技创新教育体系，同时积极开展挑战杯大赛、专业技能大赛等科技创新活动，加强大学生科技创新能力的培养力度，提高大学生综合素质。

2. 积极宣传科技创新教育成果，营造宽松和平的环境，鼓励专家、学者、教师、学生之间的平等对话，不同学科间的交流，调动大学生勤奋学习的自觉性，培养大学生的科技创新能力，增强大学生的科学精神，促进理论和实践的结合。

（四）职业规划教育

1. 针对"90后"大学生个性化特征明显，自我价值实现愿望强烈等特点，分层次、分类别加强个体引导与教育，在第二课堂各种活动中潜移默化地影响学生，使之逐步认清自身优势与存在的短板，明晰未来职业道路，从而有效激发学生的求知欲望，激发创业意识、磨砺创业思维，有针对性地提高能力素质，不断增强创业心理准备、创业技能准备与创业实践锻炼。

2. 通过创业大赛、实习基地、创业园区或校内大学生创业市场等载体，既为大学生就业创业类活动提供平台，也为大学生展示就业创业意识、就业创业能力提供舞台。同时既要大力宣扬大学生中涌现出的自主创业先进典型，还要组建一批专门从事创业教育的师资队伍，指导创业类社团，形成以专业为依托，以项目和社团为组织形式的"创业教育"实践群体，有效激发大学生的创新意识、培育创业精神。

（五）性别意识教育

1. 以性别意识为基础，充分利用第二课堂，加强对女大学生以"自尊、自信、自立、自强"为主要内容的"四自"精神培养，帮助学生了解自身的性别特点，树立平等的价值观念，培养独立自主的人格，提高社会适应能力。突出加强心理健康教育，培养学生良好的心理品质，以及用积极的心态应对各种问题的能力。

2. 通过学生组织和学生社团开展第二课堂活动，开展传统礼仪、心理健康等方面的教育，同时邀请优秀女性领导人、女企业家、女作家等进校开展座谈会、宣讲会、沙龙等活动，为女大学生搭建交流与学习的平台，使女大学生增进对自身、社会、自然及其相互关系的了解，感悟自我存在和生命的意义，尊重不同文化与文明的价值。

三 第三课堂德育体系构建内容

结合女子高校女大学生的特点和差异，研究不同学生的需求，充分利用北京等高校所在地人文、历史、地理资源优势，构建校外德育体系，推动女子高校的德育工作，将专业建设、培养目标与社会需求有效结合，开展女子高校女大学生第三课堂德育。

（一）社会体验

将社会体验作为一个打开学生们求知途径的窗口，以宽广的社会环境作为学生的学习场域，针对当代女大学生的知识结构、兴趣指向和社会期望，从不同角度丰富学生的阅历、补充她们的才识。在帮助其完善固有知识体系的基础上，培养性别意识、提升公益精神、体认地域文化、感悟人文科技、领略创新理念，提升学生感受民风习俗、体悟奉献真谛的感性情怀，切实增强学生维护女性权利、勇于创新实践的能力，让学生真正通过社会体验达到知行合一，从而提升女大学生的综合素质，推动女子高校的德育工作。

1. 性别意识教育

主要通过实地走访、亲身体验性别意识类基地，使女大学生了解女性的社会角色、地位及其发展历史，明晰当代女性在社会进程中应具备的能力。了解自己以及异性的客观存在和相互关系，有意识、有方法地处理两性关系，实现女性在社会中的应有地位和权利。

2. 公益精神教育

主要通过参观公益性质的社会机构、参与公益性质的宣传示范活动、参加公益机构的培训，使女大学生能够真切认识到公益活动的价值与重要性，激发她们的社会责任感。

3. 地域文化教育

主要通过参观求学城市的历史博物馆、走访具有民俗特色的建筑景观、与当地居民的沟通交流、体验当地的公共设施，增强学生对文化的敏感性与对求学城市的适应性。

4. 人文科技教育

主要通过参观人文艺术类的博物馆、剧院、茶庄等，使学生置身于充满人文气息的环境当中，提升她们的鉴赏能力和审美水平。通过体验科技馆、生态园，接触先进生产线，让学生感悟自然科学的神奇魅力，学会用科学知识武装头脑、指导实践、勇于创新，起到开阔视野、培养理性思维的作用。

5. 创新理念教育

主要通过与新兴企业、以科技创新或设计理念为宗旨的企业交流走访，体验不同的工作理念与企业文化，了解前沿市场形势与人才需求，明晰创新思维在学习乃至工作中的重要意义；实地了解优秀的大学生创业创新项目，感受创新理念的巨大价值；参与科技馆、实体店中的体验项目，动手操作实验或设计规划，增强分析问题与解决问题的能力。

（二）社会实践

女子高校在构建德育体系中，应将校外实践纳入德育体系，结合女子高校学生的特点，研究学生的需求，提供有效的指导，鼓励学生多从事自主型的社会实践，学会思考，积累经验，提高竞争力；运用专业知识培育创新意识，构建志愿服务体系，提升女大学生的责任感和使命感；探索社会调研途径，把专业学习和服务社会有效结合；引导大学生了解社会、深入基层、了解民情，锻炼意志、品质，增强女大学生服务社会的使命感和责任感。

1. 社会调研

主要是鼓励和指导学生选择自己感兴趣的某一地区的某一社会生活领域或某一单位，对其社会现象、社会问题、社会事件，用实际调查的手段，取得第一手的资料，进一步研究分析其发生的原因和相互关系，解释所要了解的各种事实和问题，进而提出改革的意见和建议。通过这类活动，不仅能有效解决大学生内心的困惑，也有利于提高其自身适应社会、独立工作的基本素质。

2. 暑期实践

主要是通过暑期支教、暑期"三下乡"、红色暑期实践等活动，让女大学生走出校门，了解国情，接触基层，了解社会，在真实的生活经历与体验中，增强女大学生群体的社会使命感、集体责任感、荣誉感。

（三）志愿服务

主要是通过组织女大学生进行基层生活体验、开展社区服务、关注社会民生与环境以及在大项活动中的志愿服务等形式，鼓励女大学生发挥自己的特长和能力，积极参与到社会公益事业当中，使她们在社会实践过程中进一步认识自我，端正学习态度，有针对性地加强学习；通过志愿服务，用自己的能力服务社会，服务他人，继承和弘扬中华民族的传统美德；通过志愿服务帮助女大学生更好地认识社会、了解社会、了解民情，加强自身的社会责任感，提升个人的精神境界，使她们有机会为社会贡献自身的才学、能力，并在不同的岗位上发挥自身的作用和优势，满足"自我实现"的最高需要，为社会做出贡献，弘扬新风气、新风尚，使人生的价值在志愿活动当中得到实现。

（四）就业实习

在女子高校学生德育中，构建大学生就业实习模式，通过高校与企业进行合作，推荐大学生在校期间前往用人单位进行实习，在导师和用人单位人事部门的指导下，了解岗位需求、接触单位的工作事务，促进大学生思想走向成熟，使女大学生完成从校园到社会的转变，同时通过在校期间的就业实习，培养大学生的实践能力，提升综合素质，提升大学生的就业竞争能力。大学生通过在用人机构为期6个月至1年的实习实践，了解和熟悉该行业和工种的职业规范，积累工作经验，提升职业技能，有助于明确今后的职业发展方向，有利于完善大学生实践教育体系，促进大学生更好地成长成才。

第四章

我国女子高校女大学生德育第一课堂教育体系的构建

作为女大学生德育的主渠道,德育第一课堂是普遍性和特殊性的有机结合,一方面它具有明确的培养目标和教学计划,以班级为基本单位,以教室为主要场所,由教师在规定时间内开展组织化教学,进行知识传授,符合课堂的一般特点;另一方面,它需要体现德育的特殊属性,即在达成知识传授目标的同时,更加注重促进学生的成长与发展,以对学生生命的关照为终极目标。女子高校德育第一课堂教育体系应以实然课堂与应然课堂有机融合为构建方向,既传承传统的以课堂、教师、教科书为中心的"三中心"教学体制优势,又体现以人为本,积极改革,努力成为名实相符的促进女大学生全面发展的主渠道、主阵地。

第一节 我国高校德育第一课堂的现状

第一课堂是一个对应性的概念。随着"大德育"理念的推行,德育第二课堂、第三课堂的提法逐渐普遍,传统的德育课堂教学被相应归类为第一课堂工作。改革开放后,在党中央、国务院及中宣部、教育部等相关部门的指导下,高校德育第一课堂进行了时代性的教育教学改革,并与第二课堂、第三课堂开展着体系化的对接与合作。

一 我国高校德育课程的开设现状

课堂教学是以课程为中介、教师与学生相互作用和交往的过程,多年来,课堂教学一直作为高校德育工作中基本和首要的形式而存在,并发挥着不可替代的作用。随着人才培养向促进学生全面发展目标的调整,我国高校专才教育与通才教育渐趋融合,高校德育课程体系呈现出通识教育背景下的丰富与发展，其中思想政治理论课发挥着主导作用。

（一）高校大学生思想政治理论课程的设置

2004年，《中共中央国务院关于加强和改进大学生思想政治教育的意见》中强调，"高等学校思想政治理论课是大学生思想政治教育的主渠道"，要"充分发挥课堂教学在大学生思想政治教育中的主导作用"。[①] 围绕这一中心命题，2005年中共中央宣传部、教育部发出《关于进一步加强和改进高等学校思想政治理论课的意见》，提出要不断完善高等学校思想政治理论课的课程体系，"要体现马克思主义与时俱进的理论品格，更好地适应时代发展的要求；要突出重点，更好地吸收理论和实践发展的最新成果；有利于更好地用马克思主义理论武装大学生头脑"[②]。围绕此，《〈中共中央宣传部教育部关于进一步加强和改进高等学校思想政治理论课的意见〉实施方案》（简称"05方案"）出台，对高校思想政治理论课的课程设置及教材编写、教学研究、教师培训和学科建设等作出详细部署。当年秋季，该方案在部分高校进行试点，一年后，即从2006级学生开始，在全国普通高等学校普遍实施。

目前，我国高校思想政治理论课程设置按照"05方案"统一如下。

1. 本科思想政治理论课程设置

我国高校四年制本科设置如下4门思想政治理论必修课程。

（1）"马克思主义基本原理"。3学分，由原来的"马克思主义哲学"和"马克思主义政治经济学"合并而成，着重讲授马克思主义的世界观和方法论，帮助学生从整体上把握马克思主义，正确认识人类社会发展的基本规律。

（2）"毛泽东思想和中国特色社会主义理论体系概论"（现为"毛泽东思想和中国特色社会主义理论体系概论"）。6学分，由原来的"毛泽东思想概论""邓小平理论和'三个代表'重要思想"合并而来，着重讲授中国共产党把马克思主义基本原理与中国实际相结合的历史进程，充分反映马克思主义中国化的三大理论成果，帮助学生系统掌握毛泽东思想、邓小平理论和"三个代表"重要思想基本原理，坚定在党的领导下走中

---

① 《十六大以来重要文献选编》（中），中央文献出版社2006年版，第181页。
② 《中共中央宣传部教育部关于进一步加强和改进高等学校思想政治理论课的意见》（http://www.moe.edu.cn/publicfiles/business/htmlfiles/moe/moe_772/201001/xxgk_80415.html）。

国特色社会主义道路的理想信念。2010 年，该课程名称由"毛泽东思想、邓小平理论和'三个代表'重要思想概论"调整为"毛泽东思想和中国特色社会主义理论体系概论"。

(3) "中国近现代史纲要"。2 学分，主要讲授中国近代以来抵御外来侵略、争取民族独立、推翻反动统治、实现人民解放的历史，帮助学生了解国史、国情，深刻领会历史和人民是怎样选择了马克思主义，选择了中国共产党，选择了社会主义道路。

(4) "思想道德修养与法律基础"。3 学分，由原来的"思想道德修养"和"法律基础"合并而成，主要进行社会主义道德教育和法制教育，帮助学生增强社会主义法制观念，提高思想道德素质，解决成长成才过程中遇到的实际问题。

同时，开设"形势与政策"课，按平均每学期 16 周，每周 1 学时计算，本科四年期间的学习，计 2 个学分。课程着重进行党的基本理论、基本路线、基本纲领和基本经验教育；进行我国改革开放和社会主义现代化建设的形势、任务和发展成就教育；进行党和国家重大方针政策、重大活动和重大改革措施教育；进行当前国际形势与国际关系的状况、发展趋势和我国的对外政策，世界重大事件及我国政府的原则立场教育；进行马克思主义形势观、政策观教育。

另外，开设"当代世界经济与政治"等选修课程。

2. 专科思想政治理论课程设置

我国高校专科阶段设置 2 门思想政治理论必修课程："毛泽东思想、邓小平理论和'三个代表'重要思想概论"（现为"毛泽东思想和中国特色社会主义理论体系概论"），4 学分；"思想道德修养与法律基础"，3 学分。此外，还开设"形势与政策"课，1 学分。

3. 高校思政课的学科支撑与教材建设

"05 方案"实施后，我国高校思想政治理论课进入了统一课程设置、统一教学大纲、统一教材的新阶段。为保证高校思想政治理论课效果，中共中央宣传部、教育部还就高校思想政治理论课的学科建设、教材建设等做出了部署。

(1) 推进高等学校思想政治理论课的学科建设。设立马克思主义理论一级学科，开展马克思主义理论体系研究，开展马克思主义发展史、马克思主义中国化研究，开展思想政治教育研究，为推进党的思想理论建设和巩固马克思主义在高等学校教育教学中的指导地位,为加强高校思想政治理论课建设,培养思想政治教育工作队伍提供有力的学科支撑。

(2) 组织编写高等学校思想政治理论课教材。中共中央宣传部、教育部加强了对高校思想政治理论课教学大纲和教材编写工作的领导和管理,将之纳入马克思主义理论研究和建设工程,作为重大项目集中全国教学科研力量组织编写。联合成立高等学校思想政治理论课教材编写领导小组,组建了由多方面专家组成的高等学校思想政治理论课教材编审委员会。按课程组建教学大纲和教材编写组,编写组实行首席专家负责制。目前,我国高校本科 4 门思想政治理论必修课采用统编教材,"形势与政策"课程由教育部根据中共中央宣传部关于形势与政策教育的部署,每年制定两期《高校"形势与政策"课教育教学要点》,于春、秋两季学期开学前印发全国各地教育部门和高等学校,作为教学参考资料。

(二) 高校国防教育课程的设置

2001 年 4 月,《中华人民共和国国防教育法》颁布,规定"高等学校、高级中学和相当于高级中学的学校应当将课堂教学与军事训练相结合,对学生进行国防教育","高等学校应当设置适当的国防教育课程","学校应当将国防教育列入学校的工作和教学计划,采取有效措施,保证国防教育的质量和效果"[①]。2001 年 5 月,国务院办公厅、中央军委办公厅转发教育部、总参谋部、总政治部发出《关于在普通高等学校和高级中学开展学生军事训练工作意见的通知》,要求将各地普通高校均列入学生军训规划,统筹安排,逐步开展学生军训工作。学生军训内容包括军事理论教学和军事技能训练两个部分,其中军事理论采取课堂教学的形式进行,教学时间为 36 学时,军事技能课训练时间为 2—3 周。由此,军训列入普通高校本、专科学生的必修课,纳入教学计划,列为考查科目。2002 年,总参谋部、总政治部制定下发《普通高等学校军事课教学大纲》,2006 年对大纲进行了修订。

(三) 大学生心理健康教育课程的设置

大学生心理健康教育是高校思想政治教育的重要内容。2011 年,依据《中共中央国务院关于进一步加强和改进大学生思想政治教育的意见》《教育部卫生部共青团中央关于进一步加强和改进大学生心理健康教育的

[①] 《中华人民共和国国防教育法》(http://www.mod.gov.cn/policy/2015-09/10/content_461834.htm)。

意见》，教育部先后制定《普通高等学校学生心理健康教育工作基本建设标准（试行）》《普通高等学校学生心理健康教育课程教学基本要求》。按照《普通高等学校学生心理健康教育课程教学基本要求》，各高校根据学生培养目标，结合本校实际情况，设计心理健康教育课程体系。课程开设方式共有两种，供设计课程体系时参考：其一，开设一门"大学生心理健康教育"公共必修课程，覆盖全体学生；其二，在第一学期开设一门"大学生心理健康教育"公共必修课程，在其他学期开设相关的公共选修课程，形成系列课程体系。有条件的可以增开与大学生素质教育、心理学专业知识有关的选修课程。每种方式的课程内容由学校结合实际科学确定，但应包括《普通高等学校学生心理健康教育课程教学基本要求》的主要教学内容。

按照《普通高等学校学生心理健康教育课程教学基本要求》，各高校应当结合本校实际情况，设计心理健康教育课程体系。主干教育课程作为公共必修课设置 2 个学分，32—36 个学时。延伸教育课程则根据学生情况和需要分别在不同学期开设。

（四）其他通识类高校特色德育课程的设置

"通识教育"的概念舶来自西方。1828 年，耶鲁大学公布了著名的《耶鲁报告》（A Report on the Course of Liberal Education），要求学院教育必须全面、均衡，学校的课程在不同学科间应保持适当的比例，以均衡发展学生的个性。1945 年，哈佛大学发表《自由社会中的通识教育》（General Education in a Free Society）提出教育可分为通识教育与专业教育两部分，前者主要关注学生作为一个有责任感的人和公民的生活需要，后者则给予学生某种职业能力训练。20 世纪 90 年代中期以来，我国高校纷纷意识到专业教育的狭隘，开设通识教育类课程，教学内容逐渐拓展，涵括科学、人文、社会等各领域，对大学生的道德成长发挥着积极的潜移默化的作用。其中，部分高校开设了特色较为鲜明的通识类德育课程。

1. 性别教育类课程

社会性别概念进入我国后，一些高校（主要是女子院校）开始陆续开设性别意识教育方面的课程，如女性学、社会性别理论和性别与发展等，既有公共选修课程，也有系列讲座。《中国妇女发展纲要（2001—2010）》中要求："在课程、教育、教学方法改革中，把社会性别意识纳入教师培训课程，在高等教育相关专业中开设妇女学、马克思主义妇女观、社会性别与发展等课程,增强教育者与被教育者的社会性别意识。"①由于高校中缺乏统一的性别意识教育课程大纲和教材,教师基本上是用自己编写的教学大纲授课,而由于教师本人的教学理念和研究水平的差异,使得高校性别意识教育课程大纲各异,课程定位也存在较大差异。

2. 公益课程

2010年6月,汕头大学开始开设公益课程,作为通识教育课程改革的一个新探索,并逐渐形成了一套完整的管理体系。课程目标设定为:养成对社会和他人的责任感和奉献精神;形成对人生价值的正确认识和积极向上的人生观;形成包容、诚信、负责、关爱的价值观;养成遵守公共道德的自觉性;养成实事求是、追求真理的精神;具备敬业、守信的职业精神,了解并遵守所学专业的伦理和职业道德;养成公共环境意识和环保的行为习惯;培养领导和组织能力;培养综合采用多种思维方式分析和解决问题的能力。"从2012级学生开始,公益课程成为全体本科生的通识教育必修课","截至目前汕头大学共开设18门公益课程,已开设有18门"。②

二 我国高校德育第一课堂教学开展状况

德育课堂教学实施状况一直备受关注。2004年初,《关于高校公共理论课教学情况的调研报告》中呈现了当时我国高校"两课"教学的真实情况:一位大学二年级本科生说,他一上思政课就"头疼",觉得枯燥乏味,而且有这种感受的不止他一人。思政课往往采取大班教学,二三百人齐聚一堂,老师和同学很难双向互动,在课堂上"昏睡者有之,读金庸小说者有之,背英语单词者有之"。③为改变上述状况,提高教学实效性,我国高校德育开展了新一轮改革,课堂教学立足于教材体系向教学体系转化,教学体系向学生知识体系和信仰体系转化,进行了积极的努力。

(一) 优化教学内容处理

中共中央宣传部、教育部在《关于进一步加强高等学校思想政治理

---

① 《中国妇女发展纲要(2001—2010年)》(http://news.xinhuanet.com/ziliao/2003-09/03/content_1061214.htm)。

② 宋垚臻、蔡映辉:《公益课程:高校通识教育课程改革新探索——以汕头大学公益课程为例》,《汕头大学学报》(人文社会科学版)2013年第2期。

③ 舒泰峰:《高校政治课大调整》,《瞭望东方周刊》2006年第30期。

论课教师队伍建设的意见》中明确指出，思想政治理论课教师要以教材为教学基本遵循，在教材体系向教学体系转化上下功夫，真正做到融会贯通、熟练驾驭、精辟讲解。教材体系与教学体系各具特点，各具功能，高校德育教师以教材为基本遵循，注重教学内容的深度、韧度和信度，在引导学生深思、笃行，保证学生正确理解教材理论知识，并运用解决现实问题方面做出努力。

高校德育课程尤其是思想政治理论课与我国中小学相关课程关联密切，内容上存在一定的重复与重叠，比如"马克思主义基本原理概论"课程所包括的42个方面知识点，在高中思想政治课中不同程度涉及的有26个，高中阶段选修模块"公民道德与伦理常识"五个专题，几乎就是大学"思想道德修养与法律基础"课内容的缩写。为避免教学内容的简单重复，提高教学实效，高校德育教师在优化教学内容方面进行了积极的探索和实践，从帮助完善知识体系、促进理解理论逻辑和引导分析现实问题三个方面着手，对德育课程教学内容进行整合，提高教学内容的理论层次和系统性。自2003年起，北京大学思想政治理论课教学全面推广教学组式的教师组合方式，由多位教师按照教材体系，以专题讲座形式开展组合教学，既保证了完整执行课程计划，满足了学生听高水平教师授课的愿望，也促使教师明确了自己的学术研究方向，促进青年教师的成长。

高校德育教学内容的优化有赖于相关学科建设的支撑、教师学术研究的积淀，也需要教师能够明确德育课程教学知识性与价值性目标相统一的特殊性，努力向实践性、现实性靠拢，结合当前社会热点、突发的重大事件等阐释理论，体现教学内容，提高学生的学习积极性和教学效果。

（二）改革教学方式方法

教学方法改革是提高高校德育课程教学质量的关键环节。改革开放以来我国高校德育课程教学方法的改革经历了三个发展阶段，教学模式上凸显了学生的主体地位，增强了师生互动；教学途径上注重实践性，强调践行，在实践中提升学生理论认识，促进知识向行动的转化。

1. 由"注入式"向"启发式"转变（1978—1992年）

在这一阶段，有关部门下发了关于教学方法改革的指导意见，比如1984年《中央宣传部教育部关于加强和改进高等院校马列主义理论教育的若干规定》中提出，要大力改进教学方法，实行启发式教学，坚决克服"注入式"的教学方法。1985年中共中央《关于改革学校思想品德和政治理论课程教学的通知》指出，要实行启发式的教学方法，精心组织学生进行自由活泼的课堂讨论。

2. 现代化教学方法全面发展（1992—2002年）

根据国家教委1995年《关于高校马克思主义理论课和思想品德课教学改革的若干意见》，高校德育课程努力改进教学方法，提高教学针对性，努力丰富教学环节。教师们精心设计和组织课堂讨论，配合教学组织必要的社会调查活动；开展课外教学，充分利用影视资料，开展电化教学等。

3. 多学科方法的综合运用（2002年—）

在这一阶段，高校德育课程教学方法获得了创新性发展。学生的主体地位日益体现，教师在教学中努力贴近学生实际，积极运用启发式、参与式、研究式教学，教学形式更加新颖活泼，教学气氛活跃。广泛应用多媒体和网络技术，推进教学手段现代化。坚持实践性，坚持理论联系实际，运用社会实际案例开展课堂教学；开展形式多样的实践教学活动，使学生在体验改革发展成就的同时，提高问题意识与能力。2012年，教育部等部门发出《关于进一步加强高校实践育人工作的若干意见》，要求统筹推进实践育人各项工作，强化实践教学环节，深化实践教学方法改革，系统开展社会实践活动，着力加强实践育人队伍建设。按照《关于进一步加强高校实践育人工作的若干意见》部署，高校思想政治理论课都着手于加强实践环节，开展了创新性工作，思想政治理论课教师也获得了更多机会参加社会实践、挂职锻炼、学习考察等活动，实践育人水平得到显著提高。[1]

在高校德育课程教学方法改革的大趋势下，仍然存在一些需要关注的问题：首先，在大的框架上，目前教学方法的改革仍囿于"教"，在师、生的空间界定上，"为了学习的设计"设计不足，需要为学生的学习创设更多情景，引导学生"摸着石头过河"。其次，在教学方法的实施上，师生定位受传统模式影响，教师尚难与学生真正平等，及至有效倾听、引导学生；部分德育教师因顾虑"放权"后课堂不易控制，仍以传统讲授为主，有的课堂在多种形式的教学活动后，还是传授式得出结论，课堂上含

---

[1] 刘巍：《改革开放以来我国高校思想政治理论课教学方法的改革及发展趋势》，《黑龙江教育》（高教研究与评估）2009年第7期。

确定性信息和标准答案的表达较多，对学生思维的刺激不够，引发的思维冲突不足，学生的主体地位实质上尚未得到完全、充分的确认，等等。实践教学与理论教学仍存在观念层面上的割裂、操作层面上的剥离，第一课堂、第二课堂、第三课堂实践活动有待进一步进行体系化的梳理。

（三）改进考核评价方法

《中共中央宣传部教育部关于进一步加强和改进高等学校思想政治理论课的意见》中提出，要改进和完善考试方法，采取多种方式，综合考核学生对所学内容的理解和实际表现，力求全面、客观地反映大学生的马克思主义理论素养和道德品质。近年来，配合德育课程教学改革整体工作，高校德育课程在教学评价方面进行了积极的探索，主要表现为：反对死记硬背，更加注重测试学生的理解和运用能力；考试方式灵活多样，口试和笔试相结合，开卷考试和闭卷考试相结合；对学生学习成绩的评定强调过程性、发展性，比如有些高校采用综合评分方法，期末卷面考试成绩占70%，平时学习表现（包括回答问题、课堂讨论、小论文等）占30%。

深化高校德育课程评价是当前高校德育课程建设的一个重要方面。武汉大学骆郁廷教授认为，高校思想政治理论课教学评价具有知识评价与价值评价相统一、内在评价与外在评价相统一、现实评价与潜在评价相统一、个体评价与社会评价相统一、精确评价与模糊评价相统一的特点。今后的评价必须坚持把握现实，扩展主体，规范客体，优化标准。[①] 高校德育课程应在考核标准和指标体系上下功夫，着力于从单纯理论知识的考核转变为理论水平、实践能力、品德修养的考核，从以分数为主的衡量标准转变为以思想品德及思想道德行为方式为主的衡量标准，要将考核落脚到对学生综合能力培养和综合素质提高上。

得益于德育课堂教学改革的成功推进，近年来，我国高校德育课堂教学效果逐步提高，学生满意度明显提升。调查显示，首都大学生对教师学术道德（91.6%）、学术水平（90.7%）和教学水平（86.8%）给予了高度评价，教师的敬业精神、育人意识、人格魅力和融洽的师生关系也得到学生的好评。对于校园学习生活环境，广大学生普遍予以较高评价，其中"教师教书育人的表现"评价最高。某地方高校思想政治理论课教学现状

---

① 骆郁廷：《论高校思想政治理论课评价之深化》，《思想理论教育》2007年第11期。

调查显示，一半以上的被调查者认为思想政治理论课对提高自己的综合素质很有帮助，其中认为"作用非常大"的占16%，"作用比较大"的占35%。[①]

影响高校德育教学效果的因素较多，高校德育第一课堂教学需要提升的空间仍然很大，必须继续深化改革提高实效。

三 我国高校德育教师队伍建设状况

教师是高校德育教学工作的承担者，教师队伍状况将直接影响到德育教学效果。改革开放特别是党的十六大以来，教育主管部门、各高校把加强高校思想政治理论课教师队伍建设作为一项重大战略任务来抓，为高校德育教师队伍建设的规范化、制度化提供了示范。高校德育教师队伍建设取得长足进步，队伍结构逐步趋于合理。

(一) 师资配备规范化

2008年中共中央宣传部、教育部下发《关于进一步加强高等学校思想政治理论课教师队伍建设的意见》，对教师准入制度、职业要求等基本制度进一步做出明确规定，从选聘配备环节对德育教师队伍建设提出了规范化要求。首先，实行专任为主、专兼结合，要求各高校本专科思想政治理论课专任教师总体上按不低于师生1∶350—1∶400的比例进行配备。其次，实行教师任职资格准入制度，要求新任思想政治理论课教师原则上应是中国共产党党员，具备相关专业硕士以上学位，工作期间应兼职从事班主任或辅导员工作；坚持正确的政治方向，热爱马克思主义理论教育事业，具有良好的思想品德，有扎实的马克思主义理论基础和相应的教学水平、科研能力。最后，要求马克思主义理论学科点教学科研人员从事思想政治理论公共课教学，学科带头人应当成为思想政治理论公共课程的教学带头人，吸引、鼓励校内相关专业学术带头人和教学骨干，专职或兼职承担思想政治理论课教学任务。

(二) 教师培养制度化

制度化是高校德育队伍建设的重要保障。近年来，围绕高校思想政治理论课教师队伍建设，中宣部、教育部制订了总体规划和周密部署，为高

[①] 于文湖：《地方高校思想政治理论课教学现状调查与分析》，《滨州学院学报》2007年第2期。

校德育教师队伍建设提供了模板。

1. 制订思想政治理论课教师队伍建设总体规划

2013年6月，教育部印发《普通高等学校思想政治理论课教师队伍培养规划（2013—2017年）》，对未来五年高校思想政治理论课教师队伍培养培训进行顶层设计，统筹规划。《规划》提出，以加强师德建设和提高教师业务水平为中心，以提高理论素养为基础，以创新方法为载体，以强化科研能力为支撑，以完善制度措施为保障，以提高教育教学质量为目的，通过培训计划、项目资助计划和宣传推广计划等途径，造就数百名政治坚定、理论功底扎实、善于联系实际、具有较高教学水平和科研能力的领军人物、中青年学术带头人，培养数千名思想政治理论素质高、业务精湛、具有发展潜力的教学一线骨干教师，建设数万名坚持正确方向、师德高尚、业务熟练、结构合理的专业化教师队伍。

2. 建立和完善思想政治理论课教师队伍培训体系

按照中央决定，中共中央组织部、中共中央宣传部、中央党校、教育部、解放军总政治部等六部委自2005年3月起在中央党校联合举办哲学社会科学教学科研骨干研修，计划用五年时间分期分批继续对哲学社会科学教学科研骨干进行轮训。2007年，中共中央宣传部、教育部发出《关于组织高校思想政治理论课骨干教师研修的意见》，提出用五年左右的时间，分期分批对全国高校思想政治理论课骨干教师进行一次系统轮训。教育部和地方各级教育行政部门组织教师通过脱产或半脱产进修、名师指导、国内外学术交流等形式到重点高等学校进修深造，鼓励和支持教师脱产或在职攻读博士、硕士学位，提升队伍的学位学历层次，大力提高思想政治理论课教师的整体水平。2013年5月，教育部决定建立首批12个"全国高校思想政治理论课教师社会实践研修基地"，组织开展高校思想政治理论课骨干教师暑期社会考察、高校思想政治理论课骨干教师研修班社会考察等教师实践研修活动，并开展各类社会实践教育资源的研究、高校思想政治理论课教师队伍建设等方面的专题研究，开展各类社会实践教育资源的开发与利用，增强社会服务能力。

3. 提高思想政治理论课教师教学科研能力

以科研促教学、以教学带科研是思想政治理论课教师队伍建设的有效路径之一，主要做法如下。

（1）大力加强马克思主义理论学科建设，完善二级学科体系，为思想政治理论课提供对应支撑。进一步汇聚学科队伍，建设优秀教学团队，使思想政治理论课教师工作有条件、干事有平台、发展有空间，增强教师的责任感和归属感。

（2）开展项目资助计划，针对思想政治理论课教学中的重点、难点、热点问题，设立相应课题，推动教材体系转化为教学体系，教学体系转化为学生的知识体系和信仰体系；遴选教学科研成绩突出、勇于创新的中青年教师，以课题项目资助等方式，予以重点培养；遴选拔尖教师赴马克思主义理论一级学科博士点做高级访问学者，选配高水平马克思主义理论学科专家进行一对一全程指导；围绕重大理论和现实问题以及学生关心的热点问题，组织联合攻关、成果评选，以专著方式资助出版。

（3）定期评选思想政治理论课"精彩一课"和"精品课程"，定期组织教学观摩活动，推广先进教学方法，促进优质教学资源建设和共享。按照《普通高等学校思想政治理论课教师队伍培养规划（2013—2017年）》，每两年组织开展一次思想政治理论课教学科研组织机构先进经验宣传推广活动、优秀教学团队先进经验交流宣传活动，每年组织开展一次全国高校思想政治理论课示范性教学展示活动，做好宣传推广工作。

（三）待遇保障明确化

《中共中央宣传部教育部关于进一步加强高等学校思想政治理论课教师队伍建设的意见》提出，要改善和提高高校思想政治理论课教师的待遇。相关政策和制度保障主要为：及时向高校思想政治理论课教师传达党和国家的有关文件和政策，在阅读有关文件资料方面提供便利；在职务聘任、科研立项、国内外学习进修和物质待遇等方面，在政策上予以扶持；落实高等学校思想政治理论课的人员编制、经费投入和教学科研条件，建立思想政治理论课教学专项经费，列入预算，并随着学校经费的增长逐年增加。根据本校实际，将思想政治理论课教师的岗位津贴和课时补助等纳入内部分配体系统筹考虑，确保思想政治理论课教师的实际平均收入不低于本校相关专业院系教师的平均水平。

近年来，通过上述系列工作的开展，高校思想政治理论课教师队伍建设取得了较好成效，但从总体上看，高校德育教师队伍的整体状况仍不能很好地适应新形势新任务的需要，部分学校不同程度地存在着对德育课认识不足、重视不够的问题，教师队伍专业化程度不够，数量不足，优秀中青年学术带头人缺乏，教学科研组织亟待规范等问题，需要持续性开展建设工作。

第二节　我国女子高校女大学生德育第一课堂的构建目标和原则

女子高校大学生德育第一课堂建设必须解决好要成为什么样的课堂、发挥什么样的作用以及如何富有实效的问题。《国家中长期教育改革和发展规划纲要（2010—2020年）》中提出："坚持以人为本、全面实施素质教育是教育改革发展的战略主题，是贯彻党的教育方针的时代要求，其核心是解决好培养什么人、怎样培养人的重大问题，重点是面向全体学生、促进学生全面发展，着力提高学生服务国家服务人民的社会责任感、勇于探索的创新精神和善于解决问题的实践能力。"[①] 围绕此战略主题，女子高校大学生德育第一课程应坚持以学生为主体，与生活相连接，致力于成为学生获取知识、培养意识、提升能力的重要渠道。

一　构建目标

客观评价，当下我国女子高校大学生德育第一课堂承担的教育教学改革任务是相对较重的，原因主要有三。其一，由我国传统应试教育模式所决定。参与第一课堂活动的师生已在我国传统教学模式中浸润多年，尤其是学生，相当比例的更习惯应试，即在目标上习惯于以应对考试要求为主要甚至唯一目标，在方法上习惯于按照标准答案的路径要求，做出整齐划一的规定动作，德育第一课堂承担着引导女大学生调整的重任。其二，由培养目标的特殊性所决定。女子高校以开展特色教育，培养具有"四自"精神、知性高雅的现代女性为目标，德育第一课堂教学需要有机融合普通德育教学与社会性别意识教育，开展创新性教学。其三，由教育对象的自身特点（如学习、认知等）所决定。德育第一课堂必须充分发挥"主渠道"作用，通过创新性课堂教育教学的开展，帮助女大学生进行道德发展目标、成长方式及学习方法等的调整，激发其发展自我奉献社会的道德追求，培养其独立思考积极参与的主体意识，提升其践行道德要求推动社会风尚的实践能力，最终实现从"要我做"到"我要做""我能做"的

---

① 《十七大以来重要文献选编（中）》，中央文献出版社2011年版，第868页。

根本性转变。

（一）成为知识传授的主要渠道

知识学习是大学生道德成长的必要前提，女子高校德育第一课堂应坚持履行传授的职责，但不唯知识教学论，要适应、体现高等教育的目标要求，在教学中致力于"授人以渔"，引导女大学生学思结合、践行合一，培养女大学生的自主学习、全面学习、创新学习、终身学习理念与能力，逐步从"课堂教学"走向"课堂教育"。

1. 坚持系统理论的"灌输"

"灌输"是一个让教育界人士多少有些纠结的词语，一方面我们反对"填鸭式"教学即"硬灌输"，另一方面，经典作家，特别是列宁，明确主张"灌输论"，主张用科学的理论来武装工人群众。其实，这是两个层面的问题，前者讲的是具体方法，后者讲的是一般原则，"我们在肯定一般原则的时候，当然可以拒绝某些不恰当的具体方法"[①]。

在《怎么办》一书中，列宁完整阐述了其"灌输"理论：第一，"工人阶级单靠自己本身的力量，只能形成工联主义的意识"；[②] 第二，科学社会主义只能产生于有教养的知识分子所创立的科学理论中；第三，要从外面把社会主义意识灌输到工人运动中去；第四，如果不灌输科学社会主义的意识，工人运动只能受资产阶级思想体系的支配。理论教育实质上就是"灌输"，通过从外面输入另一种思想，引起女大学生思想内部的矛盾运动，从而发生思想的变化与发展。灌输正确的思想，清除错误的思想，是女子高校大学生德育第一课堂必须承担好的重要任务。

同时，我们需要突破对于知识传授即"填鸭式"硬灌的惯常理解。首先，知识传授是一种国家统治需要和女大学生个人成长需要的有机结合，有其存在的正当性、合理性；其次，实现知识传授目标可以有多种具体操作方法，包括讲授讲解法、理论学习法、宣传教育法、理论研讨法等，可以根据需要进行选择，通常情况下是多种方法组合使用。威尔顿曾经描述了美国社会研究教学的三种策略，其中以教师为中心的直接讲授，重在"讲述"和"解释"，是我们惯常所理解的德育第一课堂教学。

2. 科学编排课堂教学内容

德育第一课堂教学的内容确定与编排应注意处理好两对关系：一是满

[①] 刘建军：《恩格斯晚年对"硬灌输"的批评》，《光明日报》2014年5月12日第11版。
[②] 《列宁选集》（第1卷），人民出版社2012年版，第317页。

足社会需要和关照个体发展的关系,二是德育知识传授和成长方法引导的关系。兼顾于此,女子高校德育第一课堂传授的知识应包括:第一,常规意义上的"知识",即能够有助于女大学生实现自我身心和谐、个人与他人和谐、个人与社会和谐以及人与自然和谐的相关知识。这种知识传授本质上是一种理论的武装、理念的触动与引领。第二,关于方法的知识。女子高校德育第一课堂教学应为女大学生成长提供"拐棍""支撑",教学内容设置上可以包括如何学习的知识、如何践行的知识、如何创造的知识等。

女子高校德育第一课堂应坚持知识传授,引导女大学生学习内容的调整和理性思维习惯的养成。但是,知识传授的目的是"不教而教",要为女大学生提供一架登高的梯子、一套能够持续登高并望远的方法,并成功地激发女大学生个人价值和社会价值有机融合,为自己更为他人、为社会而主动地、持续地"登高"下去。

(二)成为主体培养的重要阵地

培养"自尊、自信、自立、自强"的"四有"新人是女子高校德育第一课堂的重要任务,为此,应突破传统以教师为中心、以课堂为中心、以教材为中心的"三中心"教学模式,而以女大学生的全面成长为目标,以女大学生的主体成长为中心,进行教学活动的设计和开展。女子高校德育第一课堂教学应坚持思想教育,引导女大学生成长意识的调整,培养其"四自"精神和公民基本意识。

1. 主体意识的培养

主体意识是指居于活动中心并承担相应责任的意识,是在现代女性成长中具有支撑地位的意识之一。女子高校德育第一课堂要致力于女大学生主体意识的培养,通过教学规划创设条件,让她们走到课堂的中心,并逐渐养成习惯,直至成为道德学习、道德成长和道德践行的完全主体,自尊、自信、自立、自强,具备服务国家、服务人民的社会主体的意识与能力。要向女大学生灌输积极的主体理念,使其逐层认识到自己在教学中、在法律上、制度上、现实政治生活中的独立主体资格,明确自己的基本权利,有权依法主张权利,自我选择、自我决定。与此同时,引导女子学生清晰认知:作为主体应该是理性的存在者,具有独立性、自主性和创造性,能够以"主人"之愿积极独立地思考,较为理性地把握"我"之为"主人"的依据,以及"我"以"主人"身份依法所享有的权利和应承担的义务，引导其珍惜并充分行使自己的公民权，并为达到"能为主人"做能力、素质上的准备。

2. 规则意识的培养

规则即规定出来供社会或团队成员共同遵守的制度或章程。在现代社会生活中，规则可以用来明确人与人在实践活动中的界限、维持社会秩序和保障自由（或目的）的实现。规则意识对个体的社会化具有重要的现实意义。女子高校德育第一课堂应以马克思关于人的现实本质的经典论断为支撑，引导女大学生正确看待个人与社会的关系，充分认识道德、法律作为维护社会秩序两大基本手段的地位。要结合课堂教学内容，以规则意识培养为切入点，循序渐进引导女大学生理解规则存在的意义，提高其尊重既定规则、循规则而动的习惯。与此同时，要注意培养她们融入社会建设、参与社会规则制定的主体性，逐步在社会规则制定中承担应有的责任。

3. 创新意识的培养

创新意识是现代女性应具有的重要意识之一。女子高校德育第一课堂应承担起回答"钱学森之问"的重任，课堂教学处理好知识传授、积累与培养创新意识的关系，以引导女大学生知其然并知其所以然为目标，通过教与学的结合，提高女大学生学识，激发其创新思维。要关注并塑造女大学生科学、求真的品格，锻炼她们敢想、敢说、敢做、敢于标新立异的胆魄，培养其面向现实、发现问题的意识和刻苦钻研、独立解决问题的能力。在大学阶段，培养女大学生创新意识的重要方式之一是开展基于项目的研究型学习，组织女大学生以团队形式研究问题，在解决一个个具体问题的同时掌握相关的知识，并学会发现问题、分析问题、解决新问题的路径与方法，以及与人沟通、团队合作的意识与能力。

（三）成为能力提升的培育基地

女子高校德育第一课堂应致力于女大学生能力的体系化提升，通过教学活动的实施，帮助女大学生提升道德学习能力、践行能力和参与能力。

1. 学习能力的提升

唯有"会学"，方能"学会"，进入大学后，女大学生面临的一个突出问题就是告别应试、学会学习。女子高校大学生德育课堂应将提升学生学习能力贯穿于整体教学活动中，通过激发女大学生的内在学习需要，强化其自主学习、创新学习、终身学习理念，引导她们在自主学习、合作学习过程中，逐步提高发展自我、奉献社会的能力。

心理学认为，"需要是人脑对生理需求和社会需求的反映……是个体的一种内部状态，或者说是一种倾向，它反映了个体对内在环境和外部生活条件的较为稳定的要求"①。德育第一课堂首先应从激发女大学生的发展需要着手，促使其正确处理个体需要与社会需要、精神需要与物质需要的关系，提高其道德需要水平，更加积极主动地进行道德选择、道德学习。其次，注重女大学生综合学习能力的培养，包括认知学习能力、情感学习能力、行为学习能力等。进入大学后，面对新的学习和成长环境，女大学生学习的主体性不足，学习能力有待进一步提高。德育课堂教学应引导她们探索学习过程，积累学习经验，进而通过情感的陶冶和行为实践，实现知、情、行的整合学习。最后，要培养女大学生的批判反思能力。

批判反思的精神在于启迪人类的理性，让人类有能力去建构属于自己的认识，它一方面追求个人生活的"自主自律"，另一方面也在寻找生活的和谐。美国耶鲁大学校长理查德·莱文认为，中国学生缺乏跨学科知识的广度和批判性思维。中国需要创建一种课程以及教学法，来鼓励学生的创造力以及独立的思维能力。

女子高校大学生德育第一课堂应鼓励学生自我反省、自主思考，提倡她们运用所学知识对僵化的观念进行批判，对不合理的问题进行反思。要培养女大学生开放的胸襟，打破不合时宜的观念，接受新经验和新观念。依据 Ennis 的观点，可着重培养女大学生四个领域的批判反思能力：第一，清楚了解事实状况的能力，即能把握问题重点，分析争论点，发问并回答问题；第二，依据可靠资料进行推论的能力，即批判资料可信性、客观观察及判断观察报告可靠性的推论能力；第三，从事演绎思考、归纳反思、价值判断的能力；第四，沟通能力，即在讨论、辩论或作报告时所表现的沟通技能。②

2. 实践能力的提升

马克思主义认为，"人类的特性恰恰就是自由的有意识的活动"。③ 实

---

① 叶奕乾、何存道、梁宁建主编：《普通心理学》（修订版），华东师范大学出版社1997年版，第443页。

② 参见王文岚《社会科课程中的公民教育研究》，中国社会科学出版社2006年版，第222页。

③ 《马克思恩格斯选集》第1卷，人民出版社1995年版，第46页。

践是德育的本质特征，当下女子高校德育课堂教学面临的一个突出问题则是理论联系实际、深入实践的程度不够，教育缺乏针对性、时效性，学生知行脱节现象较为普遍。《国家中长期教育改革和发展规划纲要（2010—2020年）》中明确提出，教育要面向全体学生、促进学生全面发展，着力提高学生服务国家服务人民的社会责任感、勇于探索的创新精神和善于解决问题的实践能力。女子高校德育课堂教学应面向生活、面向现实，以培养女大学生知行统一、践行规范的品质为目标，把知与行结合起来，把学习与践履结合起来，把学习规范和遵守规范结合起来，使知识转化为内在素质。要积极加大德育课堂教学改革力度，推进德育课堂整体实践体系构建，课内理论教学、实践教学相结合，课堂教学、社会实践相结合，变"坐中学"为"做中学"。引导学生充分认识实践的意义，牢固树立实践观念，强化其履行公民责任，在实践中改造社会、改变世界、完善自身的动力。

3. 参与能力的提升

培养社会主义事业接班人是我国高校德育的重要任务，但是大学生参与意识和能力培养不足的问题却仍然存在。近年来，随着高校实践教学力度的加强，情况有所改观，但并未得到根本性转变，单一的课堂教学方式以及道德说教的教学方法是导致大学生实践能力不强、社会责任感缺乏的重要原因之一。杜威认为："参与实际的事务，无论是直接的或是游戏性质的，至少是亲历其境的，有生气的。这些特点，在某种程度上，可以补偿参与机会比较狭隘的缺点。"[1] 女子高校德育课程应根据教学目标制订教学计划，适度开展课堂内、外的实践活动，以培养学生的公民责任感、参与意识和参与能力。具体操作上教师可做的很多，比如尝试将课堂作为学生自治的场所，根据课程需要设置学生自主课堂，包括课堂规则的制定、课堂秩序的维持等都引导学生来自主实现，等等。开展此类教学活动时，教师必须保障学生的广泛参与，教学形式设计上应以调动学生学习积极性、提高教学实效性为基准，吸收、纳入一切学生可以广泛参与的形式，进而根据教学内容灵活应用适度创新。

---

[1] ［美］杜威著：《杜威教育论著选》，赵祥麟、王承绪编译，华东师范大学出版社1981年版，第147页。

二　构建原则

所谓原则，是指说话或行事所依据的法则或标准。女子高校大学生德育第一课堂要实现促进学生全面发展的目标，应遵循生本原则、开放原则、生活原则、实践原则进行构建。

（一）生本德育原则

坚持以人为本、全面实施素质教育是我国中长期教育改革发展的战略主题。20世纪末，华南师范大学教授郭思乐提出"生本教育"理论，提出教育的本质是发展和提升学生的生命。必须摆脱传统教育以教师为中心的惯性，确立学生在教育中的主体地位。教育的一切是为了学生，要高度尊重学生，全面依靠学生。生本原则是科学发展观在教育改革与发展领域的具体体现，女子高校大学生德育第一课堂活动的开展要以学生为中心，以学生为主体，面向全体学生，促进学生全面发展。

1. 一切为了学生

这是从出发点上对女子高校德育第一课堂做出的规定。它要求，首先要以促进女大学生的发展为德育第一课堂的目标。这就要求德育课堂的教学目标、教学设计等需要进行一种角度的根本性转换，即教师"走下"讲台，"弯下腰"，以同等的高度与学生对话，共同开展探究性学习。其次，要视学生为独立的主体、具有独立意义的人，而非课堂上的被动接受者，等待被安排、被教授。学生应该成为德育课堂教学的主角。再次，视学生为发展的人。德育教师要立足特定时点上学生个体间的差异性，因材施教开展差异性教学。要关注学生的点滴发展，在遵循教学目标的前提下适时调整教学内容与教学方式方法。

2. 高度尊重学生

尊重学生是平等原则在德育课堂教学中的具体体现。汉语中的"平等"一词来自于佛教经典，是指无高下浅深等级之别，一切现象在共性或空性、唯识性、心真如性上没有差别。在党的十七大报告中，"平等"被列为公民意识教育的重要内容之一。2012年，党的十八大报告提出"三个倡导"，"平等"被规定为社会主义核心价值观的基本内容之一。坚持生本原则要求女子高校德育第一课堂以马克思主义平等观为指导，逐步告别教师高高居于三尺讲台、以绝对权威教诲学生的传统做法，尊重学生的主体地位，以师生平等为起点，由师生共同参与来设计和开展教学，遵循学生的个体道德成长规律。

3. 全面依靠学生

女子高校德育第一课堂必须要清晰解决"是谁的课堂""以谁为中心来做"的问题。传统德育课堂教学效率偏低，重要原因之一就是因为没有尊重学生的主体性，课堂教学被完全视为老师的事情，认为学生只能被动地接受知识。教育家苏霍姆林斯基认为，只有能够激发学生去进行自我教育的教育，才是真正的教育。女大学生作为独立的个体，有自己的需要并具备一定能力去清晰感知，有自己的独立思考能力和面对问题解决问题的能力。确认女大学生在课堂教学中的主体地位并"松手""放权"，以女大学生为中心、由女大学生来主导教学，对德育教师的理念调整提出了很高要求。心理学家坦恩鲍姆曾经检讨，说自己虽然欢迎讨论，但是在一切都说完做过之后，却首先还是要求班级得出与自己思路一致的结论。从是否具有坦率、自由和具有探索性这几个标准来看，这不是真正的讨论。女子高校德育第一课堂必须要"放权"，引导学生变被动参与为主动参与，走向课堂学习中心，并充分发挥个体的能动性，以自我教育的思路完成学习任务。

(二) 开放德育原则

"开放"描述的是一种敞开，使封闭着的物体打开的状态，意味着自身解除封闭、限制等，重视与外界的连接，允许外部因素进来，正视并应对外因所带来的各种影响。而主体自身定位上，也重视从发展目标到发展方式、方法等的调整，着眼于在与外部环境的相交相融中实现自身可持续性发展。当下女子高校德育第一课堂的开放性来自于内外双重因素的影响，一方面，社会环境趋于开放，国内外、校内外交流互通增多，线上、线下信息传播畅达，一味地自我封闭将使德育课堂逐渐失去存在空间和价值；另一方面，内部因素上，女子高校教育需要适应并满足社会对人才的需求要求，德育第一课堂教学必须融合社会道德建设的"应然"与"实然"状态，以开放的态势，在与社会现实相连接中完成课程知识的传授和对学生的引导，以培养出立足社会现实适应社会需要及至引领社会发展的优秀女性。

贯彻开放德育原则，女子高校德育第一课堂应坚持教学目标的开放性、教学模式的开放性、教学内容的开放性、教学方法的开放性和教学评价的开放性。

1. 在教学目标上，女子高校德育第一课堂应体现时代要求，并向学生的未来道德发展开放。因为有效教育管理的需要，高校德育课程一般采取科目既定、课时有限的形式，呈现出有始有终的闭环状态。但是，学生的道德发展是开放式的，女子高校德育第一课堂教学应立足但不囿于课程的"封闭性"，着眼于学生健全人格的培养，为女大学生未来的道德成长与发展做好铺垫。

2. 在教学模式上，女子高校德育第一课堂应向学生的主体参与开放，告别传统的以教师为单一主体的教学模式，在师生间的交往互动中实现教育教学目标。互动性是开放式德育的重要特点之一，真正意义上的教育现代化的重要标志是由单一主体性走向主体性与主体间性的融合，女子高校德育第一课堂应积极营造师生民主、平等、自由的交往环境，在师生间平等知识对话与情感沟通的过程中实现教学相长，促使学生主体间性自然产生，以达到培养健全道德主体的目标。

3. 在教学内容上，女子高校德育第一课堂应处理好遵循和吸纳的关系，既坚持以教材体系为底本，传授、传承既有的道德规范，又要以"三贴近"原则为指导，贴近实际、贴近生活、贴近群众地对教学内容进行立体呈现，向社会开放，密切联系现阶段我国社会道德现实，向中国共产党的最新理论成果开放，向社会现实需要和学生发展需要开放，及时进行课堂教学内容上的更新与调整，保持德育内容体系的开放性。

4. 在教学方法上，女子高校德育第一课堂要努力保持体系的开放性，既充分继承和发扬中国共产党开展思想政治教育的传统优势，又积极借鉴国内外先进的教育理论和课程教学成功做法。同时，适度突破课堂教学的范围，向德育第二、第三课堂开放，让学生在内容丰富的课外活动和校外实践活动，如校园文化活动、参观访问、劳动锻炼、青年志愿者活动中获得深刻的体验，从而达到情与理的相互渗透，知与行的相互促进。在德育课堂教学的具体开展上，可以采用开放型的方法，比如引导女大学生开展研究性学习，以典型案例开展启发式教学等，培养女大学生自主学习、自我教育的习惯与能力。

5. 在教学评价上，女子高校德育第一课堂应告别传统的终结性德育评价，保持考核目标的开放性。积极探索开展形成性、过程性评价，通过建立完善的评价体系，关注女大学生的道德学习过程，对女大学生的道德状况进行诊断、分析，为其能够发展但尚未发展的能力留一定的空间。扩大评价主体的范围，开展多主体评价，教师、同学、实践基地人员等相关人员和被评价对象都应包括在内，要使评价成为大家的事，成为学生自己的事。要保证评价在民主、透明的氛围内进行，评价完成后应注意结果的及时反馈和改进状况的跟踪，促成评价意义的完整实现。

（三）生活德育原则

与生活的疏离，是现代德育的困境。女子高校德育第一课堂应注意德育与整体生活的关联，重视生活体验对女大学生个体德行养成的重要意义，要为生活而德育，借生活而开展德育，引导女大学生学会过有道德的生活，并在生活中提高自己的德行。

对于生活与教育的关系，亚里士多德早就提出，德育过程即引导个人合于德行的现实生活展开的过程，德育的根本目的是人的幸福生活。我国著名教育家陶行知亦曾提出"生活即教育"的观点，并给予充分阐释。他认为，教育与生活是同一过程，"是生活就是教育"，教育含于生活之中，教育必须和生活结合才能发生作用。真正的教育是以生活为中心的教育，"是供给人生需要的教育"，是生活所原有的、生活所必需的教育。[①]教育要通过生活才能发出力量而成为真正的教育，而德育同样也要而且必须通过生活发出力量从而成为真正的德育。与传统知性德育相比，生活德育具有自身的优势，因为生活本身的直接现实性、实践性、情景性和整体性等特性是任何一种生活之外的教育方式都无法替代的，生活德育所培养的德行不是限于知性的德行，而是由知性、情意等多维构成的包含着道德内容的德行，这种德行由行为确认并体现在行为之中，是生活中的具体可感的德行。

按照生活教育理论的要求，女子高校德育第一课堂应坚持广阔的生活概念，基于德育与个体终身生活紧密关联、与学校整体生活紧密关联的前提开展教学活动，努力使教学的内容联系生活、教学的方法贴近生活、教学的途径走向生活，并把德育的主体引向生活，从而双向性地从德育走向生活，从生活走向德育。

首先，理想的女子高校德育第一课堂教学内容应是与学生的生活经验、实践活动融为一体的，符合学生道德需求和道德能力的内容。为此，

[①] 《陶行知教育名篇精选》，周洪宇编，福建教育出版社2013年9月第一版，第44—49页。

德育教师要注意从现实生活中吸收教学素材，将教材的理论阐述与现实生活中的鲜活材料有机结合起来，开发生活中潜在的德育内容，借助生活经验来弥补理论的缺陷，淡化抽象理论世界与现实生活世界的界限，拉近德育课堂教学内容与学生生活的距离，使教学内容联系学生生活，提高学生接受程度。德育课堂教学既需注重对女大学生社会理想层面的引导，也要关注对其日常生活规范的强化。

其次，理想的女子高校德育第一课堂教学方法应是把理论知识连接至现实生活，通过创设生活场景帮助学生提高道德认识升华道德情感进而获得全面发展的方法。方法即"行事之条理也"，指为达到德育目的而采取的手段、步骤等。女子高校德育第一课堂可以借助影音资料、多媒体手段等把某些生活场景真实地再现出来，让学生在真切的生活情境中感受和体验道德规范，实现课堂知识的消化、吸收。与此同时，德育课堂教学还可以结合教材的某些知识点，截取生活片段设置情境题目，培养学生运用知识解决问题的思路与能力。

再次，理想的女子高校德育第一课堂教学应采用生活化的德育途径，即让女大学生进入实际的社会生活中，通过自主管理社会生活，自主参与社会活动，而达到培养其践行道德规范、履行社会责任的意识与能力。这就要求女子高校德育第一课堂教学加大实践教学力度，增强实践环节设计，带领学生走进现实生活，接触、了解社会现实问题，进行独立的思考、分析，提出解决问题的方法。要让女大学生在社会生活中接受教育，接受磨炼，体验社会和人生。

最后，在生活德育范式下，德育目的从培养"伦理学者"向生成"有道德的人"转换，实现了向自我本真的回归。女子高校德育第一课堂教学必须引领女大学生走进生活，在教学活动中教会她们如何打开生活的大门，如何主动把握生活，成为有道德的生活的主人。要带领她们去体验生活、感悟生活，鼓励她们在实践中体验，在体验中成长。将女大学生引向生活的过程就是育人的过程，教育女大学生热爱生活、学会生活、认识社会的过程，也就是启发其道德自觉成为"有道德的人"的过程。

（四）实践德育原则

所谓实践，指主体在一定思想指导下对客体的主体行动，是主观见之于客观的活动。马克思主义认为，实践既可育智亦可育德。女子高校德育第一课堂的构建应坚持马克思主义实践育人思想，以实践帮助德育走出工具性、功利性和形式化的误区。

1. 马克思主义的实践德育观

实践育人是马克思主义的重要德育思想。马克思主义认为，在人的思想道德进步和全面发展的过程中，实践起着基础的、决定性的作用；教育与生产劳动相结合是塑造社会新人的根本途径，在现代科学技术高度发达和社会实践领域与形式日益拓展的今天，仍然需要实行教育与生产劳动相结合；与实践、与工农相结合是青年知识分子成长的正确道路。毛泽东认为，使仅有书本知识的人变为名副其实知识分子的唯一办法"就是使他们参加到实际工作中去，变为实际工作者，使从事理论工作的人去研究重要的实际问题。这样就可以达到目的。"[①]

2. 实践德育原则的内涵

"实践德育"与"德育实践"是两个不同的概念。后者是偏正词组，以"德育"来显示"实践"的归类，近些年来各地高校红红火火开展的思想政治理论课社会调研等均可归入此列；前者是以"实践"来规定"德育"的内涵，突出以实践作为德育理论建构和实际的德育过程的逻辑起点与基础。实践是德育的本质特征，女子高校德育第一课堂构建时应注意把握以下关键点。

其一，实践是德育主客体双向对象化的过程，其中主体客体化会促进社会的和谐与进步，客体主体化将扬弃自身原有的规定性，并赋予新的规定性，依托于这一过程，女大学生实现自身道德的发展与完善。

其二，实践是女大学生道德实现内化与外化相互转化的桥梁。一方面，实践是学生获得道德知识的基础和前提，通过体验、探究、交往等道德实践活动，女大学生自觉获得道德知识；另一方面，必须经由实践，女大学生内化的道德知识才能外化于行动中，从而实现高校德育的最终目标。

其三，实践使德育目的与手段实现了统一。实践是女子高校德育的目标起点，也是女子高校德育的最终归宿。通过实践，女大学生内化道德知识，践行道德规范，女子高校德育第一课堂教学知行统一的目标得以实现。实践贯穿于女子德育过程的始终，是实现其德育目标的根本途径与手段。德育的完整过程是"行—知—行"。它以女大学生的道德实践为起

---

① 《毛泽东选集》第 3 卷，人民出版社 1991 年版，第 816 页。

点，以德行的"生成"为最终目标。显然，德育过程中的实践与智育过程中的实践是有区别的。

实践德育将道德实践既看作是形成道德主体的手段，更将实践道德本身看作是目的。这种新的德育目标观使女子高校德育教师从道德实践本身的价值出发，设计、安排、组织学生的道德实践，使女大学生的道德实践成为一种发自主体内部的积极主动的参与活动，一种真正的自我教育活动，从而使女子高校德育真正成为一种实实在在的、摆脱了功利性的、富有成效的德育，而非形式化的德育。

第三节 我国女子高校女大学生德育第一课堂的内容和途径

女子高校大学生德育第一课堂要提高实效，真正落实培养德智体美全面发展，具有"四自"精神、公益意识、知性高雅的应用型女性人才的目标，可以在课程体系设置、课堂教学实施、教师队伍建设等方面进行积极的探索和创新。

一 主要内容

知识教育是德育的载体，女子高校借德育第一课堂教学活动的开展，对女大学生实施思想、政治和品德教育。德育第一课堂教育体系构建中应清晰把握德育之"知"的特殊性，坚持抓重点、宽视野、厚根基，深化课程改革，通过课程体系化建设为提高德育第一课堂实效给予坚实保障。

(一) 德育第一课堂的特殊性

需要明确两点：第一，德育第一课堂要进行的是"德育"而非"智育"。知识教育是德育的载体，但非德育的目标和全部，德育第一课堂的知识传授、传承以"人"的发展为终极目标；第二，德育的内容主要面向的是"人"的世界，反映的是"人性"内涵，德育第一课堂所传递的知识是"价值之知"，揭示的是人的世界的应然，同时也是"规范之知"，告诉人们什么应该做，什么不应该做。由此，德育第一课堂的内容具有明确的价值导向，课程体系建设上也必然充分体现。

(二) 德育第一课堂的课程设置

教育部《关于全面深化课程改革落实立德树人根本任务的意见》指

出，要充分发挥课程在人才培养中的核心作用，全面深化课程改革，"高举中国特色社会主义伟大旗帜，推动社会主义核心价值观进教材、进课堂、进头脑，着力培养学生高尚的道德情操、扎实的科学文化素质、健康的身心、良好的审美情趣，努力使学生具有中华文化底蕴、中国特色社会主义共同理想、国际视野，成为社会主义合格建设者和可靠接班人"。围绕这一目标，女子高校应在通识教育视野下进行德育第一课堂课程体系设计，通过开设思想政治理论课程、国防教育课程、性别教育课程、心理教育课程等开展公民基本教育，通过开设"文学与艺术""历史与文化""社会与科学""科技与自然""性别与发展"等课程模块，为女大学生提供多元化的认知视野和人文体验，启发和引导她们对不同学科、不同文化和不同思维模式应有的兴趣和尊重，增进学生对自身、社会、自然及其相互关系的了解，感悟自我存在的和生命的意义，尊重不同文化与文明的价值，培育她们的人文情怀、生存智慧，提升综合素养。

1. 公民基本教育课程

（1）思想政治理论课程。

目标：通过课程学习，使学生能够运用所学理论去认识社会、指导实践，并在接触、参与社会实践中接受教育、加深对所学理论的理解，培养观察问题、分析问题和解决问题的能力，更好地发展自我、适应社会，整体提高学生思想道德与理论素质。

要求：设置"马克思主义基本原理""毛泽东思想和中国特色社会主义理论概论""中国近现代史""思想道德修养与法律基础"和"形势与政策"五门课程，共256学时，计16学分，其中9学分为课堂教学学分，7学分为实践教学学分（其中5学分由思想政治理论教学部门组织实施，2学分与各专业社会实践开展）。

（2）国防教育课程。

设置军事理论课程和军事技能训练。

目标：通过教学，使女大学生掌握基本军事理论与军事技能，达到增强国防概念和国家安全意识，强化爱国主义、集体主义观念，加强组织纪律性，促进女大学生综合素质提高，为中国人民解放军训练后备役军官打下坚实基础的目的。

要求：设置军事理论课程，必修，计2个学分，共32学时，在大一下学期开课。课程教学按照统一大纲进行，根据国际战略格局和周边安全环境的变化,适当科学调整授课内容,为女大学生分析热点、解疑释惑,凝聚中国力量;设置军事技能训练,时间为2周,计2学分,必修。

(3) 性别教育课程。

目标:力图运用社会性别视角对既有知识体系进行质疑和反思,跨学科地审视女性在社会现实生活中的角色、地位与生存状况,力图呈现女性被边缘化的经验与感受,展现女性的价值、成就与贡献,将女性独特的视角和方法融入人类社会的发展,使沉默的女性主体发声。帮助学生了解自身的性别特点,树立平等的价值观念,培养独立自主的人格,提高适应社会的能力,为学生提供一个认识自我和社会的全新的思维视角。

要求:设置"女性学导论"课程,计2学分,共32学时,在第三、第四学期开课。

(4) 心理教育课程。

目标:为培养大学生良好的心理品质和自尊、自爱、自律、自强的优良品格,增强大学生克服困难、经受考验、承受挫折的能力,以良好的心理素质完成在校的学习任务,培养适应社会所需要的良好心理素质。

要求:设置"大学生心理健康指导"课程,计1学分,共16学时,分两个学期开课。全校新生必修,重点放在大学学习、生活的适应,心理素质意识的提高,大学四年的生涯规划设计上。通过课程的学习,为大学生顺利度过大学四年生活打下良好的心理基础。

2. 人文素养教育课程

通识教育课程可以包括"文学与艺术""历史与文化""社会与科学""科技与自然""性别与发展"五个模块,具体课程目标如下。

(1) 人文与艺术模块课程主要通过对经典人文与艺术作品的学习和分析,探索文学与艺术作品风格的形成和转变,以及社会环境对作品的影响,培养学生文学艺术作品鉴赏能力和表达自我感知与想象创造的能力。

(2) 历史与文化模块课程主要通过对社会发展特殊时期的历史和不同区域文化的学习,帮助学生理解一些重大历史事件产生的缘由及世界各国不同文化的形成原因,培养历史和文化的反思能力,增强学生的历史责任感、传承与创新文化的使命感。

(3) 社会与哲学模块课程主要通过对中外哲学思想的了解和社会科学的基本思想和方法的学习,培养学生理性思辨与伦理判断能力,关注社会发展与管理中出现的重要问题,培养学生社会责任感;综合运用社会科学的相关理论与方法，培养学生的沟通能力与领导素养。

（4）科技与自然模块课程主要通过对科技与自然的相关知识的了解，使学生理解人与自然相互关系，培养学生尊重生命，树立保护自然的理念。通过对数学思想的了解，学会数学的思维方法，培养学生的逻辑思维能力。

（5）性别与发展模块课程主要通过对社会性别相关理论、思想和方法的学习，帮助女性了解自身，加强社会性别意识，培养学生的自我完善、自我发展能力。

课程修习要求：每门课程计 2 个学分，32 学时。要求学生在第一模块和第二模块课程中至少修习两门课程，修满 4 个学分。第一模块要求修习一门文学类课程，第二模块要求修习《礼仪与修养》课程，其他模块中至少修习一门课程，各 2 个学分，总计 14 学分，用四个学年修习完成。

二 基本途径

女子高校大学生德育第一课堂的有效工作应该基于对其特殊性的准确把握：德育的内容是"善"的知识，不能把德育的人性本质内涵抽去，将之简化变成一种事实认知、概念学习和规范条文的传授和记忆。德育第一课堂教学要探索并遵循德育的自身规律，既作用于人们对思想、政治和品德知识的认知，更强调通过实践的锻炼，形成人们一定的思想道德品质。必须避免"知识化""智育化"倾向。

依据女子高校大学生德育第一课堂的特性与目标，可以从以下三条基本途径着手，构建主体性教学模式，提高德育课堂教学实效。

（一）开展研究性学习

女子高校大学生德育第一课堂理论教学具有不可替代的作用，目前的关键点应该在于如何进行教学方法、模式的改革，吸引女大学生参与到教学过程中来，采取合作式的有效学习模式，使课堂教学真正落脚在"学"上，使女大学生成为学习的主体，并具有充分的主体自觉和发展的学习能力。国内外大学教育教学经验证明，开展研究性学习有助于引导大学生学会学习，从而达到提高学习效果和教学质量，造就创新性人才的目标。

研究性学习的核心理念是"以学习者为中心"的教育观，它倡导学生在教师的指导下，以问题为载体，通过主动探究未知事物进行研究和学习。研究性学习的首要价值诉求是尊重学生的主体性，真正让学生居于学习的中心,成为学习的主角;其次,它倡导使学生形成"研究式"的学习方式,并在学习中树立问题意识;再次,研究性学习有助于发展民主合作的师生关系。在女子高校大学生德育第一课堂,研究性学习应该成为理论知识学习的一种基本形式。

《全日制普通高级中学课程计划（试验修订稿）》规定,研究性学习以学生的自主性、探索性学习为基础,从学生生活和社会生活中选择和确定研究专题,主要以个人或小组合作的方式进行。通过亲身实践获取直接经验,养成科学精神和科学态度,掌握基本科学方法,提高综合运用所学知识解决实际问题的能力。[①] 在研究性学习活动中,学生的学习行为表现出研究性、学习自由、独立学习与合作学习相结合等三个特征,由此,也对学生的素质提出了较高的要求,要求学生在从事研究性学习的过程中充分发挥自身的主体性,要具有问题意识和研究问题的能力,掌握基本的科研方法,养成批判性思维习惯,形成良好的思维品质。

国外高校开展研究性学习有着丰富的实践经验,其中产生了两种卓有成效的课程形式,一种是针对大一学生开设的"新生研讨"课,另一种是针对大四学生开设的"顶峰课程"。美国高校新生研讨课是本科教育的特色课程,其前身是诞生于19世纪后期的"新生教育课程"（freshman orientation course）,目的是帮助新生选课及适应全新的大学环境和学习方法,完成由中学阶段向大学阶段的顺利过渡。在研究型大学,新生研讨课以学术为导向,旨在让低年级大学生早点接触科研,学习如何提出、研究问题,如何与他人合作交流思想。而在很多普通高校,新生研讨课则侧重生活方面,以让刚入学的新生尽快适应大学生活,了解大学的校园环境,顺利地完成从高中到大学的过渡,学会如何学习、如何管理自己的时间。2009年,美国新生研讨课调查报告显示,87.3%的美国大学开设了新生研讨课。目前,美国主要流行扩展性新生教育课程、基础学习技能研讨课程、单一主题研讨课、多主题研讨课和专业研讨课等新生研讨课,其中前两种是适应性新生研讨课,后三种是学术性新生研讨课。

美国毕业阶段的"顶峰课程"主要是对四年本科教育所接受的知识与形成的技能进行综合应用,形式不限,有项目研究、个案研究、小组学

---

① 中华人民共和国教育部高等教育司:《研究性学习和创新能力培养的研究与示范》,高等教育出版社2010年版,第250页。

习、班级讨论、口头交流、书面交流、小班教学等。顶峰课程的核心要素是"培养学生发现问题的能力、应用既有知识和技能解决问题的能力、批判性思维能力和表达结论的能力。"[①]

目前在我国高校的实践中,研究性学习作为一种创新型人才培养的教学模式一般在综合性大学实施,主要集中在课外进行,由学有余力或优秀的本科生承担,比如清华大学大力推广低年级的新生研讨课、高年级的专题研讨课和大学生研究训练计划。我国大学研究性学习多采取小班研讨的教学组织形式,教学模式上采取实行导师制与导生制相结合,人才培养则集中于精英教育,目标是从优秀到卓越。随着我国高等教育教学改革的深入,研究性学习的理念逐渐被越来越多的高校师生认同。女子高校德育第一课堂应吸收研究性学习的精髓,克服"唯科学主义"倾向和"精英主义"倾向,着力于发挥所有女大学生的智慧和创造力。

结合我国女子高校实际情况,德育第一课堂可以组织进行两种形式的研究性学习。

1. 个体独立学习。个体独立学习是一种深层的学习。女子高校德育教师可以要求学生广泛地进行阅读,包括教科书和最新的文献资料、网络电子资源、报纸杂志等,合理地构建起自己的知识概念图,并在阅读中养成良好的思维习惯。在引导学生独立学习的过程中,德育教师需要以传授阅读技巧为先导,并注意激发女大学生的动机和兴趣。

2. 小组合作学习。合作学习策略被广泛认为是可行的方法。合作学习一般发生在学习者之间,也可以发生在指导者和学习者之间。借助教师的指导,女大学生通过参与小组合作学习和班级课堂讨论,可以深化对问题的认识和理解,提高分析问题和解决问题的能力,同时促进非智力因素的发展。在研究性学习过程中,女大学生们可以围绕一个问题展开小组讨论,或者在研究课题项目时,可以就设计思路与教师或同学展开分析探讨,合作完成任务。操作时要注意,教师参与小组讨论时,不仅要让女大学生学习思考问题的方法,训练其思维方式,还要引导讨论过程,组织积极有效的讨论形式。

(二) 强化实践教学环节

坚持教育与生产劳动和社会实践相结合,是党的教育方针的重要内

[①] 参见张利荣《大学研究性学习理念及其实现策略研究》,中国海洋大学出版社2012年版,第110页。

容。2012年，教育部发布《关于进一步加强高校实践育人工作的若干意见》，指出："坚持理论学习、创新思维与社会实践相统一，坚持向实践学习、向人民群众学习，是大学生成长成才的必由之路。进一步加强高校实践育人工作，对于不断增强学生服务国家服务人民的社会责任感、勇于探索的创新精神、善于解决问题的实践能力，具有不可替代的重要作用；对于坚定学生在中国共产党领导下，走中国特色社会主义道路，为实现中华民族伟大复兴而奋斗，自觉成为中国特色社会主义合格建设者和可靠接班人，具有极其重要的意义；对于深化教育教学改革、提高人才培养质量，服务于加快转变经济发展方式、建设创新型国家和人力资源强国，具有重要而深远的意义。"女子高校大学生德育第一课堂应强化实践教学有关要求，创新实践育人方法途径，注重学思结合、知行统一，切实改变重理论轻实践、重知识传授轻能力培养的观念。

1. 整体规划上，把实践教学纳入学校教学计划，系统设计实践育人教育教学体系，规定相应学时学分，合理增加实践课时，确保实践育人工作全面开展。如中华女子学院2012级本科专业培养方案中，课程体系设通识教育课程、学科专业课程、自由选修课程三大模块，其中学科专业课程模块中"综合实践教学环节"，依据专业不同设置不同学分。

2. 强化实践教学环节。实践教学是学校教学工作的重要组成部分，是深化课堂教学的重要环节，是学生获取、掌握知识的重要途径。女子高校大学生德育第一课堂的所有课程教学都应加强实践环节，实行课内理论教学与实践教学相结合，课内实践教学与课外实践教学相结合，德育实践与专业实践相结合。表4-1为中华女子学院2012级本科专业培养方案（社会工作专业）中，思想政治理论课程实践教学环节的体系化呈现（注："毛泽东思想和中国特色社会主义理论概论"课程另有16学时设置为单独的"社会实践"环节，1学分，组织学生在暑期开展社会调研，撰写调研报告）。

根据思想政治理论五门课程不同学科特点，授课教师就课内实践和课外实践在学时、形式上进行了差异性的设计。其中课内实践为课下准备，随堂进行，方式包括现场体验式、情景模拟式、红色经典式（观看影视资料）、案例分析式、讨论/辩论式、小话剧表演式等。课外实践板块则充分利用社会和学校"素质教育基地"资源，按教育部关于实践教学的建设标准，在教学改革中实现"两个统一"：把课内教学实践与课外社会实践活动统一起来；把德育实践与专业实践统一起来，设计思想政治理论课合理的实践教学体系，培养学生的观察社会和适应社会的能力。在学分设置上，思想政治理论课共 16 学分，其中 9 学分为课堂教学学分，7 学分为实践教学学分（5 学分由思想政治理论教学部组织实施，2 学分与各专业社会实践结合开展）。

表 4-1　　中华女子学院 2012 级本科专业培养方案（部分）

课程名称	开课学期和周学时								总学时			学分数	考核方式	课程性质
	1	2	3	4	5	6	7	8	理论	实践	合计	5	考试	必修
毛泽东思想和中国特色社会主义理论概论					5				48	32	80	3	考试	必修
思想道德修养与法律基础			3						26	22	48	3	考试	必修
马克思主义基本原理	3								32	16	48	3	考试	必修
中国近现代史纲要		2							26	6	32	2	考试	必修
形势与政策			1	1					30	2	32	2	考试	必修

3. 改革考核评价方法。女子高校大学生德育第一课堂的教学效果，不能单纯用知识考核的方法来衡量，否则会诱使学生为应付考试，死记硬背教育内容，以获得高分，而实际思想政治道德品质低下，导致知行不一、知行脱节。列宁："一个政治组织要用考试的方法来检验自己成员所持的观点是否同党纲矛盾，那是办不到的。"① "人们只有学会独立地把这个问题弄清楚，才能认为自己的信念已经十分坚定，才能在任何人面前，在任何时候，很好地坚持这种信念。"② 随着实践教学环节的强化，女子高校大学生德育课程考核方式亦应做相应调整，各课程可以根据教学目标在考试形式、成绩构成等方面做差异化设置。目前，在如何评价女大学生知行转化水平以及应否引入同学间互评等尚在讨论、探索中，建立客观、科学的德育课程考核评价机制尚待时日。

（三）构建立体教学模式

现代信息技术飞速发展，互联网日益融入人们的生活，为女子高校大学生德育教学改革提供了新的载体支持。截至 2013 年 12 月，中国网民规

---

① 《列宁选集》第 2 卷，人民出版社 1995 年版，第 253—254 页。
② 《列宁全集》第 37 卷，人民出版社 1986 年版，第 60 页。

模达 6.18 亿，手机网民规模达 5 亿，网民中使用手机上网的人群占比提升至 81.0%。① 根据"女子高校大学生分层德育模式研究与实践"课题组调查，目前三校（中华女子学院、湖南女子学院、山东女子学院）学生平均每天上网时间为 1—3 小时的所占比例最高，其次是 3—5 小时。学生上网的主要目的是阅读新闻，查找学习资料。女子高校大学生德育课程教学应努力尝试结合线上线下资源，构建立体教学模式，引导学生开展网络学习。

1. 开展网络课程建设

利用互联网开展课程建设、进行资源共享是高校德育教学的必然趋势。2003 年 4 月 8 日，教育部发出《关于启动高等学校教学质量与教学改革工程精品课程建设工作的通知》，要求建立各门类、专业的校、省、国家三级精品课程体系。目前，国家精品课程资源网已有本科文化素质教育课程 111（现为 113）门，其中国家级精品课程 45 门，省级精品课程 32 门，校级精品课程 34 门；马克思主义理论和思想品德精品课程 300（现为 301）门，其中国家级精品课程 37 门，省级精品课程 149 门，校级精品课程 114 门。② 近年来，女子高校对德育课程建设给予了大力支持，积极开展思想政治教育理论精品课程建设，其中湖南女子学院确立思想政治理论课为校级重点课程（2006 年）、"思想道德修养与法律基础"为校级精品课程（2009 年）；中华女子学院确立"马克思主义基本原理""思想道德修养与法律基础"为校级精品课程（2010 年），并启动学校精品视频公开课课程、精品资源共享课课程建设工作；山东女子学院思想政治理论课课程群（含"毛泽东思想和中国特色社会主义理论体系概论""思想道德修养与法律基础"和"马克思主义基本原理概论"三门课程）联合申报了山东省级精品课程（2012 年）。

在进行精品课程建设之外，女子高校德育课程建设还应接受大型开放式网络课程（massive open online courses，MOOC）的冲击，尝试融合到大型开放式网络课程的潮流中。2012 年，美国的顶尖大学陆续设立网络学习平台，在网上提供免费课程，Coursera、Udacity、Edx 三大课程提供商

---

① 《第 33 次中国互联网络发展状况调查统计报告》，http：//www.cnnic.net.cn/hlwfzyj/hlwxzbg/hlwtjbg/201403/t20140305_46240.htm。

② （http：//www.jingpinke.com/xpe/portal/35b1a2a2-120d-1000-88a3-254b8298559b）（目前网页打不开）

兴起。2011年，爱课程网站建立暨中国大学视频公开课上线，拉开了"十二五"期间国家精品开放课程建设与共享工作的大幕；2013年6月26日，首批120门中国大学资源共享课在爱课程正式上线，向社会大众免费开放，现在上线课程已达一千余门。2014年6月，中华女子学院共享校外优质课程资源，引入"微生物与人类健康""什么是科学""基础生命科学""探究万物之理""数学大观""文化地理""化学与人类""从'愚昧'到'科学'——科学技术简史"8门网络课程作为"科技与自然类"的博雅课程，进一步丰富了学校通识教育课程体系。女子高校大学生德育课程应同步尝试课程输入与课程输出，做好网络课程开发及共享工作。

2. 开展线上平等互动

当下，以互联网为代表的新兴媒体已深度融入人们的工作和生活，为德育开展提供了新的渠道和技术支持。女子高校大学生德育教学要充分应用现代信息技术手段，把网络教学与网络社交有机结合，在与学生的平等互动、及时沟通中取得效果的实质性提升。

（1）加强信息资源建设，搞好网络德育教学。可以建设网络课程，综合运用多种媒体元素以及丰富的网络信息，创新德育教学机制，将德育内容、结构清晰地呈现出来；可以建设学习网站，开展在线教学，邀请一批专家、学者进行网上访谈，就社会热点问题进行讨论，达成思想共识。也可以通过不同的功能定位和板块设计，为学生提供学习资料、新闻资讯及其他各类信息，以及思想情感交流、心理健康咨询等服务。

（2）利用网络交往工具，提高师生互动交流。网络改变着人与人之间的关系和人际交往形态，进而影响着人际交往行为方式。在网络环境下，师生之间可以交互式地平等沟通与对话，大大提高德育的效率和效果。女子高校德育教师可以利用论坛、电子邮件、博客、微博、微信、QQ等各种网络平台和社交工具，平等地与学生进行讨论与交流，了解她们在学习、工作、生活中所存在的困难和问题，及时掌握其思想变化，引导她们分清是非曲直，客观认知自我，形成正确的思想观念。在网络互动中德育教师应把握的基本点是：坚持师生平等互动交流，尊重、理解、关心和帮助学生，努力为学生提供个性化的服务和指导。

第五章

我国女子高校女大学生德育第二课堂教育体系的构建

第二课堂是在教学大纲范围以外由学生自愿参加的各类教育教学和科研活动的总称。它是对课程教学内容的有益补充和进一步深化，是实现教育教学目的的重要途径和手段，是大学生拓展素质、提升能力、人格养成的重要阵地。《国家中长期教育改革和发展规划纲要（2010—2020年）》中指出，"要提高学生的学习能力、实践能力、新能力……开发活动课程，增强学生科学实验、生产实习和技能实训的成效"。这赋予了高校第二课堂新的使命，高校只有大力加强第二课堂建设才能更好地实现人才培养目标。高校应根据学科、专业不同有针对性地开展第二课堂建设，帮助学生获得学问以外、学问以上的智能，最终实现学生素质全面提升，为其终身发展奠定良好的基础。

第一节 我国高校德育第二课堂的现状

随着我国高校教育教学改革的进一步深化，高校第二课堂作为学生创新能力培养和素质拓展的重要载体，在培养创新意识、激发潜能、人格塑造等方面的作用越来越突出。第二课堂教育以其灵活、广泛、新颖的特质和第一课堂无法替代的育人作用，成为实施素质教育的重要载体，越来越受到高校的重视，逐步发展成高校人才培养的重要教育教学环节。一些高校经过不断的探索和总结，在培养大学生的创新、实践、动手能力，全面建设第二课堂和校园文化等方面尝试和建设了很多先进模式。

一 我国高校德育第二课堂现状

第二课堂作为高校人才培养主要途径的作用和功能不断凸显，很多高校结合学校实际开展了符合学生特点的活动,进行了多种形式的创新。但是当前的状态仍然存在很多问题,既有的运行模式需要完善和改进,无法完全满足当今人才培养的需要。

(一) 我国高校德育第二课堂的现状

目前,我国高校德育第二课堂建设情况不容乐观,缺乏对具体活动的设计和引导,缺乏系统规划,导致学生对第二课堂的认识不到位,减弱了第二课堂的育人功能。

1. 高校理论社团偏少,马克思主义研究社团缺乏。在思想政治教育过程中,高校学生理论社团由于其自我组织、自我管理、自我学习、自我教育的特点,能够发挥高校党政机构和思想政治理论课堂所难以起到的作用,可以弥补高校思想政治教育正规途径的不足,是高校宣传党的理论政策的重要载体。但是在实际的社团建设和组织管理过程中存在许多的问题,这些问题制约和干扰着学生理论社团的健康发展。首先,理论社团偏少,有些社团定位不准,在学生中的认可度不高,学习效果不佳;其次,部分社团经费紧张,开展学习和实践活动困难重重;第三,部分社团受到校外势力的影响,出现不良思想倾向。

2. 各高校都在努力发掘中国传统优秀道德教育,希望在大学生的道德提升上得到积极帮助。在现实的社会生活中充分地宣传中国传统的仁、义、礼、信、孝、悌等思想,通过发挥扶危济困、博施济众、诚信美德,以实现对传统美德的继承,发挥其在社会中的作用。学校积极地结合现实道德问题进行教育,立足于现实,从现实的社会现象出发来揭示社会对道德的需要。

3. 各高校积极探寻将德育融入第二课堂的方式、方法。我国很多高校尝试并采用了不同的形式和方法,将第二课堂活动作为全面提高大学生素质教育的主要阵地。在推进第二课堂教学工作中,部分高校制订了适合学校层次和学生特点的培养方案,各个高校还积极探索致力于使现行的管理办法更加科学、合理,体系更加健全、完善。

(二) 我国女子高校德育第二课堂的现状

项目组在对中华女子学院、湖南女子学院、山东女子学院三所女子高校学生的调查中,部分内容涉及第二课堂建设情况,发放问卷数5100份,回收有效问卷为5034份,问卷回收率为98.7%。经过数据清洁、逻辑检查后,分析女子高校大学生第二课堂的基本情况如下。

1. 喜欢的讲座类型

调查对象中表现出学生最喜欢的讲座比例较高的是人文社科类学术报告、形势报告和时事热点分析。此外、学生比较关注的还有青春励志类和心理健康类讲座。由此可以看出，学生对社会动态、国家形势的关注度最高，其次在个人的修身养性以及对未来的期盼表现出较高的关注。对于人生明确规划的意识还有待强化。

2. 参加科技竞赛活动情况

分年级来看，中华女子学院参加过学校各类科技竞赛活动的分别为36.6%、40.4%、30.6%、66.8%；山东女子学院参加过学校各类科技竞赛活动的分别为36.1%、46.9%、39.6%；湖南女子学院二年级参加过科技竞赛活动的占55.1%。

3. 课余时间的安排方式

同学们主要将课余时间用于休息娱乐，占52.8%—78.4%，学习占41.3%—69.2%，参加社团活动，占31.8%—45.6%。随年级升高，学习、参加社会实践、勤工俭学及休息娱乐所占比例逐年下降，而从事志愿服务的学生所占比例升高。

4. 上网情况

上网情况无明显年级差异。每天上网时间在1—3个小时的学生所占比例均最高，随年级升高，每天上网时间在3—5小时比例升高。学生上网的主要目的是查找学习资料，阅读新闻，音乐和娱乐及聊天、交友。随年级升高，阅读新闻、聊天交友及音乐娱乐比例逐年增高。

5. 参加课外活动情况

学生最喜欢的课外活动占前三位的是社会实践活动，占35%—56.1%；志愿服务活动，占41.4%—52.8%；文艺体育竞赛活动，占37.6%—44.6%，所占比例最低的是辩论赛等文化类竞赛活动，占18.5%—33.1%。

6. 参加学生社团的情况

调查对象中，一年级学生参加理论、公益服务、文体类社团活动高于其他年级，二年级喜欢兴趣爱好类社团比例较高，达38.4%，年级越高的学生越倾向于参加公益服务类的社团。

二 我国高校德育第二课堂存在的问题

长期以来，高校德育第二课堂定位不准确，没有与第一课堂有效衔接，缺乏系统的理论支持。同时，众多的活动形式，产生了大量与人才培养目标不吻合、质量低下的活动，严重降低学生参与第二课堂的积极性，进而影响人才培养目标的达成。

（一）我国高校德育第二课堂存在的问题

目前，我国高校德育第二课堂并未发挥其培养学生正确世界观、人生观、价值观最佳途径的作用。第二课堂数量多但实效作用发挥不到位，活动面广而实际参与度不够，不能充分实现其教育功能。

1. 第二课堂活动与教育发展趋势不适应。知识经济时代的到来，改变了人类生活、交往、学习、工作的方式，也正在深刻地改变着人们的教育思想与教育观念。高等教育的办学理念将更加突出"以人为本"，突出个性化教育，注重人的全面发展。然而，第二课堂活动由于传统观念的束缚，不太注重学生的个性特点，许多活动的开展是就活动而搞活动，缺乏系统考虑与设计，没有将第二课堂与第一课堂作为统一的整体进行统筹规划与设计，且许多活动的内容呆板、形式单一、层次不高，往往与社会经济、文化、科技发展的步调不一致。大部分高校依然认为，第二课堂仅仅是第一课堂的补充和拓展，主要目的是丰富学生的业余生活，营造欢快的校园气氛，所以部分教师及部分学校领导都不够关心第二课堂的发展，认为搞好第一课堂教学是主要任务，第一课堂才是主阵地。目前，我国绝大多数高校未对第二课堂做出教学计划，更不用说与第一课堂的教学环节同步策划。近年来，随着我国高校不断扩招，致使人均教学设备严重不足，第一、二课堂相互争夺时间和对象的现象严重。面对这些问题，绝大多数高校首先考虑的是保证第一课堂，这样做就给第二课堂教育教学设计带来了相当大的难度。教学时间的冲突以及规划的不科学、不合理，导致学生根本不能协调好第一与第二课堂的时间、空间，造成第二课堂的育人功能无法充分地发挥出来。

2. 第二课堂活动与学生成长需要不适应。教育要注重学生的个性培养与发展，已成为人们的共识。大学生主动参与高等教育，发挥主体作用的意识越来越强。不仅在第一课堂上，学生的参与、师生的互动作用越来越大，而且在第二课堂活动上，大学生的要求也越来越高。但是，目前许多高校在开展第二课堂活动时，存在着许多与学生成长需要不相适应的弊病，也存在着满足不了学生发展需要的问题。如缺乏活动场所、经费短缺、活动内容不丰富、层次不高，活动多而杂、系统性不强等问题。

3. 第二课堂活动与第一课堂活动相结合不适应。第二课堂活动内容十分丰富，包括学术科技、文化娱乐、体育活动、社会实践等社会适应性活动，对于提高学生的人文素质和各方面能力都具有重要作用。第二课堂活动存在着盲目性、随意性、主观性强与计划性、稳定性、连续性差等缺点，特别是由于一些高校不能把第二课堂活动列入教学计划，与其他教学工作系统一起考虑，使得第二课堂活动往往与第一课堂教学发生时间上的冲突，导致教学与学生工作的矛盾，学生不能合理安排学习与活动的时间，第二课堂活动受到影响与冲击。

4. 第二课堂活动的评价机制与学生创新能力培养不适应。许多高校的第二课堂活动目前还处于一种松散的运行状态，对各种学生组织（含社团）的管理也是松散的。第二课堂活动开展的自由度较大，缺乏系统性、规范性，管理手段与管理机制不健全，目的性、科学性不强，对学生参与活动的效果没有比较与评价，什么样的活动有利于学生创新能力的培养，什么样的学生适合什么样的活动，这些很少有人去思考。对第二课堂活动的效果没有跟踪、调查与反馈，没有建立大学生第二课堂活动的评价机制。第二课堂学分制已在各大高校广泛展开，但高校一贯将学分分配重心放在第一课堂教学上，忽视甚至无视第二课堂学分的分配，并且学分的申请、计算、审核以及学分的评判等工作缺乏统一、科学的计算和评价方式，导致学生在参与第二课堂的活动时精力不能完全投入，不能充分发挥自身的主观能动性，逐渐丧失了参与其中的需求和动力。

5. 高校管理者对第二课堂活动的重视不足，认识不到位。有的高校管理者不太重视第二课堂的建设，片面地认为第二课堂不是正业，甚至于学校基本不开展社会实践活动。有的高校的领导因为忙于事务性的工作，只是象征性地参加较为大型的学生第二课堂活动的启动仪式或者偶尔视察学生活动的基地。个别高校甚至没有第二课堂的主管校领导，只是由学校的行政机构或团委管理。

6. 第二课堂活动缺乏高水平、稳定的指导教师队伍，活动的层次和水平提升不大。虽然目前绝大部分高校对于学生的科技活动非常重视，为学生的科技活动配有专门的导师，但是很多高校教师虽然很重视自己的教学和科研，但是很少有教师把指导学生第二课堂活动作为自己的教学和科研活动内容之一。第二课堂的活动未更多的体现学生自发和自为的过程，活动的整体层次难以提升，想通过活动使学生得到更多教育的作用也大打折扣，使得学生对第二课堂活动的整体评价不高。

7. 在校园文化建设中对第二课堂缺乏引导，学生对第二课堂的重要性认识不足。虽然目前很多高校大力倡导第二课堂活动，但是在有效地引导方面却关注不够，学生是否参与、怎样参与、参与哪些活动并没有专门的教师针对每位学生的特点因材施教，导致大部分学生参加第二课堂活动只是一时兴起、盲目参与，而对于第二课堂活动对于自身发展的重要性并没有深入的认识。

8. 第二课堂缺乏系统性的规划和设计，与第一课堂的教学活动脱节。目前，很多高校都没有把第二课堂活动列入教学计划。随着高校的扩招，办学规模扩大，学生人数激增，使得很多高校连第一课堂的教学设施和师资力量都无法满足，更无力提供第二课堂活动的设施，这就使得第二课堂的功能无法充分发挥。

（二）女子高校第二课堂存在的问题

女子高校作为高校的特殊群体，其第二课堂的设计与其他高校区别不大，没能充分考虑当代女大学生的特点。高校之间的特色不明显、不明确，更缺乏与其人才培养目标的一致度。

1. 第二课堂活动场地不佳，学校对第二课堂活动经费支持力度不够。目前女子高校无论在校园建设规划，还是在校园设施的使用安排中，更多考虑的是学校的教学活动需要，学生第二课堂活动的场地、设施配备等硬件建设始终处于"边缘化"的境地，虽然也有"学生活动中心"，但是从地点安排及结构类别设计上看并没有充分考虑学生第二课堂活动对场地需要的小型化、多样化、便捷化等特点，导致大量第二课堂活动在开展过程中只能依赖于想尽办法借用各种场地，这给学生活动带来了很大的不便，挫伤了学生开展第二课堂活动的积极性。另外，学校在学生第二课堂经费支出比例与教学支出的比例相比明显过低，而且这些经费使用方向上更多地向校园大型主流活动倾斜，对于学生社团等小型活动的支持力度很小，客观上也打击了学生参与第二课堂活动的积极性。

2. 学校第二课堂活动整体上丰富多彩，而学生个体对于校园活动的主观认可度不高。从三所学校的调研情况来看，对于第二课堂活动过于关注校园主流文化和大型有影响、有新意的活动，各校中大型的活动丰富多彩、创新不断，但是实际能够参与这类活动的学生比例有限，即使对于参与的学生来讲，更多地也是处于旁观、辅助的角色，真正能够实际动手参与组织的学生比例不高。而对于离学生最近的小型活动的支持指导力度不足，影响了学生对第二课堂活动的总体认可度。以学生社团为例，学生刚入校时对于各种小型社团活动充满热情，但到了大三、大四却纷纷退出，学生社团成员大多为大一、大二新生。社团活动对学生整体吸引度未能有效发挥，学生个体对于校园活动质量的评价受到影响，学生从第二课堂中真正受益的程度打了折扣。

3. 女生的性别特点及个人喜好导致参与第二课堂活动范围狭窄。教育要注重学生的个性培养与发展，已成为人们的共识。大学生主动参与高等教育，发挥主体作用的意识越来越强。不仅在第一课堂上，学生的参与、师生的互动越来越多，而且在第二课堂活动上，学生的要求也越来越高。目前女子高校在开展第二课堂活动时，存在着一定的盲目性，只单方面考虑学生的需求，高估了学生的认识能力，而低估了学生的可塑性。笔者认为，学校要发挥积极引导作用，为女大学生搭建平台，引导学生去接受一些高雅、有意义的活动。在第二课堂项目设计时，更多地推出一些能够适合女大学生身心发展、对能力提升有帮助的活动，使女子高校的第二课堂活动更多样化，更加具备女子高校的特色，这样能够更好地调动学生的主观能动性和对第二课堂活动的兴趣。

第二节　我国女子高校德育第二课堂的构建目标和原则

　　女子高校德育第二课堂的构建要以社会主义核心价值体系为指导，要全面贯彻党的路线和教育方针，发掘女大学生成长成才过程中的共性和特性，按照女大学生个性发展规律及学生所需，以丰富多彩的校园文化活动为依托，以培养女大学生的创新意识及综合能力为目标，建立有效的评价体制，构建包容发展的长效机制，通过开展学术社团、课外科技活动、学科竞赛、创办学术刊物、文体竞赛等方式，与第一课堂有效结合，实现第一课堂和第二课堂自然对接、和谐互动。积极引导和帮助女大学生树立正确的价值观，努力成长为符合时代发展、有竞争力、知性高雅的应用型女性人才。

　　一　构建目标

　　"第二课堂"即为课外活动，是指"学校在课堂教学任务以外有目的、有计划、有组织地对学生进行的多种多样的教育活动"[1]，是高校德育的重要载体，是第一课堂教学的有益延伸和补充。高等教育需要利用有特色的第二课堂活动教育学生、培养学生，坚定理想信念，营造优秀校园文化，提升学生的实践能力、科研能力、组织能力和领导能力。女子高校德育第二课堂还应实现对女大学生"四自"精神和公益意识的培养，使其得到全面发展。

（一）弥补课堂教学的不足，促进学生全面发展

第一课堂是依据教学计划和教学大纲，在规定的教学时间里进行的课堂教学活动，即课堂教学，它因受到时间和空间的限定，教学效果不能全部显现。而第二课堂是在第一课堂的基础上，通过组织开展丰富多彩的校园文化活动，为学生多方面能力的培养提供课堂教学所无法提供的帮助。随着我国高校教育改革的不断深化，高校的第二课堂活动所具有的提高大学生综合素质、培养创新精神、塑造大学生人格意志、激发学生各方面潜能等课堂教学无法替代的独特作用日益凸显。所以，如今对学生的培养应更加重视理论学习与实践活动的统一[2]，更应重视学生在毕业后的社会认可度，更应注重第二课堂能力的培养是否被社会所接受。

理论与实践的统一是马克思主义的一个最基本的原则。第一课堂的教学效果，即理论知识的获取必须应用到实践中才能得以检验，倘若仅仅停留于书本和教师的教学内容，就会成为常人眼中的"书呆子"。知识是需要延伸的，第二课堂与第一课堂相互联系、相互促进的过程正是理论与实践相统一的过程，第一课堂教学是第二课堂实践活动的基础，第二课堂是对课堂教学活动的补充，两个课堂的互动体现着和谐统一的辩证关系，强调任何一方都会使高等教育的实际效果受到很大的影响。

发挥第二课堂的德育功效是促进道德要求转化为学生自身品德的重要途径[3]。课堂教育往往以外在的"关于道德的概念"的知识性教育与学习为中心，正如杜威在《教育中的道德原理》中陈述的"关于道德的概念"（ideas about morality），只是"关于诚实、纯洁或仁慈的见解，在性质上

---

[1] 王道俊、王汉澜主编：《教育学》，人民教育出版社 1999 年版，第 484 页。

[2] 王晓如、负大强主编：《第二课堂与课堂教学关系研究》，《青海民族大学学报》（教育科学版）2011 年第 1 期，第 85—88 页。

[3] 张凤翠：《浅析第二课堂的德育功效》，《长春工业大学学报》（高教研究版）2006 年第 2 期，第 113—114 页。

不能自动使这些观念变为好的品行或者行为"。① 德育是需要学生经过个人的道德实践将理论知识内化为个人的品质，仅仅依靠课堂的理论教育是远远不够的，需要发挥第二课堂的德育功效，通过第二课堂引导促进道德要求转化为学生自身品德，促其全面发展。第二课堂按内容大致可以分为专业竞赛、校园文化活动、科技比赛、学生社团、文艺体育、勤工助学等方面，它已经成为提高大学生思想道德修养的重要舞台。通过第二课堂，女大学生进一步转变角色定位，提高综合素质，从原有的"依附"地位变得自立自强，摆脱社会中轻视妇女的偏见，为实现人生价值增强自信心和自豪感。

（二）用社会主义核心价值体系引领第二课堂建设，强化理想信念教育

通过第二课堂推进高校德育工作，促进学生全面发展，既是高校德育发展的趋势所在，也是社会对高校德育提出的要求。② 第二课堂必须坚持"育人为本，德育为先"。党的十八大提出，积极培育和践行社会主义核心价值观，倡导富强、民主、文明、和谐，倡导自由、平等、公正、法治，倡导爱国、敬业、诚信、友善。上述概括，反映了中国特色社会主义的本质要求，继承了中华文化的优秀传统，吸收了人类文明的共同成果。这是对我国教育界的一个总体要求，而高等教育是国民教育的重要组成部分，把培育和践行社会主义核心价值观融入大学生思想政治教育全过程，是增强大学生价值观教育针对性和实效性的时代召唤。高等教育是国民教育体系的关键环节，高校在培育和践行社会主义核心价值观过程中，应当发挥重要作用。第二课堂从坚持立德树人的角度，必须把大学生的世界观、人生观、价值观问题解决好，用主流核心价值观武装头脑，让大学生从理想信念上、思想道德上、行为方式上辨得清是非、经得起检验，成长为对国家、对人民、对社会有益的人。

作为德育重要阵地的第二课堂应坚持正确的主题思想和活动宗旨：应围绕服务主旋律做文章，以提升学生的思想政治素质为着眼点，引导学生自觉坚持马列主义指导思想，不断培育、弘扬、践行社会主义核心价值观。通过开展第二课堂活动，引导大学生学习和掌握党的理论创新成果，

---

① ［美］杜威：《杜威教育论著选》，赵祥麟、王承绪编译，华东师范大学出版社1981年版。
② 宋玲、屠丹丹：《高校"第二课堂"德育功效浅析》，《学理论》2014年第33期。

了解国情、认识社会，提高思想政治素质，坚定理想信念；引导大学生了解国家发展历程，学习马克思主义中国化的最新成果，自觉走与实践相结合、与人民群众相结合的道路；引导大学生了解国家的发展形势，培养大局意识，提高在经济社会发展过程中应对复杂问题的能力，增强贯彻党的路线、方针、政策的自觉性和坚定性，第二课堂要提高思想政治教育实效性。马克思在《1844年经济学哲学手稿》中提出，人的全面发展是"人以一种全面的方式，也就是说，作为一个完整的人，最终占有自己的本质"。大学生是一个接受高等教育的完整的人，使其做到德智体美全面发展，不可能把其分割开来分别施教。因而，必须树立全面发展观念，促进德育、智育、体育、美育有机融合，必须遵从受教育者个体思想政治素质形成发展的规律，研究其思想政治素质形成发展的机制。在影响大学生思想政治素质形成发展的诸多外在因素中，第二课堂活动对其思想品德的形成更具指导性。应把握青年鲜明的时代特征，充分发挥学生骨干、青年刊物、理论社团、网络阵地的作用，抓学习、抓契机、抓典型、抓载体、抓阵地，利用重大节日、纪念日，引导大学生在主题思想教育活动中，培养爱国主义、集体主义和民族精神；引导青年弘扬主旋律，把握青年脉搏，促进信息交流，进一步引导大学生学习榜样，争做先进分子。

女子高校德育第二课堂需丰富思想政治教育内容。要弘扬和培育以爱国主义为核心的伟大民族精神，帮助女大学生正确认识各种社会问题和热点、焦点事件。要增强团结互助精神和社会责任意识，引导女大学生自觉养成与社会主义市场经济相适应的新型道德观念、行为规范，以文明的生活方式、合理的求学计划和昂扬的精神风貌在新时代展现新风采。要传承女子高校"四自"精神，开展爱校荣校教育，培养大学生自强自立、艰苦奋斗的品格。要继续深入开展"创先争优"活动，积极落实"做诚信学生 当成才表率"倡议，引导大学生树立正确的世界观、人生观、价值观和社会主义荣辱观。

（三）坚持以学生为本，提高学生综合素质

北京高校学者近期调查发现，大一学生刚入校，更希望在学生中展示自身才华、渴望被认知；大二学生更希望在学生组织和社团活动中培养自己的组织协调能力，在活动中实现自身价值、渴望被认可；大三学生已经基本掌握了专业技能，更希望将学到的专业知识得以应用，在实践中发挥专业特长、渴望被认同；大四学生面临人生选择和就业压力，更希望走出校园走向社会，在实习中了解社会、融入社会、渴望被认证。① 结合具体的调查结果不难看出，第二课堂的活动必须以学生为本，满足学生需求，做到学生喜爱，才能真正达到提高学生综合素质的目标。

校园文化氛围是学校德育环境的重要组成部分。德育环境是指影响人的思想政治道德素质形成、发展和人的德育活动的一切外部因素的总和。② 校园文化作为一种综合现象或精神风貌，是在长期的办学过程中逐步积淀和凝练而成的办学理念、精神风貌、学术氛围、教学风气、建筑风格、校园环境等精神文化和物质文化的总和。高校文化育人是高等教育发展的需要，也是和谐社会的需要，是提升教育内涵、促进教育可持续发展的重要途径。校园文化建设必须紧紧围绕人才培养目标，既要高扬社会主义主旋律，又要营造丰富多彩、健康向上的育人环境。德育第二课堂活动很大一部分是在校内进行，因此，活动要精心设计、主题鲜明、体现浓厚的学校文化底蕴和办学特色，使广大师生提高思想道德修养，养成良好行为习惯。

德育第二课堂通过多样有效的活动，用校园文化形成学生群体的凝聚力；使大学生认同高校文化，获得群体归属感与荣誉感；了解学校，明确应该遵守的纪律及规范；坚定信念，引导转型期学生树立人生梦想。高校第二课堂以校园建设为基础，加强大学生对学校文化的理解；以品牌活动为载体，锻炼大学生的想象力；发挥教师和学生骨干的作用，为学生干部队伍培养后备力量。高校品牌活动的深度和广度从很大意义上体现其文化育人的成果。通过开展文艺型、学习型、学术科研型和兴趣爱好型社团活动，带动青年学生的科技文化活动，不断充实和丰富学生活动的载体、形式和内涵，充分发挥校园文化凝聚青年、影响青年、引导青年的作用。通过开展多层次、高品位的品牌校园文化活动，使学生在健康向上的校园文化氛围中受到熏陶和教育，把校园文化的内化教育功能与大学生自我塑造有机结合起来，最大限度地发挥文化在育人方面的积极作用。

"青马工程"学生干部的培训是德育第二课堂的重要内容。要做好青年教师专职团干部的培养工作，他们是第二课堂的指导教师，在德育第二

---

① 卢振雷、江宁、王磊明、潘潇：《高校"第二课堂"评价体系对大学生成长成才的影响研究》，《中国林业教育》2013年第6期。

② 权太举：《学校德育环境的功能及其优化策略》，《学校党建与思想教育》总第335期。

课堂活动中发挥"排头兵"和"传帮带"的作用，在构建和谐校园文化方面起导向作用。加强对青年教师专职团干部的培养可以提升德育第二课堂的内涵和水平，对培养和壮大学生干部队伍有重要意义。学生骨干是教师与广大学生联系的纽带和桥梁，要充分发挥好学生骨干的引领、示范、表率作用，通过多种活动和渠道培养更多坚实的后备力量，促进高校德育第二课堂有序发展。

（四）整合校内优质资源，促进第二课堂长远发展

针对目前女子高校德育第二课堂的基本现状，女子高校要充分认识第二课堂在学校人才培养中的突出作用，将第二课堂实践活动纳入学校教育教学的整体规划中，完善第二课堂管理办法，细化第二课堂学分认定办法，整合优质教育资源，切实做好第二课堂的整体规划。

当前高校第二课堂的活动由教务处、学生工作部（处）、团委、招生就业处等部门分别开展的活动所构成。经过多年活动实践，各部门已经形成了各具特色的活动内容和活动形式，如团委、学生工作部往往通过社团活动、校园文化活动、社会实践开展覆盖所有学生的活动，招生就业部门通常以职业生涯发展指导和服务为特色，但各部门各司其职，往往不容易进行资源整合，也容易出现活动多但重点不突出、设计单一、缺乏长远设计等问题。因此，德育第二课堂在组织机制上，应建立涵盖学生学习、生活、发展的校内各个职能部门合作机制，通过统一目标、资源整合、部门负责、相互协作等机制将以往各部门单独开展转变为全校联动，整合校内优质资源，促进第二课堂长远发展。各二级学院（系、部）也要结合第一课堂的教学内容，开展学生喜爱的第二课堂实践活动，巩固教学效果；第二课堂更需要学校高度重视，通过政策支持、经费保障、激励机制，以及对思想和课程评定进行相应变革，促进德育第二课堂有效开展。教师是第二课堂德育工作开展的引领者，通过专业实习平台、职业规划平台、科技创新平台吸引教师利用第二课堂开展德育工作；建立教师参与第二课堂德育工作的机制，完成第一课堂、第二课堂，课上课下的知识对接和能量转化。

女子高校德育第二课堂的构建是一个复杂的系统工程，第二课堂活动的开展涉及系统中各个要素，需要整合全校的人力、物力、财力，不断发挥系统的整体性功能，只有资源整合、科学规划、注重需求、增强效果，才能使更多学生受益。

（五）注重特色培育，挖掘女大学生发展潜能

人的生理性别由先天决定，社会性别则是社会文化形成的有关男女分工、社会规范和行为规范的综合体现。而社会性别意识是人对社会性别关系的自觉认识。女孩子常常从小被教育"要乖要听话""不要太争强好胜""要像个女孩样"。这样的教育导致很多女大学生带有太多的服从依赖意识，往往缺乏独立自主的精神，也缺乏对自身能力的自信。女子高校发挥自身资源优势，在德育第二课堂中全方位多角度培养女大学生客观的性别意识和积极进取的学习精神。

女子高校第二课堂活动的开展以性别意识为基础，加强男女平等和"四自"精神的教育，挖掘女性发展潜能。男女平等是现代社会倡导的理念，也是我国的一项基本国策。让学生了解女性解放的历史，认识妇女在社会进步中的伟大作用，在大学生中树立男女平等的思想。与此同时，特别对女大学生加强"自尊、自信、自立、自强"精神的教育，打破传统观念的束缚，克服自卑心理，遇事不自叹自怜，不怨天尤人。结合女大学生专业学习和人生发展的实际，向她们进行革命传统教育，帮助她们树立起正确的世界观、人生观、价值观，树立起远大理想，树立艰苦奋斗、不怕困难、吃苦耐劳、顽强拼搏的精神，遇到困难勇于克服，遇到矛盾勇于正视，遇到挫折不屈不挠，勇做事业的强者。向女大学生进行革命理想教育，平时心胸要宽广，求大同存小异，不斤斤计较，不计较个人得失。

女子高校重视在第二课堂活动中突出性别意识的教育，积极探索和开展与性别有关的第二课堂活动，特别是根据女大学生的专业发展与成才需求，开展了极具特色的"第二课堂"活动，利用多种渠道培养女性人才。近年来，中华女子学院利用多种形式进行"四自"教育，突出女性特色，培养女大学生科学的社会性别意识。如女大学生领导力培训班、"女性成才道路"报告、女性亲属访谈、"美丽的女权徒步"反家暴系列宣传及参加女企业家论坛活动等，还组织学生利用节假日参加爱心救助活动和敬老、爱老社会服务活动。

女子高校德育第二课堂坚持以人为本，把特色教育贯穿于大学生活的始终，通过第二课堂活动不仅大大提高了学生们的学习兴趣，促进了女大学生综合素质的全面提高，更提高了学生的社会适应能力，挖掘了学生发展的潜力，增强了学生的独立性、开拓性和创造性意识，培养了学生的多种技能，促进了学生的全面发展。

二 构建原则

在女子高校德育体系德育为先、整体性、以学生为本和理论与实践相结合四大原则的指导下,德育第二课堂应以目标为导向,尊重大学生的意见和建议,吸引他们由执行者变为设计者,同时考虑到院系规模,专业特点,注重学生周围实际环境和客观条件,坚持第一课堂和第二课堂协同并进、相互渗透,助推学生综合素质的全面提升。

(一) 目标导向原则

第二课堂活动,首先是以激发学生内在潜能和成才动力为目的,因而具有明确的目标性和导向性。该课堂应当使学生清楚地知道自己在德智体美能方面应该做什么,不应该做什么,在努力的过程中应该达到什么样的目标,如何将有限的时间资源和经济资源投放到与自己成长有关的最急需的领域之中,为学生在校期间的学习和生活起到有力的导向作用。其次是内在需求的激励性,该体系应该使学生较为清楚地知道现有基础与目标之间的差距,提高学生自我检查,自我分析,自我激励的能力,同时也可以让学生相互间了解各自的发展进度,在学生间形成良性的竞争机制,有利于学生从"要我学"转变为"我要学",以激发学生内在的学习和成长动力。第二课堂的活动要以提高大学生综合素质为目的,巩固第一课堂所学知识,培养大学生的科学思维、创造能力,造就"有理想、有道德、有文化、有纪律"的德智体美劳全面发展的接班人。

第二课堂活动目标性原则要坚持正确的政治方向。以马克思主义中国化理论为指导,培育和践行社会主义核心价值观,凸显第二课堂活动和政治导向,使教育对象具有爱国主义思想,拥护党的基本路线,确立献身于中国特色社会主义事业的政治理想,引导大学生了解国家的发展形势,培养大局意识,提高在经济社会发展过程中应对复杂问题的能力,增强贯彻党的路线、方针、政策的自觉性和坚定性。

第二课堂活动目标性原则要以巩固大学生的专业素质(第一课堂所学)为主。在培养学生的专业素质中,要重视培养学生勇于创新的科学精神,不怕艰难困苦以及奉献精神。只有大学生具备这些精神,他们的专业素质才会大大地提高。同时,在第二课堂展开过程中,要改进传统教学的方法及教学手段,把现代的教学技术融入课堂中去。特别是多媒体的教学方式,它能有效地激发学生对学习的兴趣。

第二课堂活动目标性原则要着重培养大学生创新精神与实践能力。要大力激发学生课外活动的创造性思维，培养学生对科学的兴趣，提高科技水平，让学生的创新精神以及实践能力能够得到很好的锻炼。在学校里成立科技文化类的社团，一方面可以使课堂理论教学与日常的实践活动相结合，另一方面还可以使学生的组织能力及创造能力得以锻炼。

女子高校德育第二课堂目标原则要求在组织第二课堂活动时，强化性别意识的培养，针对女性人才需求的能力要求，挖掘女大学生潜能，增强就业创业的机会和实力。随着目前社会知识经济时代的迅速发展，大学生的素质教育是各高校培养目标的重点，它是高校里永恒的主题，在大学生综合素质的培养过程中，第二课堂必须遵守目标原则，保证人才培养目标的有效落实。

（二）自主选择原则

自主性是促进、提高学生自身能力不可缺少的条件，在第二课堂的开展中坚持学生的自主性原则，就意味着学生开始主动的参与自身的发展，以达到他们个人潜力的充分发挥。大学生已具有了独立的要求和思想意识，行政命令方式或一包到底的做法不仅会导致学生逆反心理的产生，也不利于大学生的健康成长和自主性意识的培养。坚持自主性原则能够使人主动地对待学习工作，能够积极主动地对待事物，具有很大的潜力。坚持自主性原则不仅能够使大学生很好地适应社会，还能使学生自己与社会的关系更加和谐，而且能在为社会服务的过程中充分发挥自己的潜能。

第二课堂的自主性原则就是提倡大胆放手、宏观指导、启发自律，只是在关键的时候和必要的方面给以原则性指导，这样可以发挥学生的主观能动性，培养自主意识。在第二课堂中，逐渐培养大学生独立的主人翁意识，有自己的兴趣，有明确的目标和自觉积极的态度，能够在教师的启发、指导下独立探索知识，在学习遇到难以解决的困难时，勇于向他人质疑、请教。大学生自尊心强，需要别人尊重自己，所以，在第二课堂的开展中首先要尊重他们的人格，同时要严格要求他们。具体做法上要多鼓励少指责，这样能调动他们的主动性，增强他们的自信心、使命感和主人翁意识，有利于促进其自主性的完善。同时，教师在整个过程中都尊重大学生的意见和建议，能够增强大学生的自尊感，吸引他们由执行者变为设计者。从而使大学生能自觉地把自己看作教育的对象，积极寻求发展的机会。他们往往受兴趣、目标等内在动机的支配，善于进行自我调节和自我促进，追求最大限度地发挥自身潜能。学生所表现出来的自觉性和主体性是第二课堂的自主性充分发挥的结果。

中华女子学院多年以来开展的特色第二课堂活动，都由学生主动参与，自主设计。实践证明，大学生在第二课堂的自主性意识越强，他们参与自我发展，在学习、活动中实现自身价值的主动性就越大，从而就越能在教育活动中充分发挥自身的能动力量，不断地调整、改造自身的知识结构、心理状态和行为方式，在自主性意识的作用下，自觉地掌握生活技能，接受社会规范，确立自己的目标，进而接受所需的知识经验，将经济上、情感上对成人的依赖转变为独立思考、独立处事的有较强的独立性的人。

（三）灵活多样原则

作为充分彰显校园特色的第二课堂，应遵循多样性原则，为学生开展各种各样的校园活动提供展示的机会和平台。第二课堂不仅实现了学生展示自身独特个性的愿望，同时丰富了学生们的校园文化生活，培养了其创新、大胆、灵活的思维，在校园文化建设中发挥着举足轻重的作用，会令我们的校园生机勃勃。第二课堂活动的开展以全方位、多层次的渠道，使活动呈立体交叉的网络，吸引不同性格、气质和个性的学生各展所能、各尽其才。

中华女子学院团委和院系团总支以每年开展学术科技节、文化艺术节、社团文化节等校园品牌活动为重点，同时举办"校园之星评选""大学生校园心理剧大赛""高雅艺术进校园"等多层次、高品位的校园文化活动，使学生在健康向上的校园文化氛围中受到熏陶和教育，把校园文化的内化教育功能与大学生自我塑造有机结合起来，最大限度地发挥文化在育人方面的积极作用。与此同时，有利于培养学生多方面的素质，激发学生专业学习的兴趣，营造良好的学习氛围，培养师生的创新能力。院系第二课堂始终坚持活动多样性，立足专业特色，开展丰富多彩的校园文化活动，例如，管理学院的模拟经营大赛和专业实践，法学院的模拟法庭和专业辩论大赛，金融系点钞大赛，英语系诗朗诵与英文歌曲大赛等具有广泛影响力的精品项目。

中华女子学院第二课堂本着多样性的原则使校园活动充满了趣味性，对学生产生了极强的吸引力，调动了学生的潜在需求，促使第二课堂活动紧紧跟随社会发展步伐，多元素、多角度让学生了解社会进步，丰富自身，抛弃传统的思想模式，在活动内容上和最先进的理念接轨，研究富有时代特色的新模式。以校园文化活动为载体的第二课堂不但内容多样，形式也是多种多样的。第二课堂活动体现出的多样性、丰富性依据女子高校的校情和女大学生的实际情况以及校园文化的特点而定。形式多样、立体交叉、不拘一格，只要有益于学生身心健康且为学生喜闻乐见的活动形式都可以而且应该用于第二课堂活动。

多样性原则赋予了第二课堂在时间和空间上更加开阔的，可以承载更为丰富多彩的教育形式和内容，具有丰富性、开放性、自主性、互动性、灵活性、实践性、创造性的特点，使不同年级、不同性格、不同特质的大学生都能够找到属于自己的舞台，挖掘自身潜能，提高综合素质。

（四）保障可行原则

高校德育第二课堂的可行性，即要使高校现有资源和条件确保第二课堂活动的有效实施。随着大学教学改革的不断深入，现代大学的教学方式已经发生了巨大的变化，鉴于第一课堂的教学形式、授课内容、时间、地点和人数的限制，教师和学生都不再满足于单一的传统课堂教学模式。为了适应当今社会快速发展的要求，广大教师和学生都积极地投入丰富多彩的大学第二课堂活动中。第二课堂强调以学生为中心，满足学生的个性化发展需要，提供比课内学习丰富得多的教学手段和内容，而且不受时间和地点的限制。学生以第二课堂活动为平台，对所学知识进行对应性的操练，以达到学以致用的最终目的。大学第二课堂教学的开展与新的高校课堂模式、教育理念和现代化教学手段所提供的教学氛围相吻合。第二课堂积极将学习渗透到学生的日常生活中，使学生随时随地都能够学习，营造学生全方位、多层次、多渠道的学习环境和氛围。相比第一课堂，第二课堂教育是一块尚未得到深入开发的沃土，它所涉及的科目及理论远非"第一课堂"所能涵盖。在大学课程教学改革和探索过程中，充分认识这块不可缺少的阵地，尝试组织更多的教师参与，改变学生评价模式，调整活动设计等方面进行改革将是一项有益的工作。

目前，大学教学改革正在向以学生为中心，以传授知识与技能为基础，突出培养学生交际能力和自主学习能力的教学模式的转变。在保证第一课堂的教学质量的同时，将第一课堂教学与第二课堂活动有机结合起来，充分发挥第二课堂开放、灵活和广泛的优势特点，通过第二课堂开展的系列活动，调动学生在学习过程中的主动性和创造性，以拓宽其知识视野。第一课堂教学的局限性都可以在第二课堂得到一定程度的弥补。高校德育第二课堂活动的可行性原则要求活动的策划要考虑到院系规模、专业特点，注重学生周围实际环境和客观条件，要有特色，讲求实效，保证能够实施。

中华女子学院多年来一直围绕学校特色与优势办学，在兼顾自身办学条件和国家要求的基础上，逐步形成了比较清晰并具有特色的办学思路。通过多种途径进行"四自"精神和公益意识的培养，组织开展了适合女性特征的丰富多彩的课余活动，利用多种渠道培养女性人才。发挥女大学生性别优势，组织学生利用假期、节假日参加爱心救助活动和敬老、爱老社会服务活动，大大提高了学生们的学习兴趣，促进了她们综合素质的全面提高。大学有需要也有必要来开展第二课堂的活动，从而达到提高学生的社会适应能力，增强学生的独立性、开拓性和创造性意识，培养学生的多种技能，促进学生全面发展的目标。

（五）协同发展原则

所谓协同，就是指协调两个或者两个以上的不同资源或者个体，协同一致地完成某一目标的过程或能力。第二课堂遵循的协同原则是与第一课堂的辩证统一，即处理好规范与自主的关系、知识与能力的关系、情景与氛围的关系等，在实现人才培养目标的系统内，课堂之间配合、协同，多种力量集聚成一个总力量，形成大大超越原各自功能总和的新功能，实现整体目标。

将协同理论运用于高校德育第二课堂策划组织中就是统一理念，健全育人机制，做到第一课堂和第二课堂相互协调；加强教师和学生的思想道德建设，促进师生关系和谐发展；制定科学、合理的第二课堂学风评价机制，激发学生内在的学习动力。

要培养有自信、有责任、敢担当、全面发展的大学生，就必须协同第一课堂与第二课堂，充分发挥好第二课堂对第一课堂的延伸和补充作用。要以"知行合一、手脑并用"的理念指导两者的协同。"知"和"行"属我国古代哲学中一对十分重要的认识论范畴。我国著名教育家陶行知曾说过："手脑双全，是创造教育的目的，中国教育革命的对策是使手脑联盟。""知行合一、手脑并用"就是要求德育第二课堂把理论知识学习和社会实践、动手和动脑有机结合起来；把专业知识学习和思想道德修养、全面发展及个性发展有机结合起来。这一理念能有效统筹知与行、学与用、能力与知识等关系，能激发学生的学习兴趣，充分发挥学生的主动性，使学生成为有高度社会责任感、有创新精神和可持续发展能力的高素质人才。要用健全的机制推动两者的协同。要重点建立科学的工作联动机制、学生评价机制，从学校层面统筹第一课堂和第二课堂建设，整合有效资源，定期会晤和研讨；要继续完善第二课堂学分认定办法，将学生的实践活动和科技创新等素质学分纳入学生必修课学分，要修订和完善大学生综合素质测评体系，构建以提升大学生可持续发展能力为导向的大学生素质测评系统。要构建完善的活动体系，强化两者的协同。建立分层次分类别素质教育活动平台，以创新型实验计划、大学生创业计划竞赛和大学生课外学术作品竞赛等为龙头，构建大学生创新创业活动平台；以暑期社会实践、毕业见习实习等活动为依托，构建学生社会实践活动平台；以女子论坛、高雅艺术进校园等活动为载体，构建大学生人文素质活动平台；着眼于学生干部、创业人才、特殊专才的培养，深入实施青马工程培育计划，促进大学生的全面成长和健康成才。

第三节　我国女子高校德育第二课堂的内容和途径

　　理想信念教育培养学生具有较高的政治素养，校园文化教育加深学生对学校的认可，科技创新教育激发学生的科技创新潜力，职业规划教育引导学生及早规划自己的人生，以及性别意识教育培养新时代的女性力量，这是构成女子高校德育第二课堂的内容。

　　通过开展大学生"青马工程"，利用学习雷锋月主题活动、五四青年节主题活动、学习两会精神主题活动、纪念"一二·九"运动主题活动等主题活动，达到提高女大学生政治素养的目的。以校园建设为基础，加强大学生对学校文化的理解，以品牌活动为载体，锻炼大学生的想象力，以此发挥学生骨干的作用，吸引不同性格、气质和个性的女大学生。通过开展挑战杯大赛、专业技能大赛等科技创新活动，建立完善的科技创新制度、良好的科技创新平台、优秀的校企合作关系等，激发女大学生科技创新的潜力。通过创业教育、举办各类创业类活动或竞赛，以项目和社团为载体，帮助学生合理规划未来的工作和生活。将"四自"精神融入第二课堂德育工作，培养知性高雅的女大学生。

一 理想信念教育

(一) 实施目标

女大学生的政治素质培养是女子高等教育的重要内容,对女大学生的全面发展具有重要作用。政治素质不仅表现在政治立场、观念方面的远见和洞察力,还表现为对社会发展趋势的敏锐性,对国家宏观政策的预测把握能力及具有一定的政治理论修养。针对这一目标,引导学生们结合时事掌握新的理论。

1. 引导学生主动了解国情,认识社会,了解国家发展历程,提高思想政治素质,坚定理想信念。

2. 引导学生学习马克思主义理论创新成果,学习和掌握党的理论创新成果,自觉走与实践结合、与人民群众结合的道路。

3. 引导学生了解国家发展形势,提高在经济社会发展过程中应对复杂问题的能力,增强贯彻党的路线、方针、政策的自觉性和坚定性。

(二) 实施内容

将学习雷锋月主题活动、五四青年节主题活动、学习两会精神主题活动、纪念"一二·九"运动主题活动等主题活动系统化、长效化,融入"青马工程",培养学生尤其是学生骨干具有坚定的理想信念。

大学生骨干主要包括学生党组织干部、共青团学生干部、各级学生会干部、社联干部、社团干部、青年知识分子。要响应团中央《"青年马克思主义者培养工程"实施纲要》号召,在高校实施"青年马克思主义者培养工程",为大学生骨干培养注入了新的内涵,通过教育培训和实践锻炼等行之有效的措施,不断提高大学生骨干这一青年群体的思想政治素质、政策理论水平、创新能力、实践能力和组织协调能力,使他们进一步坚定跟党走,坚定走中国特色社会主义道路的理想信念,努力成长为中国特色社会主义事业的合格建设者和可靠接班人。

(三) 实施途径

1. 优化"青马工程"实施体系

首先优化"青马工程"的课程设置和组织实施。在主管校领导的领导下,由团委牵头,职能部门、院系共同实施"青年马克思主义者培养工程"。同时,依托各级团校、团内教育培训基地以及高校业余党团校、各类理论社团等,强化阵地建设。广泛吸纳校内外专家学者、党政领导、企业管理者、社会知名人士等组建开放式的导师团,为培养工作提供师资保障。在理论研究的基础上,充分借鉴高校思想政治理论课教材、中央编印的理论读本等,组织力量编写切合"青马工程"需要的各类资料和教材。科学安排培养计划,建立严格的管理机制,保证"青马工程"的顺利开展和培养质量。此外,争取学校经费支持和挖掘社会资源,为"青马工程"的实施提供必要的经费支持。

2. 优化"青马工程"的课程体系

科学安排培养计划,进一步明确和深化育人目标,建立严格的管理机制,保证"青马工程"的顺利开展和培养质量。针对大二年级学生的整体特性,结合大学生骨干的范畴,调整符合的青马培养课程和社会实践活动,协调理论与实践的整体比例,统筹校内培训和对外交流的时间,进一步完善"青马工程"的培养方案,为大学生骨干提供一个吸取养分、健康成长的重要平台,促进大学生骨干全面提升自身素质,更好地成长成才,为学校的发展和国家事业的长远发展做出贡献。培训结束后,收集"青马工程"的所有材料,做好收集归档工作,对历届"青马工程"学院的动态做实时收集,了解"青马工程"学员在校、走出校园步入社会的动态,从而不断以此为例修改之前的青马培养方案。

3. 其他培养途径

第一,加强理论学习。每年组织大学生骨干进行不少于一周的集中理论学习。邀请专家学者、党政官员等为学生讲授马克思主义中国化的最新成果,举办形势报告会,分析社会热点问题,提高大学生骨干的理论素养和辨析能力。第二,基层实践锻炼。每年组织大学生骨干进行不少于两周的基层实践锻炼。深入农村、社区、企业等基层一线,开展生产劳动、社会调查、民宿体验、参观考察等活动,增加大学生骨干对国情和社会的了解,增进与人民群众的感情。第三,对外交流。创造条件组织大学生骨干在培养期间参与一次国际交流活动或与港澳台地区青年的交流活动,帮助大学生骨干开阔视野,增长见识,提高对外交往能力。

二 校园文化教育

(一) 实施目标

校园文化作为一种环境教育力量,对学生的健康成长有着较大的影响。在这里谈的校园文化,不包括物质文化如校园硬件建设等,主要是指校园课余文化，其载体主要是各种各样的集体活动。校园文化建设的终极目标就在于创造一种良好的氛围，以期陶冶学生情操，构建学生健康人格，全面提高学生素质，实现其育人功能。

（二）实施内容

以校园建设为基础，通过品牌活动的实施，了解学校的历史和文化，认同母校文化并内化到自身修养和行为，加强大学生对学校文化的认识，培养学生"我以母校为荣"的理念。近年来，学生组织、学生社团开展的系列校园文化活动也已经发展成为学校开展校园文化、学术科技、思想政治教育等活动的重要载体之一，其作用和影响力日益扩大，在校园文化建设中所发挥的作用也愈加重要。同时，充分发挥指导教师、学生干部的作用，提高校园文化活动的影响力。多为指导教师和学生骨干提供培训的机会，使不同的学生组织联合起来。这一方面可以给各个社团一个交流的机会和平台，促进在不同的学生组织之间经验的分享和交流，同时有助于学生组织和学生社团开展更多活动，扩大活动范围，提高活动质量；另一方面通过对学生组织和学生社团骨干培养，可以顺利完成学生干部的新老交替，对学生组织和学生社团延续和实际操作也具有现实意义。

（三）实施途径

1. 提供足够的经费、设施保障

校园文化活动要想取得长足的发展和进步，需要学校提供经费、基本设施保障，同时从观念和管理方式上加以改进。学校要进一步加大对学生组织、学生社团的建设及其活动经费的支持，并实行学生活动项目化管理，让各项活动通过答辩得到经费支持。为学生活动提供有力的基础设施，包括场地设施、办公设施、器材设施等，学校要建立专门的学生活动场所，为学生提供活动场地，让学生可以相互交流思想，更有效地开展工作。要为社团配备相应的器材设施，积极为社团开辟出更多新的活动支持。

2. 推进校园文化活动规范化建设

学校要制定出一套科学合理的长效机制，树立"以学生为本"的管理和服务理念，走上规范化管理的道路。社团管理应充分认识学生组织、学生社团在学生成长中的积极作用，对学生组织、学生社团的管理，首先是指导，而不是简单的领导。在社团的发展、重大活动的开展等方面要坚持原则，使其既具有校园文化特色，又能丰富繁荣校园文化；在具体的组织实施方面，要放开学生的手脚，充分发挥他们的聪明才智，形成各具特色、不断创新的社团工作新局面。

三 科技创新教育

（一）实施目标

《中华人民共和国高等教育法》总则第5条规定："高等教育的任务是培养具有创新精神和实践能力的高级专门人才。"可见培养大学生的创新能力是法律规定的高等教育中心任务之一。大学生创新能力的培养不仅是时代发展、高校改革和发展的需要，是高校教学内在规律的体现和学生工作的内在要求，还是大学生自我发展、实现自我价值的内在需求。要通过科技创新教育，促进其对所学知识的理解和掌握，也促使其应用所学知识。同时，为培养学生的科技意识和科技创新精神搭建平台，使学生完善知识结构，提高实践能力。

（二）实施内容

开展挑战杯大赛、专业技能大赛等科技创新活动，建立良好的科技创新平台、建立优秀的校企合作关系等，形成持久有效的大学生科技创新教育体系，这对培养大学生的科技创新能力具有重要意义。调动大学生勤奋学习的自觉性，了解学科发展的前沿，培养大学生的科技创新能力，增强大学生的科学精神，促进理论和实践的结合，提高大学生综合素质。科技创新活动具有长期性和连续性的特点，涉及的不仅是科技创新的主体学生，还有学校各部门的支持、见习实习基地的配合。只有学生工作队伍是不能完成学生科技创新能力的培养的，活动也难以进行。要实现大学生科技创新的长期化、规模化、阵地化，科技创新基地是大学生开展科技创新互动的良好载体。学校要依托相应的院系和部门，完善基地的管理机制，为师生参与科技创新活动打造良好的平台。

（三）实施途径

1. 提高领导重视程度

科技创新活动具有长期性和连续性的特点，涉及的不仅是科技创新的主体学生，还有学校各部门的支持、见习实习基地的配合。所以高校要联合各部门、各机构重视大学生科技文化竞赛活动，并保证其顺利开展。大力宣传课外学术科技竞赛的重要性，激发学生的积极性。

2. 建立导师制

设立导师制并制定导师奖励、监督制度。设立创新教育专项经费，加大大学生科技创新类活动、项目的资金投入,保障工作顺利开展。邀请研究院、高校的专家在校开设"名人讲堂"、创新类课程,更新教学内容,指导学生参加各项科学研究工作。鼓励专家、学者、教师、学生之间的平等对话,不同学科间的交流。

3. 建立校企联合机制

成立创新教育见习基地,组织培训和创意解读,拓宽学生的科技视野。科学合理地完善管理机制,保障大学生科技创新能力。完善学分制管理模式,明确职责和任务。开展各种形式的科技活动,强化大学生科技创新意识,宣传科技创新教育成果,同时加大成果宣传力度,营造良好的学术氛围和创新教育环境。学校要在竞赛类活动结束后,及时在全校范围内广泛宣传科技创新类竞赛成果,同时要保护学生的好奇心、自信心和创新"灵感",宽容学生的错误和失败,营造良性竞争环境。

四 职业规划教育

(一) 实施目标

大学生从进入大学学习直至就业,整个过程都对社会生产力的发展以及社会的繁荣稳定具有一定的影响。目前,多数大学生对职业生涯规划认识不全面,职业规划更无从谈起。学校须在了解大学生学习生活状况的前提下,制定措施帮助大学生进行系统的职业生涯规划。对学生进行职业规划教育,可以帮助学生树立学习目标、培养良好的品质和行为习惯。潜移默化地影响学生,逐步将规划内化为学生的素质,激发学生的创业意识和创业思维,提高规划技能,提升规划时间能力。

(二) 实施内容

引导学生把树立远大志向与大学生未来选择正确地结合起来,同时以各类创业类活动或竞赛为载体,为学生展示创业创意、强化职业规划心理、提高创业技能搭建平台,潜移默化地影响学生着手职业规划。"青马工程"的培养工程中,企业为学校提供有力的实践支持,有利于大学生的专业实习连续开展,为学生未来的就业奠定扎实的基础。"挑战杯"全国大学生课外科技作品竞赛和大学生创业计划竞赛连续举办了很多年,由各中大型企业赞助、各高校创办的大学生创业大赛也层出不穷。同时,组建一批专门从事创业教育的师资队伍,指导创业类社团,通过宣扬大学生中涌现出的自主创业先进典型,引导大学生增强创新、创业的信心和勇气，鼓励和扶植更多具备自主创业条件的大学生。

大学生创业，是未来职业选择的内容之一。因此需要培养大学生的创新意识和创业精神，以此形成创业行为的内驱力，为产生创业行为打下基础。

（三）实施途径

1. 组建职业规划师资队伍

从心理学、管理学、经济学等学科专业挑选组建一支专业的指导教师队伍，对如何开设职业规划课程、如何结合当代大学生特点开展创新性工作进行研究，并指导学生进行实践。以此提高学生的认知度，提升职业规划工作的科学性和有效性。在专业教师的指导下，以项目制为依托参加和组织各种比赛和活动，以策划到实施的过程为工作核心，以项目的实际完成情况为考核内容，根据结果对项目团队予以评价和奖惩，以此提高管理的规范性和科学性。

2. 提升创业能力

教育和引导大学生全面理解自主创业的深刻内涵，鼓励学生创造性地投身于各种相关活动中，通过开展创业教育讲座，以及各种竞赛、活动等方式，形成以专业为依托，以项目和社团为组织形式的创业教育实践群体来激发大学生的创新意识和创业精神。以社团为载体充分发挥大学生的主体作用，组织开展创业沙龙、创业技能技巧大赛等活动。以发挥学生自我服务、自我教育功能的形式，培养学生创业能力。

五 性别意识教育

（一）实施目标

性别意识是指从性别的视角观察社会各个维度，对其进行性别分析和性别规划，目的在于调整两性关系，以防止和克服不利于两性发展的举措和模式，实现两性在区别和区分基础上的平等。性别意识作为现代意识之一，是公民都应该自觉具有的，也是知识经济时代的客观要求。女大学生作为受过系统高等教育培养的人群，是优秀的人力资源之一。社会性别意识作为现代意识之一，其强弱与深浅不仅影响当代女大学生思考和处理问题的思路和方式，更对其一生的发展具有重要影响作用。由于我国现行的高等教育中性别意识教育的缺失，已无法适应新时代对人才培养目标的要求。因此，随着高等教育现代化、国际化的进程，把当代女大学生的社会性别意识渗透到人才培养过程中是非常必要的。同时，创新性别意识教育的途径，营造有利于女大学生成长成才的环境。

(二) 实施内容

新的形势和任务对提高女性的综合素质，充分发挥女性优势提出了更高要求。因此全面提升女大学生综合素质，比过去任何时候都显得更为重要和迫切。为此，要进一步加强性别教育，帮助女大学生了解自身的性别特点，树立平等的价值观念，培养独立自主的人格，提高社会适应能力。加强女大学生心理健康教育，培养学生良好的心理品质和自尊、自信、自立、自强的优良品格，积极的心态和面对各种问题的能力。高校要通过学生组织和学生社团开展第二课堂活动，如礼仪类活动，为学生提供各类场所或者场景，搭建实践礼仪交往的平台，在实践和生活中不断进行礼仪习惯的培养。同时，还要能从外在（运动、艺术、自然、朋友等）、内在（精神支柱、心灵习惯、接受、感恩、爱、服务等）、行动（保持适应的体重、改变生活节奏、追求生活多样化、定期参加各种形式的锻炼等）等方面养成良好的生活方式，培养知性高雅的女大学生。

(三) 实施途径

1. 优化课程设置

高校要从改革课程设置入手，增加女性学以及女性学与其他学科交叉融合的实践课程，逐步形成丰富完善的课程体系。使学生在具有社会性别的基本理论、分析视角和方法的基础上，培养学生用社会性别的方法分析和解决问题，把追求两性平等的理念贯穿到各个学科的研究领域，实现培养学生发展能力、促进其未来发展的终极目标。在授课过程中，鼓励教师具有独特的教学方式，既有理论的授予，也有符合女性特点的认知和情感内容的学习，把学生的主体性融入课堂和实践教学过程中。

2. 创新活动内容

结合学校特点创新具有性别特色的校园文化活动，拓展性别意识教育的有效途径，提供关注和研究女大学生成长的平台。在传统校园文化活动的基础上，融入女性特点，同时组织开展全新的活动，新老融合，形成一个具有性别意识教育功能的活动体系，打造融众多相互联系、衔接的栏目的品牌活动。同时，通过校内外媒体包括广播、刊物、网络等，加大性别意识教育活动的成果宣传力度。

第六章

我国女子高校女大学生德育第三课堂教育体系的构建

开展德育第三课堂建设是女子高校提高人才培养质量的重要举措，是女大学生思想政治教育创新发展的重要路径，也是全面深化女子高校教育综合改革的重要任务。德育第三课堂是对第一课堂和第二课堂的有益延伸和必要补充，在女子高校人才培养中发挥着不可替代的作用。扎实开展德育第三课堂建设，有助于学生将理论知识学习与社会实践相结合，通过实践锻炼促进自身成长。中共中央国务院《关于进一步加强和改进大学生思想政治教育的意见》指出："社会实践是大学生思想政治教育的重要环节，对于促进大学生了解社会、了解国情，增长才干、奉献社会，锻炼毅力、培养品格，增强社会责任感具有不可替代的作用"。

女子高校既要重视德育第一课堂和第二课堂，也要重视第三课堂，要把德育第三课堂建设放在人才培养的重要位置。长期以来，高等教育领域对社会实践在人才培养中的重要性认识不足，存在着忽视社会实践和第三课堂建设的倾向，存在专业实习缩水，社会实践流于形式等现象。这种状况严重影响了人才培养的质量。重视社会实践在人才培养中的基础地位和作用，进一步加强第三课堂建设是当前我国高校教育改革的重要议题之一。德育属于典型的实践科学，脱离实践，德育难免沦为教条主义和理论空谈，教育目的势必落空。由于传统文化中"男主外女主内"观念的影响，女子高校更应重视德育第三课堂建设。学校要通过第三课堂建设，鼓励和引导女大学生转变观念，破除落后观念的束缚，自觉融入社会实践的广阔天地，经历风雨，锻炼成长。高校要对德育第三课堂统筹规划，在内容和形式上不断探索创新，通过优化实践教学环节，拓展实践育人基地，加强实践育人队伍建设，完善政策保障体系，为女大学生成长创造更好的社会实践环境。

第一节 我国高校德育第三课堂的现状

德育第三课堂是对第一课堂和第二课堂的有益延伸和必要补充，德育第三课堂主要是指在学校指导下的学生自主参与的各项校外社会实践活动。大学生社会实践活动在我国高等教育中有着其他课程和活动不可替代的作用，起着特殊的教育功能，大学生参加社会实践可以从生活中受到深刻的教育和启发，升华自身的思想，增强社会责任感和使命感。

一 我国高校德育第三课堂现状

德育第三课堂作为高校人才培养的重要组成部分，很多高校结合学校实际，已经开展了各种社会实践、志愿服务等活动，并进行了总结和创新。但是当前仍然存在很多问题，既有管理运行模式需要改进，又有内容和形式需要完善，无法完全满足当今人才培养的需要。

（一）我国高校德育第三课堂的现状

1. 我国高校德育第三课堂的管理运行机制

我国高校德育第三课堂的领导机制。大学生社会实践是新形势下加强和改进大学生思想政治教育的重要途径，是推进素质教育、贯彻党的教育方针的重要内容，是深化思想政治理论课教学效果的有效载体，是培养高素质创新人才的必需环节。大学生社会实践活动是高校教育教学工作的重要组成部分，涉及高等学校的各职能部门和各个院系。为了保证大学生社会实践活动的顺利进行和取得切实成效，必须建立由相关部门组成的领导机构，以便于进行组织协调和形成合力。中共中央和国务院是中国青少年教育的最高指导机关，负责提出大学生社会实践工作的总体目标、基本原则、基本要求，并负责对各地区、各部门和基层单位落实相关目标、原则、要求情况进行检查、指导、监督、评价。为了保障大学生社会实践活动的正常进行，需要在高等学校等基层单位成立专门的组织领导机构。各高校领导机构应由学校主要领导牵头，成立由宣传部、学生工作部、教务处、团委、保卫处等部门负责人组成的大学生社会实践活动领导小组，宏观领导社会实践活动。但目前，我国高校的通常做法是：由校团委牵头组织，院系相关教师指导和学生共同参加社会实践活动。高校的管理体制缺乏组织体系，导致了实践存在的一些问题。

我国高校德育第三课堂的管理运行机制。当前，各高校都建立了大学生社会实践投入保障机制，加大社会实践经费的投入，创造条件支持大学生社会实践。高校相关部门将社会实践纳入人才培养方案，对学生参加社会实践有整体规划和年度计划，并对学生提出明确的任务、目标要求，把社会实践作为课堂教学的重要组成部分和巩固理论教学成果的重要环节，但学校层面没有统一规划。宣传机制方面，多数仅限于通过校园网络或各级共青团组织转发开展实践活动的通知，再由各院系组织动员学生进行立项申报，宣传对象基本上都是在校大学生。检查制度方面主要是根据社会实践报告，大学生在完成实地实践的基础上对实践情况进行分析整合，撰写社会实践报告书并提交学校进行成果交流。组队形式方面以小规模团队为主，虽然有少部分规模较大、以学校或学生社团组织为主体的专项集体实践团队，但大多数实践团队是学生在同院系、老乡之间自发组成的小规模团队。以武汉大学为例，学校虽建立了大学生社会实践基地，积极探索校企联合互惠互利、共同发展的新型合作机制，但基地建设呈现出临时性和分散性特点，社会实践活动开展地点多是凭关系由学生自己临时联系。目前，我国高校稳定的实践基地较少，实践基地建设有待改进。

2. 我国高校德育第三课堂的内容和开展模式

第三课堂的教师是"社会"这位知识最广博的"导师"，它们将学生从第一、二课堂引向社会，是学生融入社会的"良师"。第三课堂活动经过长期的精心培育与建设，具有全方位、经常性、内容丰富、形式多样等特点。我国高校德育第三课堂的内容丰富，形式多样，主要有寒暑假社会实践、青年志愿者活动、三下乡活动、社会服务与体验、主题调查、参观交流以及进入信息化时代以来出现的虚拟社会实践等。近年来大学生社会实践创新的内容和开展模式逐渐丰富，有关部门先后发起了以"万支大中专学生志愿服务队暑期科技文化活动""中国大学生志愿者扫盲与科技文化服务活动""中国大中学生志愿者暑期文化科技卫生'三下乡'活动""大学生志愿者文体、科技、法律、卫生'四进社区'活动"等为主要开展模式和以"理论宣讲""志愿服务""科技支农""社区共建""企业挂职""医疗服务""环境保护""支教扫盲"等为主要内容的社会实践活动。高校大学生热情高涨，积极响应团中央号召，纷纷参与各高校组建的各种形式的大学生社会实践团，开展社会实践活动，这极大地丰富了新时期大学生社会实践的内容。众多丰富多彩的大学生社会实践活动的开展有利于提高大学生的综合素质。

（二）我国女子高校德育第三课堂的现状

项目组在调查中华女子学院、湖南女子学院、山东女子学院三所女子高校学生相关问题的基础上。调查问卷中部分内容涉及第三课堂的问题，发放问卷数5100份，回收有效问卷为5034份，问卷回收率为98.7%。经过数据清洁、逻辑检查后，分析女子高校大学生第三课堂的基本情况如下。

1. 参加社会体验的情况

调查发现，学生比较喜欢的课外活动是社会体验活动，各种主题教育活动占课外活动约为25%，其中一年级为25%，二年级为28%，三年级为22.8%，四年级为29.5%。二年级和四年级较高，一年级和三年级较低。

2. 参加社会实践的情况

一年级同学没有参加过社会实践活动次数的比例显著高于其他年级同学，二年级同学参加2次及以上社会实践的次数所占比例升高。参加过学校组织的社会实践活动的同学们认为参加社会实践活动对自己的成长最大的帮助是了解了社会（占36.7%—68.1%）、锻炼了自身能力（29.9%—41%）、拓宽了视野（占3.1%—19.3%）。

3. 参加公益活动情况

三所院校学生参加社会公益活动的目的主要是：首先，服务社会，帮助他人，占到78.6%—81.1%；其次是满足自我，提高精神境界，占到61%—77.8%；再次是获得更多求职机会，占37.1%—54.0%。另外有5.0%—16.6%的学生是为了获得赞扬；有3.0%—8.8%的学生是为了应付学校的作业。大部分学生参加公益活动的目的是服务社会，帮助他人，公益意识强，也有部分学生比较现实。

4. 参加就业实习的情况

在就业实习方面，54.4%的学生认为毕业实习对自身成长所提供的帮助主要是有助于了解岗位需求，48.3%的学生认为有助于提升就业能力，46.5%的学生认为有助于自己了解专业发展前景。

二 我国高校德育第三课堂存在的问题

第三课堂对大学生的成长成才具有重要意义。许多高校已经形成了自己的特色,推出了一些名牌活动,得到了社会的认可,但也存在一些问题。

(一) 我国高校德育第三课堂存在的问题

长期以来,高校德育第三课堂一直被忽视,存在实践内容缺乏深度,社会实践流于形式等现象。这种状况严重影响了人才培养的质量,更无法充分实现让学生真正走向社会,向社会人转化的目的。

1. 实践内容缺乏深度

社会实践大多利用暑假,时间短,专业知识紧密联系少,实践内容深度不够。这表明高校组织大学生进行社会实践活动只是一种示范行为,并没有把当代大学生的社会实践内容与培养大学生的职业能力素养有机结合起来。每年寒暑假高校都有大批学生参与实践,而实践的指导教师人数都有限,造成部分实践团队没有教师指导;大学生的思想和观点还相对青涩稚嫩,部分学生对实践方向把握不准,立意缺乏深度,社会实践内容与专业知识结合不足。许多高校组织的社会实践以参观为主,专题型实践少,没有让学生真正地体会生活、认识社会,实践层次较低。当前,大学生在社会实践活动中存在着浮于表面,消极应付的现象,部分学校也认为社会实践是假期的事情、团委的事情,把大学生社会实践简单片面地归结为课外活动,因此对社会实践的支持力度不够;大多数的社会实践组织形式松散,实践服务队的服务点多靠临时的关系建立,社会实践基地缺乏相对稳定性,致使出现假期号召搞得热热闹闹,平时不抓不问冷冷清清的现象。此外,社会实践的内容大多是简单的参观、走访、调查等,缺乏有针对性的专业指导。实践形式过于呆板、内容空洞、流于表面,形式单一,学生参与的广度和深度远远不够。

2. 组织机构不够健全,实践反馈不够完善

从全国各高校来看,缺少一套针对大学生社会实践的科学管理制度和完善的组织机构,无法做到全面管理监督实践。目前高校的社会实践都是由团委具体实施落实的,而实际工作中又涉及各个学院的学生工作。高校的管理体制缺乏组织体系,在实践的后期也没有审查制度。参加完实践活动并不代表这个实践活动就一定结束了,实践后期整理和实践成果运用是实践活动的重要环节,但是,绝大部分高校缺乏对大学生实践调研成果的反馈机制,多数实践报告都变成了存档资料,没有被重视和进一步开发。学生提交的社会实践报告格式固定,内容死板,学校也不对社会实践报告

进行审阅。每年的社会实践之后，都没有一个良好的反馈，也缺乏良好的评价体系。对于如何判断每次的社会实践效果没有一个合理科学的标准。

3. 专业教师参与率低

很多专业教师认为专业教师只教专业知识，这是当前普遍存在的一个错误观念。中央 16 号文件指出："高等学校各门课程都具有育人功能，所有教师都负有育人职责"。对学生进行思想政治教育不仅是学生工作队伍的使命，也是全体专业教师的责任。专业课教师比较容易在学生中产生影响力感召力，其言行观念也比较容易影响学生。如果专业教师在传授专业知识过程中，同时能用心做好育人的工作，则这种影响力、感召力就是高校思想政治教育的宝贵财富。反之，则会严重影响思想政治教育的成果。社会实践活动的良好教育效果如果能得到更多专业教师的认可，并得到他们的宣传、指导，则第三课堂就能很好地与第一课堂和第二课堂相结合，培养出更多全面健康发展的大学生。

（二）女子高校德育第三课堂存在的问题

女子高校作为高校的特殊群体，其第三课堂的设计与其他高校区别不大，没能充分考虑当代女大学生的特点，分年级有规划地进行，缺乏与其人才培养目标的一致性。

1. 学校对第三课堂的统筹力度不够

社会体验、社会实践、志愿服务、就业实习等方面没有统一的统筹和规划，第三课堂是高校人才培养的重要内容，需要学校相关部门的沟通与协调。参与社会实践还需要高校多方聚集资源，从实践内容、基地建设、经费保障等方面为大学生创造条件。目前，学校对诸如教学实践、专业实习、勤工助学等传统的社会实践项目较为重视，但对诸如就业实习等关注较少。学校没有把大学生社会实践活动纳入学校教育管理体系中，没有明确社会实践环节的具体计划安排和实践育人工作思路。

2. 第三课堂的活动整体比较丰富，但规划性不够

从三所学校的调研情况来看，社会实践和就业实习一般都由学校统一进行，而社会体验和志愿服务大多是随机性的，没有统一规划。例如，在志愿服务方面，学生志愿服务活动占课外活动的 41.4%—52.8%，学生参与性强，但从学校层面，志愿服务活动没有统一规划，志愿服务基地少，志愿服务的内容很多是学生自行进行的。高校没有结合学校特色、专业发展需要，设立专项资金，同时依靠院系打造志愿服务品牌项目，培养

一批优秀的志愿服务者。

3. 第三课堂活动未考虑学生年级特点，分类实施

从不同年级来看，学生参与情况有所不同，例如，大一至大四年级的社会体验的比例基本相同；在社会实践方面，大一和大四年级学生参与率较高，而二、三年级较低。第三课堂没有结合不同年级女大学生的特点，如知识水平、思维方式、社会适应等方面进行安排，如大一年级学生社会经验不足，可以侧重社会体验，大二年级后，学生志愿服务意识强，可以志愿服务，大三年级，学生基本具备一定的专业知识，可以侧重社会实践，而大四年级，就业问题是学生比较关注的，可以侧重就业实习。

第二节 我国女子高校女大学生德育第三课堂的构建目标和原则

女子高校德育第三课堂的构建要以中国特色社会主义理论体系为指导，全面贯彻党的教育方针和社会主义核心价值观，遵循女大学生成长规律和教育规律，以知国情、受教育、长才干、做贡献为宗旨，以增德行为目标，以实践参与、社会体验、志愿服务、社会调研和就业实习为内容，以形式多样的社会实践活动为载体，以稳定的实践基地为依托，以建立长效机制为保障，积极帮助和引导女大学生走出校门、深入生活、深入基层、深入群众、深入实际，了解社会、服务社会和奉献社会，树立正确的世界观、人生观和价值观，努力成长为中国特色社会主义事业的合格建设者和可靠接班人。

一 构建目标

第三课堂是第一课堂和第二课堂的深化。第三课堂对于德育有着特别重要的意义，只有通过第三课堂，才能实现学校与社会、事实与实践的有效对接。因此，女子高校要做好第三课堂的整体规划，提高学生实践能力和综合素质，帮助学生完成向社会人的转变。

（一）深化第一课堂和第二课堂的教育成效

第一课堂是学生获得专业知识的主要途径。第二课堂是在第一课堂的基础上，通过组织开展丰富多样的校园文化活动，为学生多方面能力培养

提供课堂教学所无法提供的帮助。但仅有这些还不够，知识需要被运用和检验，需要创造和发展。知识再生产的循环是整个社会再生产循环的有机组成部分。第一课堂和第二课堂主要是知识传承本身的循环，是学生、教师和教材之间的流转，只有通过第三课堂，才能实现知识学习与社会生活的直接衔接。通过融入社会生活，知识才能在应用中被检验、修正和发展。

第三课堂对于德育有着特别重要的意义，这是由德育知识本身的性质决定的。在亚里士多德的知识分类中，道德品质的知识属于"实践"知识。大学生不论学什么专业，将来从事什么职业，都要遵守社会道德规范的要求和约束，具备相应的个人德行和职业道德品质的修养。作为伦理道德、价值观知识对象的不是外在的客观存在物，而是现实生活实践主体自己的生活。马克思主义认为，"社会生活在本质上是实践的"。德育虽然能够使用语词概念对人的社会生活进行抽象概括，但对其精髓的把握需通过实践活动本身才能实现。近代以来，随着我国教育的现代化，我们有意无意间把一切知识自然科学化，教育形式模式化，忘却了德育自身的特点。课堂教学成了德育的主要形式；德育的内容也随之变成对道德规范的理论建构和思辨论证。教育的"应试化"更加重了德育重"知"轻"行"的倾向。在这样的背景下，重视德育的实践性，重视将德育第三课堂建设作为高校大学生道德品质培养的基础环节和平台，具有正本清源、拨乱反正的重要意义。

通过第三课堂，女大学生逐步融入现实生活，深化对社会的了解，切身感受个体与社会之间的相互关系，习得分辨善与恶的能力，在社会生活实践中完成人生定位，确定追求的目标，在服务社会的过程中实现人生价值。第三课堂为学生从学校跨入社会的人生关键阶段，也是个体道德人格形成的关键阶段，因此高校要为学生提供至关重要的支持和引导，要实现学校与社会，知识与实践的有效对接。

（二）做好第三课堂的整体规划

针对目前女子高校德育第三课堂缺乏整体规划的现状，女子高校要充分认识第三课堂在学校人才培养中的重要作用，将社会实践纳入学校教育教学的总体规划和教学体系，设立学生社会实践专项经费，规定相应学分和学时，制定专门的学生社会实践实施管理办法，切实做好第三课堂的整体规划。

女子高校德育第三课堂的构建是一个系统工程，涉及组织机构、顶层设计、规章制度、运行机制、实施方案和经费保障等方方面面。按照系统的整体性原则要求，以上系统的各要素不仅要有自己的系统的质的规定性，而且各要素之间要相互作用、相互影响，通过部分之间、整体与部分之间、系统与环境之间的复杂的相互作用、相互联系，发挥系统的整体性功能。女子高校要成立由学校主管教学工作和学生工作的校领导担任组长，由教务处、团委、学生工作部（处）、财务处、宣传部、保卫部（处）和二级学院（系、部）等相关部门负责人组成的学生社会实践工作领导小组，负责全面规划和领导全校学生社会实践工作。学校教务处和团委负责具体落实社会实践活动计划的制订、组织、实施及表彰工作。各二级学院（系、部）要成立本院系学生社会实践工作领导小组，组长由主管教学工作和学生工作的院系领导担任。教务处和二级学院（系、部）要广泛发动专业教师参加并指导学生开展社会实践活动。共青团干部、辅导员和班主任要组织带领学生开展社会实践活动。

在做整体规划时，女子高校要根据大一至大四不同年级学生的特点和需求设计不同的逐级递进的社会实践的内容和要求，实行分级分类指导，制定包含组织实施办法、实践团队组建及管理办法、实践基地管理办法、学生自主实践管理办法、经费管理办法、学时学分计算办法、成绩评定和考核办法、奖惩规定、安全保障制度、指导教师工作量计算办法等内容的管理制度体系。要不断丰富社会实践活动的内容和形式，积极探索和建立与专业学习相结合、与服务社会相结合、与择业就业相结合、与创新创业相结合的社会实践活动机制，针对基层需求，科学规划项目，增强服务效果，使更多的学生投入社会实践活动中去，并在活动中得到锻炼和成长。

（三）提高学生实践能力和综合素质

社会实践是高校教育教学的重要内容，是锻炼女大学生实践能力的重要环节和培养女大学生综合素质的重要平台，也是女大学生投身社会、接触社会、了解社会从而服务社会的重要途径。社会实践的目的在于丰富女大学生的感性知识，训练女大学生的专业技能，启发女大学生的创新思维，提高女大学生的实践能力和综合素质。

通过参加社会实践，女大学生能够深入基层、深入实际、深入群众，在接触社会、了解社会、关注社会的过程中，树立为他人和社会服务的社会责任感和职业道德感；学会适应环境，学会与人交往，培养社会适应能力、交流沟通能力、情绪管理能力、人际交往能力和遇挫抗压能力等；将理论与实践有机结合，创造性地运用所学知识分析问题和解决问题，提高自主学习能力、科学思维能力、应用分析能力、判断决策能力和解决问题的能力等；在与团队合作攻坚克难中丰富职业体验，提升组织管理能力、协调沟通能力、团结协作能力和时间管理能力等。

女子高校要积极发挥学生在社会实践活动中的主体作用，建立和完善合理的考核激励机制，加大表彰力度，激发学生参与社会实践活动的自觉性和积极性；要支持和引导班级、社团等学生组织自主开展社会实践活动，发挥学生在实践育人中的自我教育、自我管理、自我服务作用，为她们提高实践能力和综合素质搭建平台。

（四）帮助学生完成向社会人的转变

大学期间是女大学生走向社会的重要阶段，她们要在完成学业的同时，通过社会实践学习、体验如何扮演自己未来的社会角色。女子高校要鼓励女大学生走出校门、深入基层、深入群众、深入实际，观察社会、了解社会、认识国情，透过社会现象发现社会问题，尝试运用自己所学知识分析问题、解决问题，形成对社会的初步认识和服务社会的意识，增强承担社会责任的主动性和积极性。

女大学生可以深入农村调研，感受社会主义新农村建设；服务社区居民，体验和谐社区建设；走进厂矿企业，领悟科技创新的魅力；到党政机关实习，感悟国家治理体系的创新；帮助孤残儿童和老人，收获传递爱心的快乐。总之，女大学生可以在各种丰富多彩的社会实践中陶冶情操、坚定信念，锻炼意志、砥砺品格，体验生活、丰富知识，培养艰苦奋斗、热爱劳动和实践创新的精神。

通过社会实践，女大学生能够深入了解社会生活的艰难复杂和专业行业的发展情况，及时把握时代脉搏和行业发展前景，不断修正自己的人生规划，进一步明确今后学习发展方向，为将来走上社会奠定良好的基础；同时，能够深刻体验到中国特色社会主义建设事业的伟大成就，不断增强历史使命感和社会责任感，更加坚定理想信念，牢固树立正确的世界观、人生观和价值观，努力成长为中国特色社会主义事业的合格建设者和可靠接班人。

二 构建原则

构建女子高校德育第三课堂要坚持结合专业、灵活实施、广泛覆盖和注重实效等原则。

（一）结合专业原则

构建女子高校德育第三课堂必须坚持专业性原则，突出女大学生的专业特点，以专业知识的应用和巩固为重点，加深学生对专业知识的理解和运用。

女子高校要引导女大学生将社会实践与专业学习相结合，鼓励学生多参与和专业相关的社会体验、志愿服务、社会调研和就业实习等实践活动，指导学生深入农村、社区、街道、工厂、企业、学校、政府机关等开展服务活动（如专业服务、技术培训等），运用所学知识服务社会，在实践中检验所学知识，不断完善知识结构，提高运用知识的能力，实现理论和实践的有机结合。

女子高校要结合学校特色、专业发展需要，充分发挥二级学院（系）的积极性和主动性，设立专项资金、建立工作机制、制订工作方案、选配指导教师，依托二级学院（系）打造一批专业特色鲜明、富有生机、享有社会美誉的社会实践品牌项目和社会实践基地，为女大学生提供更多和专业相关的社会实践机会，搭建更多平台，使学生在实践中提高专业技能和综合素质。

（二）灵活实施原则

构建女子高校德育第三课堂必须坚持灵活性原则，无论是组织形式，还是时间安排和地点选择上，都可以根据具体情况灵活实施。

在组织形式上，可以采用集中组织与分散进行相结合的方式，既可以由学校集中组织学生进行社会实践，也可以让学生自主实践。学校集中组织的社会实践，既可以通过建立社会实践基地、校企合作的方式进行，也可以通过组建学生社会实践活动团队、设置学生社会实践项目等方式组织。社会实践活动团队可以由学校有关职能部门、二级学院（系）、班级、党团支部、学生组织、学生社团、课题组等集体进行组织，应有相对固定的实践区域或者接收单位，有专题调研、科研攻关或社会调查课题，有预期的实践成果。女子高校要鼓励跨学院、跨学科、跨专业、跨学历类别组队。

在时间安排上也可以灵活多样，既可以在学期内课余时间或周末、节假日分散开展，也可在寒暑期集中开展。在时间跨度上，既可以是几个小时，也可以是几天、几周，甚至是几个月，具体时间可以根据社会实践的内容要求确定。在地点选择上，一般应就近就便，但也可以根据需要放眼全国或者国外，既可以到当地政府机关、企事业单位、公益机构，也可以到街道、社区、农村，具体地点要根据社会实践的内容要求确定。

（三）广泛覆盖原则

构建女子高校德育第三课堂必须坚持广泛性原则，要覆盖到全体学生，同时在内容设计上也要丰富多彩、涵盖面广。

社会实践是当前女子高校培养人才的重要环节，也是女大学生成长成才的重要途径。女子高校在规划、设计学生社会实践时，要制定相应的配套制度，如将社会实践纳入教学体系、设立相应学分、激励奖励制度等，要求每名学生都要参加社会实践，并对社会实践的时间、内容和考核作出具体要求，积极引导女大学生参与更多社会实践。

社会实践的内容可以包括社会体验、志愿服务、社会调研和就业实习等，可以组织学生参观博物馆、纪念馆、教育基地、公益机构、高新企业等，鼓励学生参加各种公益活动（如帮残助困、普法宣传、支农支教、社区服务等）和志愿服务（如重大活动、重大赛事志愿服务，保护环境，三下乡志愿服务，文化传播，政策宣讲，法律援助等），指导学生就某一主题进行社会调研、科研创新实践和科技推广，安排学生进行就业实习、岗位体验、顶岗实习等。

（四）注重实效原则

构建女子高校德育第三课堂必须坚持实效性原则，要贴近学生，贴近社会，了解学生和社会双方的需求情况，不断丰富社会实践内容，创新活动形式，增强社会实践的吸引力和凝聚力，使学生在实践中真正增长才干。

社会实践应结合不同年级女大学生的心理需求、知识水平、思维方式、实践能力进行统筹安排，如大一年级学生社会经验不足应侧重社会体验，大二年级学生服务社会愿望强烈应侧重志愿服务，大三年级学生具备了一定的专业知识应侧重社会调研，大四年级学生最关注的是就业问题应侧重就业实习。同时，还要对不同年级的社会实践进行分级分类指导，并视具体情况分阶段分层次进行。此外，还应根据女大学生和实践基地或实践单位的需求情况进行合理设计，做到按需设项、按项组团、认真规划、科学组织。

女子高校应不断丰富社会实践的内容，创新活动形式，增强社会实践的吸引力和凝聚力。社会实践的内容应根据女大学生和实践基地或实践单位的需求不断调整，紧跟行业发展前景要求，融入时代新元素，不断推陈出新。社会实践的形式也可以灵活多样，不断创新，采用学生喜闻乐见的各种形式，吸引更多学生积极参与。每项社会实践活动都要做到有目标、有计划、有方案、有部署、有总结、有反馈，确保活动取得实效。高校相关部门要多方协同，制定制度，完善机制，不断总结经验，打造社会实践精品项目和优秀社会实践基地，建立实践育人的长效机制。

第三节 我国女子高校女大学生德育第三课堂的内容和途径

社会体验、社会实践、志愿服务、就业实习构成第三课堂的主要内容，能够为不同阶段的女大学生走出校园提供丰富的实践内容。

社会体验结合当代女大学生的知识结构、兴趣指向和社会期望，引导其参观不同类别、不同主题的博物馆、纪念馆、科技馆或其他体验基地，培养女大学生的性别意识、提升公益精神、体认地域文化、感悟人文科技、领略创新理念，从而提升女大学生的文化底蕴与综合素质。社会实践结合女大学生群体的思想特点，突出针对性、增加创新性、增强实效性，增强大学生对中国特色社会主义和谐社会建设的认同，引导大学生深入社会、了解社会、服务社会。志愿服务内容的选择有利于女大学生深入了解社会，分析不同服务领域的不同特点，在脚踏实地"接地气"中认识社会，避免主观化、片面化、平面化，通过大学生志愿服务，使得文化知识和科学技术得到广泛的传播和发展，使得中华民族的传统美德得以继承和发展，更好地体现人性关怀、澄清价值观、感受群体差异、加深对于社会和谐建设的重要性的认识。就业实习通过高校与企业进行合作，使学生接受学校导师和用人单位人事部门的双重指导，通过实习了解和熟悉该行业和工种的职业规范，积累工作经验，提升职业技能。就业实习有助于学生明确今后的职业发展方向，提升学生的就业竞争能力。

一 社会体验

（一）实施目标

传统的学习主要是听课，加上理性思考，本科生的教学性质和专业划分致使学生仍需在课本上投以大量精力,很多学生更是沿袭了中学阶段的学习习惯,不擅于从校园以外的世界涉猎知识。社会体验作为一个窗口打开了学生们求知的途径,让她们感受到事物的丰富性和获取能量的多元性。社会体验以宽广的社会环境作为学生的学习场域,破除了传统知识学习的单一性。针对当代女大学生的知识结构、兴趣指向和社会期望,引导其参观不同类别、不同主题的博物馆、纪念馆、科技馆或其他体验基地,在帮助其完善固有知识体系的基础上,培养性别意识、提升公益精神、体认地域文化、感悟人文科技、领略创新理念,从而提升女大学生的文化底蕴与综合素质,推动女子高校的德育工作。

1. 培养性别意识

女子高校在女大学生综合能力培养的基础上还要加强对其性别意识的引导,使其能够从性别的视角去观察社会政治、经济、文化和环境,提升其对社会性别意识的理解与运用,从而树立"四自"精神、强化主体意识、提升认知、开发潜能、增强社会适应能力。女子高校开设相关的课程来丰富学生对女性学学科、女性主义观念的了解,通过社会体验,帮助学生将理性认知与感性体悟相结合,从而使性别意识真正在女大学生心中扎根,对其生活产生真正的影响,使其成长为具有自尊、自信、自立、自强的时代新女性。

2. 提升公益精神

当代大学生多以自我为中心,且在经济全球化的潮流中形成了较重的功利意识。她们积极进取,却以利益得失作为判定成败的标准,价值观有失偏颇。引导学生走进公益机构,走近弱势群体,让她们认识到可以凭自己的力量来帮助他人渡过难关、能给予别人无限温暖;认识到自身的能量不仅在于物质上的获取,更能赢来精神上的慰藉;让她们在社会体验中感受公益活动的价值与魅力,继而鼓励她们参与更多的公益活动,提高奉献精神、服务意识。

3. 体认地域文化

高校学子往往远走他乡、异地求学,经历着不同风俗习惯、地域文化的碰撞融合。走进高校所在地区的自然、人文环境,探寻城市背后的历史底蕴和博大资源,将思想政治教育与地方优势、特色、资源充分结合,引导学生注重利用地缘因素接受新知识,汲取有利于自身发展的社会资源和有益于提升修养的文化财富,在体认地域文化的过程中增强对求学城市的归属感与适应力。通过接受、尊重、融合、取舍、运用，使地域文化不仅纳入学生的视域，也成为她们完善自我精神内涵、开拓更多求学创业途径的有利资源。

4. 感悟人文科技

自然科学知识的汲取和人文艺术的熏陶对于拓展学生的认知层面、提升内在气质修养有重大的影响作用。自然科技类基地的参观学习有利于学生们汲取新知识、开阔视野，培养理性思维，尤其对于女大学生而言更能丰富她们的知识和思维维度，补充、平衡她们的世界观；而人文艺术类基地的体验则会丰富学生的感官，提升她们的鉴赏能力和审美水平，增强人文素养，真正让新时代女性既继承传统底蕴又培养时代气息，做到秀外慧中、内外兼修。

5. 领略创新理念

创新精神与创新思维的培育对于大学生的发展有着至关重要的作用，社会体验让大学生走出校园，接触具有创新精神的企业与项目，学习先进的工作理念与创业文化，领略创新理念的魅力与价值，启发学生们主动开发自己的创新思维，规划好自己的大学生活，主动朝着创新型人才的方向发展，让创新理念伴自己成长、成才。更为重要的是让当代大学生学会走出现实的固有模式，勇于挑战未知领域，敢于质疑并探索实践，通过创新的意识、创新的能力来证明自己的聪明才干，去规划人生的崭新蓝图。

（二）实施内容

根据社会体验的实施目标，结合德育工作的指导理念和女大学生的发展需求，将社会体验以中华女子学院"走近北京 寓学于行"体验之旅为例分为性别意识类、公益精神类、地域文化类、人文科技类和创新理念类五项内容（见表6-1），以此展开不同领域、不同层面、不同指向的参观体验之旅，各自独立而又相互补充。社会体验既有针对性的拓展学生如自然科技、人文历史的知识视域，提升学生感受民风习俗、体悟奉献真谛的感性情怀，增强学生维护女性权利、勇于创新实践的切实能力，让学生真正通过社会体验达到知行合一。同时也有系统性的将这五类体验融为一体，从不同角度丰富学生的阅历、补充她们的才识，并且互相影响渗透，实现通识教育的意义目标。

1. 性别意识类

通过实地走访、亲身体验性别意识类基地，使学生了解女性的社会角色、地位及其发展历史,明晰当代女性在社会进程中应具备的能力。参观妇女儿童博物馆,引导学生以女性的视角重温历史,了解妇女在历史长河中地位变化的轨迹,感受妇女的艺术天赋、创造才能和不同时代的精神风貌;与女性教育培训中心的工作人员交流互动,帮助学生从更多角度认识女性,更加了解自我,从而挖掘自己的潜能,发挥自己的优势。此类体验主要培养学生打开性别意识的窗口,去了解自己以及异性的客观存在和相互关系,有意识、有方法地去处理两性关系,并能够实现女性在社会中的应有地位和权利。

表 6-1　　　　　　　　　社会体验实验内容

序号	类别	体验基地
1	性别意识类	中国妇女儿童博物馆
		宋庆龄故居
2	公益精神类	工友之家/农家女服务机构/木兰花开
		松堂关怀医院
3	地域文化类	故宫博物院/大栅栏/首都博物馆
		中国人民抗日战争纪念馆/圆明园
4	人文科技类	电影博物馆/国家大剧院/中国国家博物馆
		中国科技馆
5	创新理念类	顺鑫农业股份有限公司/同仁堂制药
		联想集团/清华创业孵化基地

2. 公益精神类

参观公益性质的社会机构,如福利院、养老院、打工子弟学校等,让学生直观感受到社会弱势群体的需求,真切认识到公益活动的价值与重要性,激发她们的社会责任感。参与公益性质的宣传示范活动,如节能减排、文明排队等,体悟自身能量的感染力,以小我带动大我的文明进程。参加公益机构的培训,与公益人士进行互动与交流,让学生认识与感受到公益活动的价值与魅力,学习助人的专业能力。此类体验的参与性尤为明显,只有在互动中才能让学生真实地体会到受助对象的需求和感受,明白自己该如何去释放能量、温暖他人。

3. 地域文化类

参观当地的历史博物馆,了解地域文化的发展演变和城市的历史风貌和当代进程。走访具有民俗特色的建筑、景观,通过与当地居民的交谈感受他们的风俗习惯、方言俚语、地域性格,体味城市的温度。体验当地的公共设施,学会利用地缘资源辅助自己的学习生活,并从中汲取地域文化中蕴涵的精神财富、时代品格,增强学生对文化的敏感性与对求学城市的适应性。此类体验侧重于学生的感官体验,也取决于她们各自的获取角度。对同一民俗文化,学生们可能产生不同的理解,因而具有体验的多元性,因而不用拘泥于统一的体验效果。

4. 人文科技类

参观人文艺术类的博物馆、剧院、茶庄等,使学生置身于人文气息的环境当中,提升她们的鉴赏能力和审美水平。体验科技馆、生态园,接触先进生产线,让学生感悟自然科学的神奇魅力,学会以全面的科学知识武装头脑、指导实践、勇于创新,起到开阔视野、培养理性思维的作用。此类体验更需要借助学生以往的知识积累和艺术积淀,应与课堂教学、专业知识结合进行,互为补充。

5. 创新理念类

通过与新兴企业、以科技创新或设计理念为宗旨的企业交流走访,让学生体验其工作理念与企业文化,接触前沿市场形势与所需人才,明晰创新思维在学习乃至工作中的重要意义;实地了解优秀的大学生创业创新项目,感受创新理念的价值;参与科技馆、实体店中的体验项目,动手操作实验或设计规划,增强分析问题与解决问题的能力与勇气,打破固有思维模式。此类体验让学生涉猎各种未知领域,也是与学业上的求新求变乃至就业的方向挂钩,其驱动性更为鲜明有力,但需要注意体验对象的个体性,要符合她们各自的接受能力和发展方向。

(三) 实施途径

社会体验项目内容的实施开展,需要客观、主体以及各方面的定位和配合才能保证运行。名正则言顺。确立社会体验的地位可以明晰其在整个德育工作乃至人才培养中的定位,使运行的方向能够围绕整体的目标进度落到实处,也有利于确定它的规范性和进展程度。社会体验是一项主观能动性很强的工作,因而其主体的参与性和发展性决定着社会体验的效果。对其参与主体进行管理与培训,也是让学生更大限度地从中获取知识能量,实现参与的意义。作为走出去的"第三课堂",信息资源的利用从校内延伸到了校外,如何选择和把握各种资源平台,是保障社会体验科学性、高效率的关键。虽然体验以学生为主体，但仍需指导教师有方法、有力度的督导和指引，这样才能使得体验不流于感性或盲从，形成课程系统。

1. 明确属性

社会体验以体验式学习为理论基础，以广阔的社会环境作为学生的学习场域，旨在培养学生的性别意识，提升其公益精神，帮助其体认地域文化、感悟人文科技、领略创新理念，符合通识教育的主旨目标。学校应把学生的社会体验纳入通识教育体系中，将其列为学生的必修课程。要求学生以班级为单位，在一个学年中针对上述五类基地的走访与参观，完成相关报告与展示，才可以取得该课程的相应学分。同时在学生社会体验的过程中，配备教师对其进行指导与监督，并适当安排培训与交流，搭建起展示、分享的平台，推动学生学会反思，促使其能够将社会体验的实际经验转化为促进自身成长的正能量。

2. 管理主体

（1）以班级为单位组建参观团队。作为一门课程，要求学生以班级为单位，一方面是因为社会体验这一形式需要，另一方面也便于组织管理，也为学生提供了一个相互交流、处理矛盾的平台，她们在对团队纪律的遵守、集体精神的维护、活动目标的践行中不断学习、改进，学会克服自己的心理障碍，弥补认知体系的缺失，配合他人的需求和整体的进度，这些都有效地促使她们为综合能力的培养迈开脚步，同时也加强了班级建设。

（2）编订规范的社会体验指导手册。观察与反省是女大学生学习能力的重要组成部分，也是其综合素质的重要体现。通过观察指引、撰写体验记录、交流讨论、汇报展示等环节，能够推动学生更加细致、认真地观察体验基地，使得她们能够反思去观察与回顾自己的实际经验，综合和整理过程中引发的感官、思想、情绪、行为及意图方面所呈现的资料和信息，使学生观察与反省能力在社会体验学习的过程中不断提升。

3. 搭建平台

（1）根据培养目标甄选社会体验基地。为拓展学生的学习场域，增强学生的意识素养，提升学生的综合实践能力，结合学校的培养目标和实际情况，将社会体验分为性别意识类、公益精神类、地域文化类、人文科技类、创新理念类五类基地，分层次、系统性地对学生进行德育培养。体验基地的甄选应考虑四点：一是基地主题应与项目培养目标相切合；二是基地特色能够激发学生兴趣，基地交通便于学生出行，花销不超出学生的经济承受能力；三是基地负责方具有与学校长期合作的意愿；四是基地最好能够体现地方区域特点与文化特点。

（2）以合作互惠为理念拓展教育资源。社会体验学习是一个多环节的系统项目，要使社会体验达到预期目的和效果，必须强化社会、学校、学生三方有机结合和作用互动，构建互需、互惠、互联的多赢合作机制，使社会体验成为学校与社会之间的桥梁。学校应以合作互惠为理念，将社会体验与教育资源拓展相结合。学校着眼于长远，甄选不同类型的体验基地，以互惠的原则与体验基地建立长期合作的伙伴关系。从学校方面来说，与基地伙伴关系的建立能够为学生参观走访提供便利，并为学生进一步深入学习或实践创造可能；从体验基地方面来说，与高校的伙伴关系能够为其单位提升公益价值以及为单位储备实习力量。

4. 保障运行

（1）通过督导培训使社会体验形成课程体系。在项目前期对学生进行培训，清晰传递项目主旨与体验式学习的内容，介绍整体流程与对学生的具体要求，协助学生明晰项目意义以及自己的行动方向，激发学生参与项目的热情。辅导员或者班主任担任督导，在项目运行过程中负责审阅学生报告、监督项目进展；协助学生在服务中进行反思，推动团队间的分享交流，促进学生之间互相支持，同时将对学生的督导与班级建设、学生活动工作有效结合。

（2）通过师生牵手使社会体验实现德育目标。大学是人生的一次重大转折点，较于中学阶段而言，学生的思维习惯、学习方式乃至性格观念都发生了很大改变，同时也是他们步入社会、走进独立人生前积攒能量的关键时期。社会体验虽然注重个人的亲身体悟，但也需要导师的陪伴与引导，方能使体验形成系统、结出果实。因而，社会体验应以师生牵手为支撑，将社会体验与人才培养相结合。为了最大限度调动辅导员和班主任参与的积极性，学校应将其项目参与计入实践育人的工作，将指导活动的困难程度、工作强度与实际效果等与其个人利益、评优考核等挂钩。

（3）通过总结回顾使社会体验提升项目效果。完善的总结回顾包括学生、班级与项目三个层面。一是学生个人总结。每名学生撰写个人总结报告，回顾一学年的社会体验的感受、收获以及思考对未来学习生活的影响，并提供数张个人参与活动的典型照片。二是班级汇报展示。以班级为单位进行汇报展示，如进行图片展、拍摄微电影、主题交流等。学校设立最佳展示奖项，从制度层面激发学生的积极性与创造性。三是项目总结评估。督导个人撰写个人总结报告；研究团队对项目参与者（学生、督导、体验基地）进行调查，评估项目成效；项目组在此基础上撰写项目总结报告，并进行项目的改进与推广，以及与合作的体验基地分享项目成果，进一步加深伙伴关系。

二 社会实践

大学生社会实践活动是高校人才培养的重要环节，是大学生理想信念教育的重要载体，更是培育和践行社会主义核心价值观的重要组成部分。中央16号文件指出："社会实践是大学生思想政治教育的重要环节，对于促进大学生了解社会、了解国情、增长才干、奉献社会、锻炼毅力、培养品格，增强社会责任感具有不可替代的作用"。文件要求"坚持政治理论教育与社会实践相结合。既重视课堂教育，又注重引导大学生深入社会、了解社会、服务社会。

（一）实施目标

大学三年级作为四年大学生涯里一个承上启下的重要阶段，其鲜明的阶段性特点在社会实践活动的设计中应该得到足够重视。针对大三女大学生社会实践项目的目标，要结合女大学生群体的思想特点，突出针对性、增加创新性、增强实效性，增强大学生对中国特色社会主义和谐社会建设的认同。

1. 帮助和引导女大学生树立正确的世界观、人生观、价值观

当前，我国社会结构和利益格局正在发生深刻变化，伴随着经济、生活、社会方式的多样化，大学生的价值取向也出现了多样化的趋势。大学生群体参与社会实践的正确观念和信念也受到一定程度的影响。部分女大学生理想信念动摇，在人生的十字路口徘徊观望；一些女大学生只对一些门槛高、名声响的实践活动感兴趣，缺乏服务基层、艰苦奉献精神；更有的女大学生把参加社会实践当作增加个人阅历、入党、求职的筹码，功利性极强。社会实践的开展，要以端正参与大学生的世界观、人生观、价值观为首要目标，要以中国特色社会主义共同理想为价值追求，切合女子高校的育人目标，体现女性高等教育的办学特色，要使女大学生在社会实践

中提高对共同理想的认识，澄清自身的价值取向，坚定服务基层、奉献社会、实现人生价值的信念。

中国特色社会主义共同理想就是在中国共产党领导下建设中国特色社会主义，实现中华民族的伟大复兴。它不仅是一个国家和民族发展进步的精神动力，更应该是大学生社会实践的指导思想和行动指南。党的十七大报告从理论、理想、精神、道德四个方面提出建设社会主义核心价值体系的根本要求，"要巩固马克思主义指导地位，坚持不懈地用马克思主义中国化最新成果武装全党、教育人民；用中国特色社会主义共同理想凝聚力量；用以爱国主义为核心的民族精神和以改革创新为核心的时代精神鼓舞斗志；用社会主义荣辱观引领风尚，巩固全党全国各族人民团结奋斗的共同思想基础"。

2. 促使女大学生在实践中检验理论

"实践是检验真理的唯一标准"是我党前辈留下的瑰宝，在社会实践的过程中，我们也应该贯彻执行这一思想——用实践不断检验真理，在实践中发现新的规律，从而得到真正意义上的提升。大三的学生，在经过了三年的知识储备与积累后，有了实践的基础，可以利用实践来检测三年书本知识的"真理性"，从而做到学以致用。在实践的过程中，及时纠正偏差，发现理解上的不足，更可以秉着"怀疑"的心态，去发现新的规律，脱离"本本主义"，得到深层次的升华，实现自己的人生价值。再者，教学和实践都是培养学生适应社会能力的过程和手段，两者密切的结合，能使得学生在实践中解决理论上的困惑，在教学中培养实践的能力。

3. 协助女大学生厘清就业方向

大三学生作为"准毕业生"，其想法影响着毕业后的去向，也关系着未来的人生发展轨道。考研、出国、找工作是当今本科毕业生的主要发展方向，而这个方向的决定在很大程度上受到她们大三时思想状况的影响。该阶段的社会实践给了女大学生一个离开校园、接触社会的机会，给了她们一个结识校园外的人、感受校园外的世界、丰富自己思想的广阔平台。这种体验让她们更易发现自己的优势和不足，明确今后的方向，作出更适合自己的选择，避免盲目从众。

(二) 实施内容

社会实践活动是指以大学生为主体所进行的有目的的教育活动，有其特定的教育目标，其出发点和归宿点都是促进大学生的全面发展。大学生社会实践活动以学生为主体,有具体的实践活动的历史背景、社会背景,是大学生发现问题、提出问题、解决问题,从而自我教育的过程。然而,在女大学生的校外实践中,往往因为大学生的阅历简单、学校不够重视、缺乏有效的保障机制等存在着社会实践目标过高、形式过于简单;内容缺乏深度,与专业结合不紧密;高校师生高知识层次的特点体现不明显,社会实践的功效没有很好地发挥出来等问题。因此,重视女大学生的校外社会实践,将女大学生校外实践纳入教学体系,作为高校育人的重要模块,构建第三课堂德育体系至关重要。要结合女子高校大三年级学生的特点,研究学生的需求,提供有效指导,成立专门的教研机构,制订专门的实践方案,专人指导,鼓励学生多从事自主型的社会实践,学会思考、积累经验,提高竞争能力,运用专业知识培育创新意识,充分利用北京人文、地理资源优势,构建校外德育体系,推动女子高校的德育工作。

1. 社会调研

社会调研就是选择某一地区的某一社会生活领域或某一单位,对其社会现象、社会问题、社会事件,用实际调查的手段,取得第一手的资料,用以说明解释所要了解的各种事实和问题,并进一步研究分析发生的原因和相互关系,进而提出改革的意见和建议。毛泽东曾在七千人大会上发表重要讲话,在谈到关于如何认识客观世界时,毛泽东回顾了党领导民主革命取得胜利所经历的艰难曲折过程,结合对社会主义建设规律的认识问题,再一次阐明了社会调查对于认识和把握客观规律的重要性。毛泽东曾在《反对本本主义》中提出"没有调查,没有发言权!"[①] 对于当代大学生而言,想要真正掌握事物的奥秘,更是离不开社会调研。选择自己感兴趣的课题,进行社会调研,不仅能有效解决内心的困惑,也有利于提高自身适应社会、独立工作的基本素质。

2. 暑期实践

大学生暑期社会实践,是大学生了解社会,贴近生活的一个重要途径。做好大学生暑期社会实践工作,特别是暑期支教、暑期"三下乡"、开展红色暑期实践,是女大学生走出校门,了解国情,接触基层的主要途径和方法之一,是高校思想政治教育课堂的重要延伸。女大学生响应党的号召,紧跟时代热点,围绕如西部大开发和新农村建设、构建和谐社会、

---

① 《毛泽东著作选编》,中共中央党校出版社2002年版,第29—36页。

传播奥运精神、学雷锋等主题,开展社会调查、支教扶贫等社会实践活动,把国家的发展、民族的振兴与大学生个人的幸福紧密联系起来,能够有效增强女大学生群体的社会使命感、集体责任感、荣誉感。

(三) 实施途径

1. 加强领导,完善机制

细化大三年级女大学生的社会实践的具体目标。中华女子学院依托学校团委组织,成立了大学生社会实践活动领导小组(下简称为领导小组),制定了专门的实施管理办法,设立专项经费,纳入必修课程体系,设立学分。在总结实践经验、分析学生实践需求的基础上,进行充分调研,设定了大三年级女大学生的实践目标,即依靠实践,服务专业,拓展能力,服务就业、创业。系统化的社会实践教育目标更符合大三年级女大学生的特点,多样丰富的实践内容更迎合学生的需求,使更多的学生积极参与到社会实践中来,各选所需,各有收获。

2. 宣传教育,调动积极性

女校大三年级的第三课堂建设要做好大学生思想引领工作,要积极探索思想政治教育的有效方式,结合实际、紧扣时代主题,以理想信念教育为核心,开展普法宣传、环保宣传,深入开展社会主义核心价值观教育。当代的中国女大学生,肩负着实现中华民族伟大复兴的光荣历史使命,增强大学生的历史使命感、社会责任感和对祖国的认同感,必须加强大学生对中华传统美德与文化的学习。

突出学生的主体性是促使社会实践顺利完成的重要保障。大学生社会实践活动是以学生为主的实践活动,因此,要在社会实践活动中充分发挥学生的主观能动性,充分发挥学生的创造性,给学生更加自由的空间。首先,在选题阶段给学生充分的自由度,让他们能够根据自己的特点提交课题。其次,在社会实践具体实施过程中,学生主体作用体现要更为明显。教师指导也要强调学生的自主性,教师要引导、帮助学生选题、设计实践方案,督促学生和指导学生进行评估的准备,要进一步发挥学生的主动性和创造性。

3. 科学管理,项目推动

要调动女大学生参与暑期社会实践的主动性和积极性,就要科学实施、鼓励创新。项目化管理是保证社会实践取得实效的有效措施。中华女子学院通过开展社会实践立项,对实践活动进行"广泛招标、灵活竞标、层级资助"的方式，使资源最优化地配置，增强了社会实践实效性。首先是项目立项工作。领导小组在充分调研、总体规划、科学论证，根据学生实际和实践的需求，做好项目内容设计，使实践项目既结合学生自身实际和专业特点，又符合基层的需求。其次是项目招标工作。各学生团队根据项目招标要求，积极填写项目招标书，参加竞标。再次是竞标环节。竞标通过公开评审答辩的方式，评选出竞标团队。再次是实践环节。中标的实践团队经过出征培训、经费使用培训、实践安全培训、调研技能培训等，实施项目。领导小组要重视对实践活动的过程管理，充分考虑实践中的实际情况，积极与实践相联系，多方面提供条件保障。采取有效措施，建立社会实践活动信息接收、处理、反馈机制，加强对社会实践实施过程的指导检查。最后是评估、评审及推广环节。领导小组采用定量与定性相结合的评价方法，既考虑项目完成的时间长短、提交论文的质量、形成科研成果的多少等，同时又结合项目产生的社会影响，对参与实践的学生本人的能力提升和个人知识积累等进行综合打分。通过项目小组自评、服务地满意度测评、学校实践指导机构（教师）考评、领导小组打分四者相结合的方式进行评价，既能客观地反映实践实际效果，又能有效进行监督，促进实践质量的不断提高。

4. 形式灵活，重视总结

参赛形式灵活创新，可以对实践团队进行形式上的分类，鼓励出精品团队。按申报内容的不同，鼓励成立交叉学科、跨院系、整合不同年级和学术资源的实践团队，分设校级重点团队、院级实践团队、学生自组织团队和个人实践四种形式。校级重点团队可跨学科、跨专业选拔优秀团队成员，组成复合型团队；院级实践团队可由以学院组织报名，并安排指导教师；学生组织实践团队可委托校学生会、学生社团联合会、学生社团组织，直接向校团委申报，自行聘邀指导教师；个人实践，即学生个人自行联系实践单位开展实践活动。根据实践团队的规模不同、申报主题意义的不同进行区别化的资金扶持。加强宣传，培育精品学生团队，培养学生学术科技能力和实践创新能力，鼓励学生参加"挑战杯"竞赛，北京市大学生科学研究与创业行动计划项目，申报国家级创新创业训练计划项目，鼓励实践成果在国家级、省级、市级新闻媒体、网络媒体中发表、发布。

总结经验，重视科研，促使第三课堂教学体系化、理论化、规范化、可推广化。对优秀的社会实践成果要进行宣传，对实践活动的教育效果要不断拓展。如将社会实践报告编印成册、免费发放给学生,扩大其在学生中的影响力;通过座谈会、报告会、成果展等宣传形式进行展示,加大在其他学生中的影响;与其他兄弟院校进行实践成果交流,取长补短。

5. 服务成长,开拓基地

大学生暑期社会实践的开展要整合北京内外的资源,广泛使用红色革命教育基地、北京教育文化场馆等,建立校外、京内、京外实践基地,并开拓一批品牌实践基地。如利用大栅栏等老北京民俗特色的故居、文化景点,开展文化类调研,调研文化传承现状和经济发展走向,采访历史名家和文化学者,切身感受到北京文化的源远流长,中华文化的博大精深,充分理解"北京精神"的核心,努力使"爱国、创新、包容、厚德"的精神实质内化为大学生的自觉行动。如选择中国人民抗日战争纪念馆、中国人民解放军坦克博物馆、井冈山等建立爱国主义教育基地,定期组织大三的女大学生进行参观和志愿服务,进行爱国主义教育。

为大学生联系优秀的实习基地,如红色基地、博物馆、纪念馆等,大学生通过在校内的竞选上岗,为这些实践基地贡献自己的绵薄之力,如导游、讲解员等。这样的经历一方面可以让大学生丰富自身的文化知识;另一方面让大学生更深刻地理解红色文化,在思想上得到升华。

大学生社会实践不仅是一个服务社会的过程,更是一个使学生接触社会,从而重新认识自我、进行自我教育的过程。实践,会让学生更加珍惜学习环境,正视自身各方面的差距,从而激发学生奋发向上的决心。开展主题鲜明而又丰富多彩的实践活动,已经不仅仅局限于德育工作的层面,更是对学生进行专业培养、职业意识教育、增强学生综合素质必不可少的重要手段。学校要不断拓展社会实践活动的领域、加深社会实践活动的层次,从而为全面培养学生、实现学生的成才服务。

三 志愿服务

志愿服务就单纯的字面解读来说,就是泛指一切不取报酬地贡献时间、财物、劳力等,自愿地协助他人解决困难或服务社会。从影响世界的经验来说,志愿服务是影响社会发展的一股不可忽视的力量,而志愿者也是形成这股力量的重要人力资源。志愿服务正在成为一种社会变革的积极力量,它的形式、规模和影响也越来越大。随着志愿服务在社会生活中的影响,以及社会的进步和人们公民意识的提高,志愿服务必将是社会经济发展、政治稳定的重要力量。

(一) 实施目标

通过大学生志愿服务可以使得文化知识和科学技术得到广泛的传播和发展。随着社会生产力水平的提高和人类科学技术的发展，某些大学生志愿服务项目对志愿者的文化水平和科技素质提出了更高的要求，如北京奥运会中的后勤保障服务、医学卫生知识的推广、家用电器的日常保养及维修等。在参与大学生志愿服务的过程中，许多大学生志愿者意识到了自身的不足，转变了学习态度，从而有针对性地加强学习；确定成才方向，为自身的健康成长奠定了基础。在学校的课堂里，大学生学到了许多文化知识和科学技术，而在大学生志愿活动这一实践的舞台上大学生志愿者将学到的原本停留在理论层面的知识和科技付诸社会实践。

1. 继承和弘扬中华民族的传统美德

大学生志愿活动对于继承和弘扬中华民族的传统美德，提高社会主义和谐社会条件下的人们的思想道德水平具有十分重要的意义。从志愿者的角度来讲，大学生志愿服务是培养高尚道德情操、道德习惯的重要途径。在市场经济条件下，不能一味地追求金钱和利益，要把它与社会主义的基本特征相结合，坚持社会主义公有制，实现共同富裕。大学生志愿者们赶赴乡镇村落，为失学留守儿童传授知识；他们走进街道社区，让弱势群体感受到人间大爱；他们与问题青少年的心灵交流，为他们重拾了生活的信心，唤醒了他们的道德良知；他们致力于抢险救灾等突发事件，减少了人民群众的生命财产损失；他们为见义勇为的英雄们解决实际困难，使英雄们流血不至于再流泪。大学生志愿活动的出发点是对于人的尊重、理解和关心，给予社会生活中的弱势群体以人性的关怀和细致入微的服务，志愿活动致力于创设一种良好的道德环境，使人们能够有尊严地生存。在这种环境下，维护了弱势群体的人格尊严，排解了不健康的生活情绪，重塑了他们的精神道德风貌。大学生志愿活动向他人提供志愿服务的过程，如社区服务、在灾区抢险救援、在大型活动中发挥作用等，也是大学生志愿活动的对象在服务中感受大学生志愿服务精神，理解"奉献社会、团结友爱、互助、和谐"等理念的过程。大学生志愿活动是一个志愿者和志愿服务对象情感交流的过程；是一个志愿者和志愿服务对象情感升华的过程；是志愿者和服务对象都受到志愿精神的感染，从而使其得到不断的发展和深化的过程。大学生志愿者们用自己的志愿行动诠释了人间真情，弘扬人间正义，对于加强社会主义和谐社会下的公民思想道德建设意义重大。

2. 促进小康社会共创社会和谐

大学生志愿服务对大学生的吸引和凝聚功能，是调动大学生积极性的有效形式。大学生志愿服务以其独特的魅力，通过形式多样的志愿服务活动凝聚了不同高校、不同性别、不同年级的学生，以实际行动加强了社会主义精神文明，诠释了"服务他人、丰富自身、奉献社会"的理念。大学生志愿服务精神是志愿服务活动的"集结号"，能够使大学生们产生一致的价值取向和精神追求，争取和号召更广泛的大学生加入大学生志愿者的行列中来。同时，大学生志愿服务崇尚人本主义精神，强调量力而行，尊重大学生志愿者的个体认知。大学生志愿活动的精神是对中华民族优秀传统文化的继承和发展。中华民族优秀的传统文化作为一种先进文化，能够得到人们的广泛认同，而这种高于一般认同的理性认同，是使人们产生亲和力和向心力的重要力量。

3. 发挥凝聚的作用

大学生志愿服务必须坚持中国共产党的领导，因为中国共产党是我国的执政党，是我国社会主义建设事业的领导核心。党对国家实行政治领导、思想领导和组织领导；党不断地提高执政能力，健全和完善党的民主执政、科学执政和依法执政。大学生志愿活动的开展，有利于加强党的思想领导，坚持马克思主义思想的主体地位；体现党的民主执政、全心全意为人民服务的宗旨和政府坚持对人民负责的根本原则。充分发挥大学生志愿组织的凝聚作用，对于和谐社会中建立良好的党群和干群关系、增强社会成员的社会主义信心意义重大。

4. 丰富大学生的社会阅历

首先，大学生未来要走向社会、贡献社会，这就需要他们在校期间就接触社会，丰富自身的社会阅历，而在这一过程中，他们所要解决的就是理论与实践脱节、个人愿望与现实社会不符的问题。面对巨大的社会压力，大学生们会出现矛盾心理，一旦遇到挫折易失去奋斗的力量，而志愿服务这一平台则能够为大学生提供一个深入接触社会、增添社会阅历的平台，使大学生们能够清醒、客观地认识社会，从而科学地规划自己未来的职业生涯。其次，志愿服务开辟了大学生为社会贡献力量的新路径。在大学生参与志愿服务的过程中，大学生的社会责任感能够得到有效的培养。青年志愿服务是培养大学生完善人格、锻炼坚强意志的重要途径,通过志愿服务,大学生能够积极地参与到社会公益性事业当中,使他们能够在社会实践的过程中进一步认识社会、了解社会、了解民情、体察民意,使自身的社会责任感进一步加强。志愿服务也能够创造一定的社会经济效益。最后,志愿服务能够不断提升大学生自身的综合才能。大学生通过积极参与志愿服务活动,能够进一步提升自身的综合才能,使自身在校期间所学的理论知识得以在社会实践中验证。大学生可以在志愿服务的过程中磨炼意志、开阔眼界、增长才干,他们可以深入基层,扎根实际,广泛地参与社会调查,真正将在课堂上所汲取的理论转化为实际的社会生产力,同时还能够审视自身的不足,从而有针对性地加强自身的专业课学习。可以说志愿服务活动已经成了大学生实践反哺学习的强大动力。通过志愿服务,大学生在很大程度上弥补了课堂上以及书本上的不足,将所学的理论与实践结合,不仅培养了学生团结合作的团队意识、协助精神,也激发了学生积极向上的进取精神,还能使学生更加愿意走出校园、接触社会,感受理论与实践的差别,体会理想和现实的距离。这对于他们的人格塑造,以及培养务实的人生态度是有帮助的。可以锻炼自信、勇敢、乐观、善良的品质,改正在校园中的自卑、羞怯、冷漠、懒惰以及以自我为中心的缺点。大学生通过志愿服务体会到成功、体会到辛苦、体会到快乐。

(二) 实施内容

多层次的服务内容的选择有利于女大学生深入了解社会,理解不同服务领域的不同特点,在脚踏实地"接地气"中认识社会,避免主观化、片面化、平面化。志愿服务既要有服务北京等高校所在地建设发展,也要有缅怀历史、抒发爱国热情和面向弱势体的志愿服务网点,使女大学生在帮扶弱势群体,关心老、幼、弱、残、病的志愿服务过程中,表达人性关怀、澄清价值观、感受群体差异、加深对于社会和谐建设的重要性的认识,对实现中华民族伟大复兴的期盼,且能涉及女青年志愿者服务的领域和项目非常之广泛,譬如:农村扶贫开发、城市社区建设、环境保护、大型活动、抢险救灾、海外援助等领域都可以是志愿服务的阵地。

1. 体验基层生活

组织青年大学生积极参加"青年志愿者扶贫接力计划",组织动员青年志愿者为贫困地区提供每期半年至2年的基础教育、医疗卫生、农业科技推广等方面的服务。

2. 做好社区服务

组织青年大学生参与到"一助一"结对服务活动中，由一名青年志愿者或一支青年志愿者服务队为一个困难家庭提供经常性的志愿服务。组织动员大中学生利用周末和课余时间，就近就便深入社区，以志愿方式提供多项内容的专业服务，开展教育、科技、文化"三进巷"活动。动员号召广大青年及其他社会公众以助老、助残、维护治安、法律援助、促进青年就业等志愿服务方式参与社区建设。

3. 关注公益服务

组织青年大学生积极参与公益服务，积极参与到比如"保护母亲河"等青年志愿者绝色行动营计划，以"劳动、交流、学习"为主题，通过建设绿色行动基地，集中组织女青年志愿者在重点区域开展植树造林、沙漠治理、水污染整治、清除白色垃圾等环保服务。开展为进城务工的青年志愿服务，"保护明天"女青年志愿者文化市场监督活动，志愿者艺术团慰问志愿活动，女青年志愿者的"清除白色垃圾"行动，女青年志愿者的"阳光工程"，等等。

4. 参与社会服务

组织青年大学生积极参与如第四届世界妇女大会、第三届残疾人运动会、昆明世界园艺博览会、上海《财富》论坛年会、第21届世界大学生运动会等大型赛会的社会服务工作中，提供了优质的志愿服务。尤其是可以以西部志愿者招募计划为平台，招募优秀的高校毕业生到西部贫困县的乡镇从事为期1—2年的教育、卫生、农技、扶贫、基层法律以及青年中心建设和管理等方面的志愿服务工作，以及农村党员干部现代远程教育扩大试点工作暨农村中小学现代远程教育工程志愿服务行动、"百县千乡宣传文化工作"志愿服务行动、西部基层检察志愿服务行动、西部基层法律援助志愿服务行动等专项行动。

5. 海外志愿服务

如2002年5月，启动实施女青年志愿者海外服务计划，开展为期一年的汉语教学、计算机培训、英语教学、医疗卫生等志愿服务。

在志愿服务中，要针对不同专业、不同学科、不同特点的学生提出不一样的服务要求，制订不一样的的志愿服务计划、内容。我们必须要考虑到方方面面的需求，通过区分层次的办法，完善我们的志愿服务内容。主要应考虑到以下几个因素。

(1) 学科因素。文理科学生在专业学习上的差距会在一定程度上影响志愿服务的内容，即在志愿活动中，文理科学生所抱有的学习动机有显著差异，理科生更认同志愿服务的学习意义。进一步分析发现，相较于文科学生，理科学生认为志愿服务能够让学生学到更多的实践经验，并且对自己想要从事的工作有更多帮助。女校文科专业较多，学生更愿意去参与社会扶助、教书育人、文艺展演方面的志愿服务。

(2) 年级因素。二年级学生分数要明显高于三年级学生分数，即二年级学生较之三年级学生更关心不幸的人，并认为这种帮助他人的精神难能可贵，十分重要。这或可解释为从三年级开始，专业课程压力较大，学生忙于学业和未来发展，因而对参与志愿服务的积极性变弱。所以我们要更多发挥大一大二学生的力量，开展各种各样的志愿服务。

(3) 政治面貌因素。不同政治面貌的学生在自我增强维度和价值上体现出的差异性也较大，即党员、团员、群众对志愿服务工作的价值观取向和自我能力提升的看法差异显著。我们利用事后比较法进一步分析发现，群众对志愿服务价值取向和能力提升的关注度明显高于党员。研究者在访谈中发现，相比普通学生，党员学生在参与志愿服务工作方面，较少考虑对自身是否有提升和帮助，其动机多源于一种特殊的动机——作为党员的责任感、使命感与荣誉感。所以针对党员和群众的不同身份，要有针对性地开展不同内容、项目的志愿服务。

(4) 居住地因素。不同居住地的学生在社会交往上显示出的差异性也较大，即居住地为城市、农村、乡镇的学生在志愿服务的社会交往动机方面的看法显著不同。通过比较法分析看出，居住在城市和乡镇的学生比居住在农村的学生在志愿服务方面拥有更多的社会支持。城市较于农村，志愿服务的意识更强烈。所以我们要更加重视对农村生源地学生的志愿服务精神的提高和项目内容的设计。

(三) 实施途径

高校要结合学校特色、专业发展需要，发挥二级学院、系的积极性和主动性，设立专项资金、专款扶持，依托二级学院、系打造一批专业特色鲜明、富有生机、享有社会美誉的志愿服务品牌项目，培养一批优秀的志愿服务者，重视表彰、积极宣传，使志愿服务理念更加深入人心，志愿服务精神融入学生专业成长和发展。高校要进一步探索、建立和健全志愿者注册认证、项目登记、招募培训、骨干培养、评优表彰等制度，以使志愿服务后继有人、服务任务出色完成、服务质量不断提升；以保证社会实践长期地、稳定地开展，与实践基地形成双向共赢，学校社会美誉度不断提高，社会影响力不断加强。

1. 明确的组织目标

目标是组织存在的前提，任何组织都是为某一特定目标而存在的，组织目标反映了组织的性质和其存在的价值。组织目标具有层次性，组织要同时协调组织外的环境系统和组织内部系统。一般人们把组织目标归纳为三个基本层次：第一层是社会层次，即一定的组织满足社会需要的目标；第二层是组织层次，即一定的组织自身生存与发展必须承担的目标和策略；第三层是个人层次，即一定的组织成员个人的目标。对于高校志愿服务组织来说，同样有三个基本层次的目标：社会层次。高校志愿服务组织的活动包括扶贫助困、帮老扶幼、社区服务、环境保护、社会边缘人群的帮扶、大型赛会服务等，在政府、企业不能完全满足社会需求的情况下，起到第三方的辅助作用，满足部分社会需求，为中国社会更好地发展提供了支持。所以，高校志愿服务组织在社会层次的目标是为社会提供服务，让社会更美好。组织层次。高校志愿服务组织自身的目标是保障高校志愿服务活动能长期有效地开展下去。在个人层次，高校志愿服务组织的目标是帮助大学生成为具有社会责任感，身心健康，能积极适应社会，德智体美劳全面发展的社会主义接班人。不同的高校志愿服务组织可能在目标的具体设置上有差异，但是最主要的是通过高校志愿服务活动的持续有效进行，让社会更美好，让大学生得到全面发展自我的机会。

2. 科学的组织结构

组织结构是根据组织目标和规模确定的，包括纵向的管理层次和横向的管理部门，管理的层次和部门的设置是否科学直接影响管理的效率，影响组织成员的交往和积极性的发挥。一般而言，规模较小的志愿服务组织可以设置两个管理层次：一是领导层，归属于社团办公室或秘书处的会长、副会长等；二是管理层，实施分类管理的各部、处等。也可以按照职能进行分层，分为服务、协调、管理、统筹四个层次。管理部门可根据志愿服务组织的规模进行相应设置，比较常见的有办公室、宣传部、项目部、外联部、培训部、组织部等几个部门。高校各级志愿服务组织只有明确自己的目标，根据自身的规模设置合理的组织结构，才能很好地发挥组织的管理效能。

3. 规范的管理制度

高校志愿服务组织的管理制度包括外部管理制度（学校对高校志愿服务组织的管理制度）和志愿服务组织的内部制度。高校对志愿服务组织的管理制度应该包括这几方面的内容：一是志愿服务组织的创建与审批；二是志愿服务组织的章程和组织机构；三是志愿服务组织的变更和注销登记；四是活动的指导与监督；五是组织的硬件与档案建设；六是组织活动的考评与奖惩；七是组织活动的研究与交流。高校志愿者服务组织内部制度除了一般社团组织应该具有的制度以外，还应该有志愿者手册，里面注明志愿者应具备的基本条件、权利、义务、具体的工作职责、所要遵循的规章制度等。从而建立我国高校志愿服务组织管理长效机制。

4. 合理的人员配备

合理的人员配备是指根据各岗位所从事的活动要求以及组织员工的素质和技能特点，将适当的人员安置在组织机构的适当岗位上，使适当的工作由适当的人承担。高校志愿服务组织的人员自上而下，由外到内主要有：秘书长或指导教师、组织的管理者（主要是各级学生干部）、组织的协调者（主要是组织内的社员、干事）、广大的活动志愿者。高校志愿服务组织的秘书长或者指导教师要有奉献精神，要深刻理解志愿服务精神，要有相应的专业知识和管理能力，要有民主意识和合作精神；学生干部要有责任心、领导能力、管理能力、团队合作能力、创新意识。组织的协调者要熟悉志愿服务活动，具备一定的知识，沟通协调能力较好，团队合作较好，敢于服务。志愿者的招募应与志愿服务项目的需要相结合，除了具有志愿服务精神、责任心以外，还应具备相应的知识和技能。

5. 网络化的信息管理

高校可以建立专门的网站，建立高校志愿服务信息系统，网上进行志愿者注册，志愿服务登记。可以借鉴部分省市试行的志愿服务时间储蓄方法，志愿者可以在网上登记注册，及时了解志愿服务项目，对自己的志愿服务的内容和时间进行管理。管理者和志愿者管理联动，便于对志愿者的工作进行认定和评估。

四 就业实习

构建大四学生就业实习模式，主要是通过高校与企业进行合作，推荐大四学生在校期间前往用人单位实习6个月至1年，实习期间，接受学校导师和用人单位人事部门的双重指导,通过实习了解和熟悉该行业和工种的职业规范,积累工作经验,提升职业技能。就业实习有助于大四学生明确今后的职业发展方向,提升大四学生的就业竞争能力,是女大学生德育体系中不可缺少的环节。

(一) 实施目标

1. 促进大四学生思想走向成熟

大四学生面临着从校园到社会的转变,是大学生成长成才的转折期,是大学生思想政治教育最后的巩固强化阶段,通过实施大四学生就业见习模式,有利于高校毕业生更好地了解自我,增强对社会的适应性,促进她们思想走向成熟。所谓思想成熟,就是对社会、对人生有正确的认识和观念。每个人的思想都必须经历一个由不成熟到成熟,由不甚成熟到比较成熟的过程。在这个过程中,掌握科学的世界观和方法论原则,学习理论知识、加强自我修养固然十分重要,不可缺少,但还必须广泛接触社会,全面认识社会,也就是深入实际,亲自去体验和实践。

大四的就业实习不同于大学生在校期间的教学实习。在校期间的教学实习,既有个人的就业实习也有学校统一安排的实习,但前者是个人行为,大部分学生虽然想通过实习了解用人单位,但由于信息渠道不畅通,又是一种个人行为,往往很难找到满意的实习单位;学校安排的就业实习往往是学生培养方案中的一个环节,毕业生只有参加了学校统一安排的就业实习,才能完成培养方案,顺利毕业,但这种就业实习并没有充分考虑学生的个人实际情况,对于就业并没有太多的促进,甚至有很多学生所参与的就业实习并非毕业后就业的方向。

通过学校组织实施就业见习制度,在了解学生就业意向的基础上,联系用人单位,推荐学生到用人单位见习,有利于学生在见习的过程中提前了解就业情况,掌握就业信息,做好就业的思想准备。在见习期间,有利于促进女大学生进一步苦练内功,不断提高自己、完善自我,更好地规划自我的发展,并为自我的发展努力学习,争取各种机会提升和完善自我。

2. 培养大四学生的实践能力

在市场的影响下,以就业为核心的学生职业发展方向和职业岗位选择,越来越成为大学生所普遍关注的热点问题。在以往的培养方式和就业实习中,毕业生缺乏工作经验是制约毕业生就业、影响学校的就业工作的重要因素。实施大四学生就业实习模式,有利于培养大四学生的实践能力，促进大学生更好地实现就业。

实习作为毕业生大四学年的一项重要环节，是本科生在专业学习之外获得实践知识、增强劳动观念、培养事业心和责任感的重要途径，更是学生从学校走向社会的必经之路。就业见习模式不同于教学实习、勤工助学和社会实践形式的学生实践教育，就业见习制度有利于加强大学生对专业理论知识的理解，为其进一步的学习和深造提供实践经验和研究样本。大学生可以借助就业见习平台，一是提升自我的洞察能力，善于观察问题、发现问题，并收集各种信息，为顺利就业做好充足准备；二是提升运用知识分析和解决问题的能力，深入思考相关领域的学术理论问题。特别是研究型见习，大学生可以从中发现和培养对某个领域的学术兴趣，并利用见习实践开展相关主题的科研活动，为此后进一步的学术研究打下良好基础。

3. 提升大四学生的综合素质

就业实习以准就业的形式在大四学生的德育中出现，能更好地促进大四学生的就业，更重要的是，在就业实习的过程中，能更好地提升大四学生的综合素质，提高女大学生的培养质量。主要体现在以下几个方面：一是参加就业实习的学生在校学习期间便有机会接触社会，了解单位的一些情况，能更好地拓宽视野；二是参加就业实习让学生体验到了不同于校园的生活与处事方式，能促进他们用更加成熟的思维去面对人与事；三是实习的过程中，学生处理各种事务的过程中，会面临各种状况，更好地处理这些状况，能促进他们表达、交流、协调等各方面能力的提升；四是就业实习作为从校园到就业岗位的过渡，导师的指导与单位的指导相结合，有利于帮助大四学生克服就业过程中遇到的各种困难，提升大四学生的就业能力。总之，大四学生就业实习模式的实施，有利于提升大四学生的综合素质，有利于促进大四学生充分就业。

(二) 实施内容

就业实习是高校面向区域社会经济、行业发展和劳动力市场的需求，充分利用和发展产学研合作资源，大学生在校完成基础课、主要专业课所有专业培养方案的基础上，在第四学年或第八学期，在学校的统一协调下，建立以专业为单位的实习基地，通过企业和学生的双向选择方式，推荐大四学生参加实习，将学生的毕业设计或者论文与见习结合起来，将见习与就业结合起来，在完成毕业论文或者毕业设计后，毕业生即可以"准员工"的身份成为就业单位的正式员工。

1. 以专业知识为基础，完善双向选择机制

就业实习制度有利于实现社会实践和专业实习相结合，实现专业知识与就业技能的合理转化。在具体实施中，一是学校在设置金额调整专业、确定招生人数和培养目标时，要充分调研与分析，对劳动力市场需求变化和企业人才需求状态及岗位技能要求做充分的了解，以使专业培养能适应市场的需求；二是高校要及时调整专业培养方案，将实用性的专业技能培养融入培养方案中，为大学生毕业走向工作岗位便能适应工作，做好知识层面的准备；三是学校要及时将就业见习基地的岗位需求予以公布，以便大四学生能提前做好相应的准备，在进行就业见习时能顺利地选择好见习单位。

2. 以导师指导为主导，实现双重指导机制

大四学生就业实习制度以导师指导为机制，在就业见习期间，大四学生既要在导师的指导下，完成实习的所有工作任务，又要结合岗位的实际确定选题并完成毕业论文与毕业设计。就业见习制度的导师要指导学生在就业实习前做好各项准备工作，在就业实习的过程中，导师要加强与就业见习单位的联系，及时了解就业见习中学生存在的问题，通过走访、电话、电子邮件沟通等形式，及时对参加就业见习的学生进行思想教育与技术指导，并进行记录，与此同时，还应指导学生撰写实习报告，在专业知识的基础上，指导学生完成毕业论文与毕业设计。此外，实习基地的工作人员也是参加见习学生的指导员，主要负责指导学生尽快适应单位的工作要求，指导其开展工作。

3. 深化政校企合作，搭建人才培养平台

学校要积极寻求政府支持，积极探索各种模式，搭建政校企合作平台。一是探索合作培养人才模式，与各个用人单位建立联系，从专业的培养和综合素质的要求方面，按照企业的整体要求，进行培养，确保毕业生在就业见习之时便能尽快适应企业岗位需求。二是可以共建校外实训场所，将人才的培养场地延伸到企业，通过教学、教学实习、就业实习结合的方式，搭建人才培养平台。三是高校争取政府的扶持和帮助，促进参与就业见习的大四学生在毕业之际，能得到政策和法律上的保障，顺利实现就业见习与实际就业的转变。

（三）实施途径

1. 构建就业实习制度，加强宣传推广

就业实习主要是通过高校与企业进行合作，推荐大四学生在校期间前

往用人单位进行实习,在导师和用人单位人事部门的指导下,了解岗位需求、接触单位的工作事务,提升大四学生的就业竞争能力。大学生通过在用人机构不少于一个学期的实习实践,了解和熟悉该行业和工种的职业规范,积累工作经验,提升职业技能,有助于明确今后的职业发展方向,有利于完善大学生实践教育体系,促进大四学生更好地成长成才。大学生借助就业实习平台,一是可以提升自我的洞察能力,善于观察问题、发现问题,并收集各种信息,为顺利就业做好充足准备;二是有利于提升运用知识分析和解决问题的能力,深入思考相关领域的学术理论问题。因此,学校需要做好就业见习制度的宣传推广,促进学校、教师和学生在思想上充分重视就业实习,将就业见习当作教育教学中的重要环节,同时发动学校、社会的力量,加快就业见习基地的建设,推动用人单位的发展,吸引更多的大学生参与其中。

大四学生就业实习制度以导师指导为机制,在就业见习期间,大四学生既要在导师的指导下完成实习的所有工作任务,又要集合岗位的实际确定选题并完成毕业论文与毕业设计。此外,实习基地的工作人员也是参加见习学生的指导员,主要负责指导学生尽快适应单位的工作要求,指导其开展工作,在整个就业见习过程中,双重导师积极发挥作用,切实对学生的见习进行指导,并填写指导手册,形成指导意见。

学校相关部门需制定相应的制度,保障就业实习制度的执行。比如适当地进行教学计划和培养目标的修改,可将培养方案与就业见习挂钩,制定指导教师工作量的结算制度,肯定导师的劳动付出;制定见习行动的检查考核制度、激励制度和监督制度等。

2. 搭建就业实习平台,组织师生参与

学校要积极寻求政府支持,积极探索各种模式,搭建政校企合作平台。一是探索合作培养人才模式,与各个用人单位建立联系,从专业的培养和综合素质的要求方面,按照企业的整体要求进行培养,确保毕业生在就业实习之时便能尽快适应企业岗位需求。二是可以共建校外实训场所,将人才的培养场地延伸到企业,通过教学、实习、就业见习结合的方式,与用人单位建立人才供需合作关系,建立就业实习基地,签订大四学生就业实习协议并挂牌,搭建人才培养平台。三是高校要争取政府的扶持和帮助,促进参与就业实习的大四学生在毕业之际,能得到政策和法律上的保障,顺利实现就业实习与实际就业的转变。

就业实习的实施不同于教学实习,它的正常实施应建立在学生与用人单位双向选择的基础上,作为第三方的学校,只是作为桥梁和见证人,搭建用人单位和毕业生之间相互选择的平台,同时对于双方的合法权益进行见证,因此,学校应于每年6—7月举办就业实习双选会,邀请用人单位到学校,提供就业实习岗位,同时鼓励有就业实习意向的学生积极应聘,大胆地参加就业实习,提升就业的主动性。学校组织学生与见习基地签订就业实习协议,确保双方的合法权益。

3. 整合就业实习效果,及时反馈调整

学校要指定相关部门对就业实习进行跟踪,积极收集反馈意见,及时调整方案,一是要收集用人单位的意见,为人才培养方案的进一步完善提供参考性意见。二是导师要进行指导总结,从学校培养、学生素质提升以及专业建设的角度,提出建议。三是参加实习学生要上交总结,谈谈自己在见习中遇到的问题、得到的收获以及对其他就业见习学生的建议,等等。

就业实习基地是实习工作的重要载体,高校实施就业实习制度,要加强基地建设。一是对积极参与实习的单位提供见习服务,为其开展就业实习创造良好的工作条件。二是建立健全表彰激励制度,动员各种资源吸引和鼓励企业前来参加见习。三是积极参与实习单位的实习,配合实习单位为毕业生开展岗位培训和综合素质培训。

学校相关部门须制定相应的制度,保障就业实习制度的执行。比如学校要适时进行用人单位数据库的调整,及时与企业进行沟通,调整方案,使方案趋于合理;对于在就业实习中能履行见习协议的单位,要建立优秀实习基地,同时,本着对用人单位和学生负责的态度,要积极沟通,确保双方权益。

第七章

我国女子高校女大学生德育体系实施的保障体系

女子高校大学生德育体系实施的保障体系是为实现德育目标对大学生进行政治、思想、品德教育的保障系统，它具有强烈的针对性，充分体现出高校德育在大学生培养中的地位。德育体系实施的保障是一个完整的系统，包括政策保障体系、制度保障体系和评价保障体系。政策保障是要解决思想认识问题，充分确立高校女大学生分层德育在大学生培养中的方向性和协调性；制度保障是要保证高校女大学生分层德育保障体系主体性和适应性；评价保障是要保证高校女大学生分层德育系统顺利实施和取得成效。

第一节 我国女子高校女大学生德育体系实施的政策保障体系

要建立健全女子高校大学生德育体系，首先要从政策保障体系搞好顶层设计。顶层设计是指国家有关部委从全局和战略的高度，提高认识，统一思想，切实增强责任感、紧迫感和使命感，确立科学的德育新思路和德育政策保障体系建设。然后是学校层面搞好制度设计和执行。女子高等学校作为大学生德育体系实施的基层单位要有与大学生德育体系相适应的队伍建设、后勤保障和学生管理制度，确保德育体系的实施顺畅，同时还要有与之相适应的评价考核措施，确保顶层设计的目标实现。

一 国家层面的政策保障

对德育体系进行政策保障，形成由上而下的科学体系。思想宣传主管部门、教育主管部门、地方政府、高校，都是与德育工作相关的主体单位,必然要求他们提供有力的政策保障。

(一) 思想宣传主管部门的政策保障

中宣部要从德育体系的构建内容和形式上加大力度,做好顶层设计,努力营造高校学生德育构建的浓厚氛围。大力提倡和推进"以理想信念教育为核心,深入进行正确的世界观、人生观、价值观教育";"以爱国主义教育为重点,深入进行弘扬和培育民族精神教育";"以基本道德规范为基础,深入进行公民道德教育";"以大学生全面发展为目标,深入进行素质教育"。随着时代的变迁,高校德育的内容也在不断扩充,不仅包括政治素质与思想素质教育、道德修养教育、心理素质培育,还包括法纪素质教育、职业发展能力教育、历史传统教育、专业伦理道德教育等,构建学生全面发展的德育体系。《关于进一步加强和改进大学生思想政治教育的意见》中明确指明了 21 世纪大学生思想政治教育的根本任务:切实加强和改进新时期大学生思想政治教育。

党和政府高度重视高校德育工作,构建实施分层德育体系是对大学生进行全方位、多角度的思想政治教育工作,也是贯彻落实党和国家教育方针的基本要求。中共中央国务院《关于进一步加强和改进大学生思想政治教育的意见》中指出"坚持以马克思列宁主义、毛泽东思想、邓小平理论和'三个代表'重要思想为指导,深入贯彻党的十六大精神,全面落实党的教育方针,紧密结合全面建设小康社会的实际,以理想信念教育为核心,以爱国主义教育为重点,以思想道德建设为基础,以大学生全面发展为目标,解放思想、实事求是、与时俱进,坚持以人为本,贴近实际、贴近生活、贴近学生,努力提高思想政治教育的针对性、实效性和吸引力、感染力,培养德智体美全面发展的社会主义合格建设者和可靠接班人",文件强调"全社会都要关心大学生的健康成长,支持大学生思想政治教育工作。宣传、理论、新闻、文艺、出版等方面要坚持弘扬主旋律,为大学生思想政治教育营造良好的社会舆论氛围,为大学生提供丰富的精神食粮"。

(二) 教育主管部门的政策保障

教育部要对全国的大学生思想政治教育和思想道德建设进行统一规划和指导检查。要努力营造加强和改进大学生思想政治教育的良好社会环境。把努力营造大学生思想政治教育工作的良好社会环境作为推进社会主义精神文明建设,培育和践行社会主义核心价值观的重要任务,要求各级党委和政府充分认识加强和改进思想政治教育的重大意义，及时解决涉及大学生健康成长和切身利益的实际问题。号召全社会关心大学生的健康成长，支持大学生思想政治教育工作。与《关于进一步加强和改进大学生思想政治教育工作的若干意见》相配套，很好地解决初等教育与大学德育之间的衔接问题，坚持教育以人为本、全面协调可持续的科学发展观。教育部党组书记、部长袁贵仁在《全面加强学校德育体系建设》中明确指出："把社会主义核心价值体系融入教育全过程，是全面贯彻党的教育方针的必然要求，是培养中国特色社会主义事业合格建设者和可靠接班人的重要任务。"教育部应落实《关于进一步加强和改进大学生思想政治教育的意见》的战略部署，以教育行政部门的政策优势，做好高校大学生德育体系构建的顶层设计，把高校大学生德育体系的构建"法制化、经常化、规范化"，包括德育体系构建的目标、任务、学校与社会的责任、教师与管理人员的配备、第一二三课堂的衔接等德育体系构建的重大问题作出规定、部署及检查督导。使学校学生教育与管理工作形成第一课堂、第二课堂、第三课堂互为基础、相互促进、相互依存的德育格局。

（三）地方政府的政策保障

各省（自治区、直辖市）教育工委要建立由主要负责人主抓德育的责任制，建立健全考核评价和奖励制度，形成加强和改进大学生思想政治教育的长效体制和机制。各地教育行政部门要为高校德育活动提供条件，在人力、物力、财力上对大学生思想政治教育工作予以支持。大学生理想信念的树立，思想品质的培养，文明习惯的养成，美好心灵的塑造，需要社会方方面面的支持。各省市自治区教育部门要会同所在省区市高等学校在教育部和中宣部的指导下探索建立与大学生家庭和整个社会联系沟通的机制，大家都来关心大学生的成长，形成思想政治教育的合力。将现阶段大学生思想政治教育纳入省、自治区、直辖市的思想政治工作的系统工程。

各省（自治区、直辖市）教育工委的政策保障，还表现在要发挥地域优势，深入挖掘和开发本地区的爱国主义教育基地、博物场馆和文化场所，充分发挥本地资源优势，为本省（自治区、直辖市）德育工作的开展和德育工作提供舞台、机会和方便，因地制宜开展德育工作，发扬革命传统，牢记历史，为培育和践行社会主义核心价值观创新和完善体制机制。

二 学校层面的政策保障

高校要建立和完善党委统一领导、党政齐抓共管、专兼职队伍结合、全校紧密配合、学生自我教育的领导体制和工作机制。作为女子高等院校，要把培养合格、优秀的女性人才作为根本任务，把培养女大学生的德育工作放在第一位，应从全局和战略的高度，切实增强责任感、紧迫感和使命感，创新德育工作理念、确立科学的德育新思路是德育工作的思想保障。

女子高校的培养目标定位在培养德智体美全面发展，具有"四自"精神、公益意识，有较宽厚的理论基础和扎实的专业基础，熟悉相关专业工作的法律法规，具有从事具体专业工作的能力，能够在企业、政府及非营利组织从事专业相关工作的、知性高雅的应用型女性人才。女子高校应以女大学生全面发展为目标，深入进行分层德育，根据大一、大二、大三、大四年级学生成长不同阶段的不同需要，积极进行调查研究，构建有利于学生成长成才的分层德育体系，引导女大学生勤于学习、善于创造、甘于奉献，成为有理想、有道德、有文化、有纪律、知性高雅的女性人才。为了保证高校女大学生德育体系的构建的顺利实施和取得预期效果，必须从组织上、队伍建设和制度层面予以保障。

（一）组织保障

党委是大学生德育体系实施的领导核心，要强化组织领导，建立学校德育工作的新型领导体制和管理机制。

首先，学校党委是大学生德育工作的引路者和领导核心。要对全校的德育工作负总责，做到统一领导、全面部署。其次，校长要树立正确的办学指导思想和人才培养理念，对学生的全面发展负责，选贤任能，建设一支德才兼备的德育工作队伍。再次，学校的各个部门和教职员工都要面向学生，为育人服务，承担相应的责任，调动各方面的积极性，构建大德育工作机制，为大学生德育提供组织保障。

（二）队伍保障

构建大学生德育体系保障机制，队伍建设是重点。大学生德育工作必须通过思想政治教育工作者才能得到落实。作为学校实施德育体系的重要力量，他们是学生思想政治工作的组织者、实施者，是德育体系构建的重要人力资源保障。教育人的人首先要做到思想好、有干劲，才能实现德育工作目标。高校德育组织管理体系在整个高校德育体系中具有统帅功能；因此，建立一支政治坚定、业务精良、作风过硬的德育工作队伍，至关重要。

德育体系构建的队伍保障要从三个层面予以完善：一是学校领导决策层面。决策层领导是德育体系建设中的领导力量，高素质的领导班子是加强德育工作最有效的保障的最关键因素和前提条件；二是专职思想政治理论教师。他们是高校马克思主义理论和思想品德课的直接传播者，也是学生的灵魂导师，他们的一言一行对于学生的成长起着潜移默化的作用，是对大学生进行思想政治和品德教育的主渠道和主阵地，在培养大学生成为社会主义事业的建设者和接班人方面发挥着重要作用；三是学生工作队伍。包括学生工作部（处）、校团委、各院系党总支书记、辅导员、班主任等。他们是学校开展大学生德育工作的专业团队和骨干力量，他们自身的素质和能力直接影响学生的素质、行为和思想，是学生成长的引航者。

（三）制度保障

没有规矩，不成方圆。要加强大学生思想政治教育工作，必须制定和完善大学生思想政治教育工作的各项规章制度，用制度来保障思想政治教育工作的正常开展。因此，大学生思想政治教育工作要紧紧抓住制度建设这个具有根本性、全局性、稳定性的重要环节，建立健全与法律法规相协调、与高等教育全面发展相衔接、与大学生成长成才相适应的思想政治教育和管理的制度体系，不断健全、完善学生思想政治教育的各项规章制度，为做好大学生思想政治教育工作提供强有力的制度保证。一是明确在大学生思想政治教育工作中实行党政联合的领导体制和工作职责，注重形成党政工作合力，尤其在解决大学生焦点难点和共性突出等方面的问题要齐抓共管，对学生的成长过程进行全面系统的指导。二是学校和院（系）都要建立大学生思想政治教育工作领导小组，并明确各自的职责范围，做到分工合理、责任明确。三是制定和完善大学生思想政治教育工作的各项规章制度。四是进一步完善思想政治教育工作的目标管理制度和评价考核办法，以调动学校全体人员参与思想政治教育工作的积极性、主动性和创造性，努力形成教书、管理、服务岗位各负其责，全员抓学生思想政治教育工作的良好局面。总之，要更多地依靠制度、政策来保证思想政治教育工作常抓不懈、常抓常新，不断提高大学生思想政治教育工作科学化、规范化、制度化水平。

第二节 我国女子高校女大学生德育体系实施的制度保障体系

构建大学生德育体系的保障机制，制度保障是重点。构建德育管理体系是德育工作的制度保障。中共中央《关于进一步加强和改进学校德育工作的若干意见》明确指出，学校德育要有法制保障，学校德育的地位、任务和主要方针、原则要有权威性和稳定性。胡锦涛同志指出："思想政治教育要取得成效，不仅本身要加强力度、改进方法，还要充分发挥管理的作用，依照法律和规章制度加强和改进德育工作。要建立健全各种规章制度，严格照章办事，通过规范大学生的学习、生活和行为，促进他们自觉遵守各项规章制度和社会公德，逐渐养成良好的行为习惯。"建立保障制度，一是确保学校德育工作地位的需要；二是实现学校德育任务、创新学校德育模式的需要；三是学生成长的需要；四是学校德育工作队伍建设的需要。

一 加强德育工作队伍建设，为女大学生德育体系提供人才保障

大学生德育工作队伍的主体是学校党政干部和共青团干部、思想政治理论课和哲学社会科学课教师、党总支书记以及辅导员、班主任。这三支队伍担负着对大学生进行思想政治教育的主要职责，加强这三支队伍的建设，将为大学生德育体系提供人力保障。一是思想政治理论课教师在大学生思想政治教育中的角色定位和职责要明确。思想政治理论课教师要充分发挥其在课堂教育中的主渠道作用，真正承担起"思想理论教育、思想品德教育和人文素质教育"的责任。二是学生工作队伍在大学生思想政治教育中的角色定位和职责要明确。学生工作部（处）的相关功能要加强，要切实发挥其在德育体系构建中的职能作用。三是辅导员在大学生思想政治教育中的角色定位和职能要明确。不能把辅导员当作一般管理员使用，要保证他们有足够的时间和充沛的精力，履行高校学生辅导员工作职责，有针对性地研究学生实际问题，帮助学生解决实际困难。总之，要努力构建一支专职思想政治教育工作队伍，切实解决完善这支队伍的思想进步和职业发展。要建立、完善这支队伍的激励保障机制，鼓励、支持这支

队伍潜心为学生成长努力工作、创新工作，成为大学生德育方面的专家里手，从而为大学生思想政治教育工作提供长期有效的队伍保障。

二 健全教学管理制度，构建女大学生德育体系教学运行保障

作为女子高校，为了实现人才培养目标，中华女子学院确定了"高素质、宽基础、重实践、多样化"的人才培养思路，同时改革人才培养模式，重新构建课程体系，修订了新一轮的学生培养方案，形成了第一二三课堂相互衔接、相互作用、相互补充的德育体系构想，强化了实践育人环节。因此，必须加强教师教学能力建设，提高学生工作队伍管理创新能力，提升辅导员"辅导、引领"能力，建立"招生—培养—就业"联动机制，构建德育工作质量保障体系。

（一）构建通识教育课程体系

学校以培育人文精神、科学精神和"四自"精神，倡导先进性别文化为目标，整合现有公共基础课程和通识课程，构建结构合理、基础性强、文理交融的通识教育课程体系，设置共同基础课程和博雅课程。所设置的共同基础课程包括"公民基本教育"（思想政治理论教育、公民教育、国防教育、性别教育、心理教育、体育教育）和"基础知识能力教育"，如"大学英语""计算机基础""写作基础""女子礼仪与修养""大学生心理基础"等课程。

要打破学科专业界限，为学生提供多元化的认知视野和人文体验，启发和引导学生对不同学科、不同文化和不同思维模式应有的兴趣和尊重，增进学生对自身、社会、自然及其相互关系的了解，感悟自我存在和生命的意义，尊重不同文化与文明的价值，培育学生的人文情怀、生存智慧，从提升学生综合素养目标出发，设置"文学与艺术""历史与文化""社会与哲学""科技与自然""性别与发展"五大类博雅课程。把第二课堂纳入通识教育课程体系中，发挥第二课堂在人才培养中的作用。

（二）改革共同基础课程

为了发挥公民基本教育和基础知识能力教育的作用，学校着力推进共同基础课程改革。以提高学生的思想道德与理论素质为目标，改革思想政治理论课程，强化理论与实践的结合，把思想政治理论课程建设成为学生真心喜爱、终身受益的精品课程；从提高学生国防意识出发，加强国防教育；进一步加强性别教育，帮助学生了解自身的性别特点，树立平等的价

值观念，培养独立自主的人格，提高社会适应能力；加强心理健康教育，培养学生良好的心理品质和自尊、自爱、自律、自强的优良品格以及积极的心态和面对各种问题的能力；从培养学生兴趣、增强学生体质出发，改革体育教学。开展多种形式的强身健体活动，通过合理的体育和科学的体育锻炼，增进学生身心健康，培养学生体育运动能力和习惯，培养学生的勇敢、顽强、进取精神。

加强基础知识能力教育课程的建设，使思想政治理论入课堂、入脑、入心。突出课程的基础性和服务性，针对不同专业、不同学习能力的学生实施分类分级教学。加大写作课程的学时学分比例，全面提高学生的书面表达能力；改革英语教学模式，突出培养学生英语综合应用能力，特别是学生听说能力；从培养学生信息素养，服务专业教学需要出发，改革计算机类课程教学内容和教学方法。

（三）构建应用型专业课程体系

学校根据不同类型人才的知识、能力、素质要求，实行分类指导，对培养学术型人才为主的专业和培养应用型人才为主的专业提出了不同的课程体系构建要求。要求以培养应用型人才为主的专业要关注学生知识的掌握和实践能力的养成，注重培养学生对理论的理解能力和运用能力。打破现有的课程体系，根据行业或岗位群对技能的要求构建课程，完善实践性教学体系。以培养学术型人才为主的专业要关注学生的知识素养，注重培养学生对理论的思维能力和理解能力，要根据学科专业的知识逻辑体系构建课程，所设置学科专业基础课程要深厚。要求各专业要根据社会需求和学生个性发展需要设置方向性课程，提供给学生多样化的选择，满足学生不同的需要。

三 创新学生管理机制，促进女大学生德育体系构建并发挥作用

创新学生管理机制，一方面强化学校德育工作机制保障，建立全员分层德育格局。女子高校分层德育体系要结合学校实际情况形成自己的工作机制，这也在整个高校德育体系中具有统率功能，目前主要的德育模式是由学校（院）党委领导主管，由组织部、宣传部、学工部、各二级学院党总支和团委为二级管理部门，由学生党支部、各二级学院团总支、各班团支部为基层管理部门。在这一模式中，由学校党委统一领导为核心，学生工作委员会宏观指导，学生工作部（处）、宣传部具体实施，通过年级

工作组、院系学生工作组（专职辅导员、班主任）落实到学生，形成专兼职队伍结合、全校紧密配合、学生自我教育的全员分层德育格局；创新学生管理机制，充分发挥学生会和学生社团的优势，建立和完善学生自我管理保障体系。高校德育体系中，教育者对学生只是启发引导，促进学生自身德育素质的提高，只有发展受教育者的自我教育能力才是可持续发展的德育模式。要充分发挥学生"自我教育、自我管理、自我服务"的优势，注重培养团学联及班级学生骨干队伍，通过他们的工作实际行动，教育、带动更多的学生前进。同时注意选树各方面的先进典型，以身边的榜样教育学生，并积极引导学生创先争优，营造良好的班风、校风，良好的文化环境氛围会形成一种无形的巨大的教育力量，使每一个生活在其中的人受到教育。此外，还可以利用朋辈辅导模式及高年级学生引导、带动低年级学生模式，形成学生自我教育的良性互动，让学生在参与体验中发现问题、思考问题、解决问题，实现自我成长。

（一）优化改革第一课堂，发挥育人主渠道功能

第一课堂是构建大学生德育保障体系的首要途径。它包括思想政治理论课教学、专业课渗透和人文选修课等。思想政治理论课，是对大学生进行思想政治和品德教育的主渠道，在培养大学生成为社会主义事业的建设者和接班人方面发挥着重要作用。

（二）不断丰富第二课堂，为学生提供更多成长舞台

第二课堂是构建大学生德育保障体系的基本途径。通过丰富多彩的活动对大学生进行道德教育，帮助他们形成良好思想品德，是保障德育工作实效最广泛、最基本的途径之一。第二课堂即根据大学生的不同兴趣和个性特点，组织丰富多彩的课外活动，既可促进学生德、智、体、美全面发展，又可和第一课堂互相配合、互相补充，是道德教育途径中不可缺少的一个重要组成部分。第二课堂，为学生提供更多成长的舞台，对于丰富大学生的精神生活，拓展和扩大他们的知识视野，对培养大学生的动手能力、实践能力、组织能力、管理能力和创造能力等有着十分重要的作用。

（三）补充完善第三课堂，为学生提供更多实践机会

第三课堂是第一、第二课堂的拓展和延伸，以参与实践运营为主的实战体验，与社会实践相融合，并与第一、第二课堂紧密相联、环环相扣，共同组成立体式德育体系。分层德育体系中针对不同年级学生特点，拓展、完善第三课堂，充分利用各种校外资源，让学生在体验、参与中不断

成长。在女子高校大学四年的德育工作中加强第三课堂的建设，对推动女大学生了解社会、认识社会提供平台，为培养更符合社会需要的女大学生人才提供路径，真正实现全员育人、全过程育人、全方位育人，构建科学的女子高校德育工作体系。

（四）保障经费投入，为大学生德育体系提供物质支持

大学生德育保障体系是高校德育工作的重要组成部分，教育行政部门和高校要保证经费投入，改善物质条件，德育工作部门要确立科目，列入预算。德育经费列入年度预算，其资金来源为政府拨给的事业费和收缴的学生培养费。学校还应从预算外"学校基金"中划拨一定比例，弥补德育经费的不足。同时，学校还应把构建德育体系和开展活动的硬件设施和活动场所，纳入总体建设规划，并从基本建设费和设备费中给予充分的保证。同时要注意研究加强利用多媒体技术改进德育保障体系的形式和方法，充分开发互联网资源，利用互联网技术，建立德育保障体系的基地，建立德育的网络保障，不断提高大学生德育保障体系建设的现代化水平。德育经费是实现德育目标不可缺少的物质保障。还应不断建设和完善、拓展德育实践基地。

第三节　我国女子高校女大学生德育体系实施的评价保障体系

大学生德育是一项系统工程，高校应结合自身实际情况制定一系列行之有效、科学规范、操作性较强的规章制度，把德育目标要求分解落实到各级管理工作中，加强德育的过程管理，解决教育与管理脱节、措施不落实、职责不清晰、制度不配套、奖罚不分明等问题。大学生德育评价就是对大学生德育工作进行全面检测，对大学生的思想品德作出科学的价值判断，客观地衡量高校德育工作的实效。切实建立分层实施，分级管理，职责分明，配套联动，奖罚兑现的德育管理体系。构建完善有效的评估机制，加强在党委的直接领导下，根据分层德育体系的实际要求，运用一定的方法对其实际效果进行价值判断，收集有关工作质量方面的信息，科学分析其效果，对存在的问题及时纠正与调控。要建立健全与法律法规相协调、与高等教育全面发展相衔接、与大学生成长成才需要相适应的思想政

治教育和管理的制度体系。要加大对学生思想政治教育工作的经费投入，教育行政部门和学校要合理确定思想政治教育工作方面的经费投入科目，列入预算，确保各项工作顺利开展。学校要为开展大学生思想政治教育工作提供必要的场所与设备，不断改善条件，优化手段。要把德育工作作为对高等学校办学质量和水平评估考核的重要指标，纳入高等学校党的建设和教育教学评估体系。

一 建立科学的高校女大学生德育评价体系

《中共中央关于进一步加强和改进学校德育工作的若干意见》中规定：要建立德育工作的评价制度，并把德育工作作为评价一个地区、一所学校的教育教学工作的重要内容。高校德育工作领导层应针对大学生思想政治教育的规律和特点设计可操作的观测点、预期目标、过程监督、结果评价等环节，形成规范、科学、合理的集体和个人评价指标体系，建立科学的高校大学生德育评价体系。同时，应树立质量管理意识，建立思想政治教育过程监控制度，监控思想政治教育质量。主要包括对受教育者的评估、对德育工作者的评估、对德育工作领导小组的评估、对分层德育实施过程的评估等。

因此，要切实推进教师评价体系的构建。一个人只有对自己的思想和行为有一个正确的认识，才能进行自我教育，不断完善、提高自己。教师在日常工作中，与学生、家长、社会以及整个教师群体都有着广泛密切的联系和接触。在教师自我评价的基础上，通过互评，使主客体双方意见得以沟通，逐步形成一致的价值取向。评价的过程就是教师思考判断、学习提高的过程，通过这一过程让教师学会自省，学会自我调节，学会自信。而客观评价过程又是教师深化认识、学会理解、学会认同、学会修正、学会恰当评价的学习过程、提高过程。教师评价的根本目的在于确立衡量一个教师的标准，充分发挥教育评价的导向、激励、改进的功能。通过评价过程的反馈、调控的作用，促进每个教师不断总结、改进自己的工作，调动广大教师的工作积极性和创造性。

（一）科学构建中层干部述职评价体系

建立科学规范的学校中层干部管理、培养和评价制度，通过评价制度，使中层干部政治上靠得住、工作上有本事、作风上过得硬。根据《党政领导干部选拔任用工作条例》，每年对中层干部履行岗位职责情况、业务水平、组织管理和指导教育教学能力以及在学生德育体系构建方面的履职能力。中层干部的年度考核分为上、下两个学期，两个学期为一个考核年度，进行一次年度考核，考核结果记入考核档案。每名被考核者要向全体教职员工述职，根据述职情况组织教职员工对其进行民主测评。凡民主测评不称职率超过20%的，经学校党组织考核确有问题的中层干部，校长可以在考核的基础上给予告诫，三年任期内告诫二次以上的，不得继续聘任。

（二）定期实施学生评课评教活动

《公民道德建设实施纲要》第20条指出："学校是进行系统道德教育的重要阵地。各级各类学校必须认真贯彻党的教育方针，全面推进素质教育，把教书与育人紧密结合起来。要科学规划不同年龄学生及各学习阶段道德教育的具体内容，坚持贯彻学生日常行为规范，加强校纪校风建设。要发挥教师为人师表的作用，把道德教育渗透到学校教育的各个环节。"《中华人民共和国教育法》第42条明确规定：受教育者享有"在学业成绩和品行上获得公正评价"的权利。为提高教学质量，不断深化课堂教学，真正落实以学生为本，高校应建立和完善教师教学质量评价系统，具备强大而高效的教学效果评价工具就成为保证和监督教学质量的关键条件之一。教务处每学期应组织学生对所学课程及教师进行网上评教，对教学质量进行评价及分析，提供师生对教学效果的评分，快速集中收集各方面的评教信息，为教务教师提供相关决策支持。这对提高教学质量起着关键的作用。

（三）建立和完善高校辅导员队伍的评价制度

高校辅导员是德育体系实施的关键要素，为保障高校大学生德育体系实施，进一步加强学生思想政治教育工作，规范学生日常教育管理，促进学生全面成长成才，高校应建立和完善高校辅导员队伍的考核评价机制，全面推进辅导员队伍建设，不断完善体制机制，强化队伍管理，创新工作内容，逐步建立起一支思想作风过硬、业务能力突出的辅导员队伍。科学的评价机制应该从不同的维度出发，是一种最规范、最有力、最持久、最无声的规制和导向。高校辅导员队伍的评价机制应坚持定性与定量相结合，力求科学、公正，每学年进行一次，在个人评价基础上，结合学生测评、院系测评、职能部门测评，考核结果分为优秀、合格、不合格三个等级。考核结果作为辅导员职务聘任、晋级、奖惩、补贴发放等的重要依据，考核不合格的专兼职辅导员应不再聘为辅导员。

二 建立有效的高校女大学生德育反馈体系

高校大学生思想政治教育应具有前瞻意识，要保证信息渠道畅通，及时了解、分析和研究学生思想政治教育新情况和新问题，增强思想政治教育的主动性，建立有效的高校大学生德育反馈体系。同时，通过反馈，及时发现学生思想和生活中存在的问题，及早化解和处理矛盾，避免事态扩大和矛盾激化。

（一）委托第三方专业咨询机构，作好统计分析

高校的根本任务是培养人才，而如何提高人才培养质量是高校面临的重要而紧迫的课题。已经走上工作岗位的毕业生和用人单位对高校的人才培养质量应该最具有发言权，他们的意见和建议对高校提升育人理念、完善育人方式、提高人才培养质量具有重要价值。

高校委托第三方评估机构对离开高校3—5年的毕业生，根据对大学毕业生求职、择业、就业工作情况进行调研，了解毕业生和用人单位对高校在人才培养方面和德育体系构建方面的反馈意见。通过调研，加强对大学生思想政治教育和综合素质培养方面的建议和要求，从而既是了解学生对自身成长、成才的感受，也是用人单位和社会对德育体系构建的要求。根据对调查结果的分析和反馈，使高校不断提升教育理念、采取切实有效的措施加强大学生思想政治素质和综合素质的培养。

（二）定期收集校友意见，反馈信息改进德育工作

高校要将收集和整理学校信息作为改进德育体系构建工作的重要工作和途径。校友工作要有计划、总结及相关制度，对处理校友来往信函要负责，建立、更新完善校友基本信息库，并妥善合理使用。特别是要建立和完善国内外的校友联系网络，组织形式多样的校友活动，走访京内外校友，加强校友之间、校友与学校的沟通和联系。收集和反馈校友对母校建设与发展的意见建议，争取校友对学校德育体系构建与发展的意见和更多支持。

附录 I

女子高校大学生一至四年级分层德育模式研究与实践调查问卷

女子高校大学生分层德育模式研究与实践调查问卷
（一年级）

亲爱的同学，你好！

　　这是一份关于女子高校女大学生综合情况的调查问卷，我们想了解同学们思想、学习、生活和发展方面的一些情况，以便改进我们的教育教学工作。调查采用无记名方式，收集的资料仅供研究之用。所有问题没有对错，请大家根据自己的判断认真填写答案，谢谢你的合作！

　　问卷填写说明：请直接在你认为合适的选项编号上打"√"；如无备选答案，请在"_____"上填写；无特别说明的为单选题。

女子高校大学生分层德育模式研究与实践课题组
2012 年 5 月

第一部分　基本情况

1. 女校是你的第一志愿吗？
（1）是　（2）否
选择女校，是你自己作的决定吗？
（1）是　（2）否

2. 你选择女校的主要原因是？（可多选）
（1）女校的人才培养目标　（2）女校的独特氛围　（3）地域优势
（4）专业的吸引力　（5）学校知名度
（6）其他_____（请填答）

3. 你来自哪里？

（1）省会或直辖市　（2）地级市或县级市　（3）乡镇或农村

4. 你是独生子女吗？

（1）是　（2）否

5. 你的民族是？

（1）汉族　（2）少数民族_____（请填答）

6. 你的政治面貌是？

（1）中共党员（正式/预备）　（2）入党积极分子

（3）共青团员　（4）群众

7. 你父母的文化程度：父亲_____；母亲_____

（1）不识字或识字很少　（2）小学（3）初中（4）高中

（5）中等职业教育学校　（6）大专　（7）本科　（8）研究生

8. 你的家庭人均月收入约是：

（1）500元以下　（2）501—1000元　（3）1001—1500元

（4）1501—2000元　（5）2001—5000元　（6）5001—10000元

（7）10000元以上

第二部分　思想

1. 你愿意加入中国共产党吗？

（1）愿意　（2）不愿意　（3）没想好

假如愿意，你入党主要的动机是什么？（限选二项）

（1）追求理想信念　（2）寻求政治荣誉　（3）谋求事业发展

（4）增强就业竞争力　（5）其他_____（请填答）

2. 你认为人生价值主要体现在以下哪个方面？（限选二项）

（1）对社会贡献大小　（2）职务的高低和权力的大小

（3）经济收入高低　（4）生活舒适安逸

（5）其他_____（请填答）

3. 你参加社会公益活动的目的是？（限选三项）

（1）服务社会，帮助他人　（2）获得赞扬　（3）满足自我，提高精神境界　（4）应付学校作业　（5）获得更多求职机会

（6）其他_____（请填答）

4. 当你遇到老人摔倒时，你会怎么做？

（1）视而不见　（2）若有旁证，才主动上前搀扶　（3）即使没有

旁证，同样会上前搀扶 （4）通过拨打110、120等其他方式间接帮助

5. 当无人监考时，你会作弊吗？
（1）会 （2）不会 （3）说不准

6. 你认为应该怎样表达自己的孝心？（限选两项）
（1）以良好的学习成绩回报父母 （2）经常和父母谈心交流
（3）勤工俭学，减少父母经济负担 （4）有事自己承当不让父母操心
（5）练好本领，将来找一份好工作回报父母

7. 你期望的家庭生活模式是？
（1）男主外、女主内 （2）女主外、男主内 （3）男女平等
（4）全职太太

8. 你选择恋爱对象时，主要考虑的条件是：（限选三项）
（1）人品 （2）学识 （3）经济 （4）性格 （5）外貌
（6）家庭

9. 女校"四自"精神的培养，使你有什么样的收获？（限选三项）
（1）独立性增强 （2）提高自信心 （3）增强社会责任感和使命感 （4）有利于女大学生就业 （5）促进女大学生成才 （6）其他_____（请填答）

10. 你经常和同学讨论什么样的热门话题？（限选三项）
（1）国际话题 （2）民主与政治 （3）经济发展 （4）学习就业 （5）同学关系 （6）恋爱问题 （7）娱乐生活 （8）其他_____（请填答）

第三部分　学习

1. 课堂教学中你最关注老师哪个方面？（限选三项）
（1）教学水平 （2）人格魅力 （3）敬业精神 （4）学术水平
（5）创新精神 （6）育人意识 （7）其他_____（请填答）

2. 你喜欢哪类讲座？（限选三项）
（1）人文、社科学术报告 （2）形势报告 （3）科学技术发展动态 （4）英雄模范人物事迹报告 （5）时事热点分析 （6）心理健康 （7）青春励志 （8）流行时尚 （9）人生规划 （10）其他_____（请填答）

3. 你参加过几次科技竞赛活动？_____（请填答）

参加科技竞赛活动对你的成长有哪些帮助？（限选三项）
（1）专业知识运用　（2）培养团队合作精神　（3）提升科研能力
（4）掌握初步科研方法　（5）提高沟通能力和协调组织能力
（6）增强自信心　（7）拓宽视野　（8）其他_____（请填答）

4. 你参加过几次学校组织的社会实践活动？_____（请填答）
参加社会实践活动对你的成长有哪些帮助？（可多选）
（1）了解社会　（2）锻炼自身能力　（3）拓宽视野　（4）促进专业学习　（5）其他_____（请填答）

5. 你在学习方面有哪些困难？（可多选）
（1）不能很好地与老师沟通　（2）学习方法不当　（3）对专业不感兴趣　（4）对自己没有信心　（5）其他_____（请填答）

6. 你对自己的学习状况满意吗？（　　）
（1）非常满意　（2）比较满意　（3）一般　（4）不太满意
（5）非常不满意
如果选择（3）（4）（5），请问最主要的原因是（　）（单选）
（1）教师教学水平不高（2）教学条件差　（3）对所学专业不感兴趣　（4）担忧本专业的就业前景　（5）缺乏实践机会　（6）自律能力较弱　（7）学习方法不当　（8）其他_____（请填答）

7. 你对学校新生入学教育的效果满意吗？
（1）满意　（2）不满意
你对入学教育方式有什么建议？（可多选）
（1）充实内容（2）改进形式　（3）增加时间　（4）参观
（5）观看录像片　（6）安排学姐交流项目
（7）其他_____（请填答）

8. 你所在的学校是否开设学科或者专业类的入门指导课程？
（1）是　（2）否
如果开设，对你了解所学的学科专业有帮助吗？
（1）有　（2）没有

9. 军训对你的成长有哪些帮助？（限选三项）
（1）增强组织纪律性　（2）强健体魄　（3）培养团队合作精神
（4）树立国防观念　（5）坚定爱国主义信念　（6）磨炼坚强意志

（7）其他_____（请填答）

10. 你所在的学校是否开设礼仪类课程？

（1）是　（2）否

如果开设，对你的帮助是？（可多选）

（1）了解礼仪基本规范及要求　（2）提升自身修养　（3）树立自身形象　（4）学会与人交往与沟通　（5）提升自信　（6）其他_____（请填答）

第四部分　生活

1. 你课余时间的主要安排是？（限选三项）

（1）学习　（2）参加社团活动　（3）志愿服务　（4）社会实践　（5）勤工助学　（6）休息娱乐　（7）其他_____（请填答）

2. 你每天上网的时间平均是？

（1）1小时以下　（2）1—3小时　（3）3—5小时　（4）5—8小时　（5）8—10小时　（6）更多　（7）从不上网

你上网的主要目的是？（请根据以下选项填入序号）

（1）查找学习资料　（2）阅读新闻　（3）聊天、交友　（4）玩游戏　（5）收发电子邮件　（6）音乐，娱乐　（7）其他_____（请填答）

3. 你喜欢什么样的课外活动？（限选三项）

（1）各种主题教育活动　（2）社团活动　（3）讲座或报告会

（4）文艺体育竞赛活动　（5）辩论赛等文化类竞赛活动　（6）社会实践活动　（7）志愿服务活动　（8）其他_____（请填答）

4. 你喜欢参加什么类型的学生社团？_____哪类社团对你的成长帮助最大？（限选三项）

（1）理论研究类　（2）公益服务类　（3）社会实践类

（4）文体类　（5）兴趣爱好类

5. 你与同学的关系如何？_____如果不好，原因是_____（请填答）

（1）非常好　（2）比较好　（3）一般　（4）不太好

（5）很不好

6. 你对宿舍生活满意吗？_____不满意的原因是_____

（请填答）

（1）满意　　（2）不满意

7. 当你遇到问题时，你最想与谁交流？（限选三项）

（1）任课老师　　（2）辅导员（3）班主任　　（4）学生干部　　（5）家人（6）朋友　　（7）同学　　（8）室友（9）网友　　（10）心理咨询教师　　（11）院系领导　　（12）其他_____（请填答）

8. 你经常与辅导员沟通吗？

（1）是　　（2）否

你会和辅导员沟通什么样的问题？_____（请填答）

9. 你经常与班主任沟通吗？

（1）是　　（2）否

你会和班主任沟通什么样的问题？_____（请填答）

第五部分　发展

1. 你了解自己的专业发展前景吗？

（1）非常了解　　（2）比较了解　　（3）一般了解　　（4）不太了解　　（5）很不了解

2. 你对自己的职业生涯发展有规划吗？

（1）有明确规划　　（2）有粗略的规划　　（3）正在规划　　（4）没有规划

3. 你认为未来工作中最重要的能力是？（限选三项）

（1）团队协作与沟通能力　　（2）专业知识能力　　（3）综合性知识及素养　　（4）创新思维和创造能力　　（5）社会责任心和使命感　　（6）不知道

4. 你选择工作时主要考虑的因素是？（限选三项）

（1）社会声誉　　（2）薪酬与福利　　（3）发展机会　　（4）专业对口　　（5）兴趣　　（6）挑战性　　（7）稳定性　　（8）地域　　（9）工作环境　　（10）其他_____（请填答）

5. 你了解目前国家关于大学生择业、就业、创业的政策吗？

（1）非常了解　　（2）比较了解　　（3）一般了解　　（4）不太了解　　（5）不了解

6. 面对当前的就业形势，你有什么打算？（可多选）

（1）参加各种职业培训，拿到多项资格证书
（2）关注社会就业市场动态，随时调整自己的就业策略
（3）进一步提升学历层次，增强就业竞争力
（4）没有特别的准备，但相信"车到山前必有路"
（5）多方寻求实习机会，增强求职的自信
（6）自主创业
（7）去基层就业

第六部分 综合

1. 你对学校以下工作的评价是？

项目	满意	比较满意	不满意	很不满意	不清楚
（1）所学专业					
（2）课堂教学					
（3）教学					
（4）教师师德					
（5）学习风气					
（6）思想政治教育课					
（7）体育课					
（8）家庭经济困难学生资助					
（9）心理健康教育					
（10）社团活动					
（11）社会实践活动					
（12）就业指导					
（13）后勤保障服务					
（14）大学学习生活					
（15）校园环境					

2. 你目前最大的压力来自？（单选）
（1）学业压力 （2）经济压力 （3）人际关系 （4）情感问题
（5）就业和发展压力 （6）其他_____（请填答）

3. 你觉得学校最应加强对学生哪方面的培养？（可多选）
（1）思想道德素质 （2）社会责任感 （3）专业能力 （4）实践能力 （5）心理调适能力 （6）创新创业能力 （7）人际交

往能力　（8）组织领导能力　　（9）团队协作能力　　（10）国际视野　（11）科研能力　　（12）其他_____（请填答）

4. 你认为你所在学校的特色是什么？

5. 如果你是女校的校长，你会如何办好自己的学校？

问卷到此结束，谢谢你的支持与合作！

女子高校大学生分层德育模式研究与实践调查问卷
（二年级）

亲爱的同学，你好！

  这是一份关于女子高校女大学生综合情况的调查问卷，我们想了解同学们思想、学习、生活和发展方面的一些情况，以便改进我们的教育教学工作。调查采用无记名方式，收集的资料仅供研究之用。所有问题没有对错，请大家根据自己的判断认真填写答案，谢谢你的合作！

  问卷填写说明：请直接在你认为合适的选项编号上打"√"；如无备选答案，请在"＿＿＿＿"上填写；无特别说明的为单选题。

女子高校大学生分层德育模式研究与实践课题组
2012 年 5 月

第一部分 基本情况

1. 女校是你的第一志愿吗？
（1）是 （2）否
选择女校，是你自己作的决定吗？
（1）是 （2）否
2. 你选择女校的主要原因是？（可多选）
（1）女校的人才培养目标 （2）女校的独特氛围 （3）地域优势 （4）专业的吸引力 （5）学校知名度 （6）其他＿＿＿＿＿＿（请填答）
3. 你来自哪里？
（1）省会或直辖市 （2）地级市或县级市 （3）乡镇或农村
4. 你是独生子女吗？
（1）是 （2）否
5. 你的民族是？
（1）汉族 （2）少数民族＿＿＿＿＿＿（请填答）
6. 你的政治面貌是？

（1）中共党员（正式/预备） （2）入党积极分子 （3）共青团员 （4）群众

7. 你父母的文化程度：父亲_____；母亲_____

（1）不识字或识字很少 （2）小学 （3）初中 （4）高中 （5）中等职业教育学校 （6）大专 （7）本科 （8）研究生

8. 你的家庭人均月收入约是：

（1）500元以下 （2）501—1000元 （3）1001—1500元 （4）1501—2000元 （5）2001—5000元 （6）5001—10000元 （7）10000元以上

第二部分　思想

1. 你愿意加入中国共产党吗？

（1）愿意 （2）不愿意 （3）没想好

假如愿意，你入党主要的动机是什么？（限选二项）

（1）追求理想信念 （2）寻求政治荣誉 （3）谋求事业发展 （4）增强就业竞争力 （5）其他_____（请填答）

2. 你认为人生价值主要体现在以下哪个方面？（限选二项）

（1）对社会贡献大小 （2）职务的高低和权力的大小 （3）经济收入高低 （4）生活舒适安逸 （5）其他_____（请填答）

3. 你参加社会公益活动的目的是？（限选三项）

（1）服务社会，帮助他人 （2）获得赞扬 （3）满足自我，提高精神境界 （4）应付学校作业 （5）获得更多求职机会 （6）其他_____（请填答）

4. 当你遇到老人摔倒时，你会怎么做？

（1）视而不见 （2）若有旁证，才主动上前搀扶 （3）即使没有旁证，同样会上前搀扶 （4）通过拨打110、120等其他方式间接帮助

5. 当无人监考时，你会作弊吗？

（1）会 （2）不会 （3）说不准

6. 你认为应该怎样表达自己的孝心？（限选两项）

（1）以良好的学习成绩回报父母 （2）经常和父母谈心交流 （3）勤工俭学，减少父母经济负担 （4）有事自己承担不让父母操心

（5）练好本领，将来找一份好工作回报父母

7. 你期望的家庭生活模式是？

（1）男主外、女主内　（2）女主外、男主内　（3）男女平等
（4）全职太太

8. 你选择恋爱对象时，主要考虑的条件是：（限选三项）

（1）人品　（2）学识　（3）经济　（4）性格　（5）外貌
（6）家庭

9. 女校"四自"精神的培养，使你有什么样的收获？（限选三项）

（1）独立性增强　（2）提高自信心　（3）增强社会责任感和使命感　（4）有利于女大学生就业　（5）促进女大学生成才　（6）其他＿＿＿＿＿＿（请填答）

10. 你经常和同学讨论什么样的热门话题？（限选三项）

（1）国际话题　（2）民主与政治　（3）经济发展　（4）学习就业　（5）同学关系　（6）恋爱问题　（7）娱乐生活　（8）其他＿＿＿＿＿＿（请填答）

第三部分　学习

1. 课堂教学中你最关注老师哪个方面？（请根据以下选项填入序号）
（1）教学水平　（2）人格魅力　（3）敬业精神　（4）学术水平
（5）创新精神　（6）育人意识　（7）其他＿＿＿＿＿＿（请填答）

2. 你喜欢哪类讲座？（限选三项）
（1）人文、社科学术报告　（2）形势报告　（3）科学技术发展动态　（4）英雄模范人物事迹报告　（5）时事热点分析　（6）心理健康　（7）青春励志　（8）流行时尚　（9）人生规划　（10）其他＿＿＿＿＿＿（请填答）

3. 你参加过几次科技竞赛活动？＿＿＿＿＿＿（请填答）
参加科技竞赛活动对你的成长有哪些帮助？（可多选）
（1）专业知识运用　（2）培养团队合作精神　（3）提升科研能力
（4）掌握初步科研方法　（5）提高沟通能力和协调组织能力
（6）增强自信心　（7）拓宽视野　（8）其他＿＿＿＿＿＿（请填答）

4. 你参加过几次学校组织的社会实践活动？＿＿＿＿＿＿（请填答）

参加社会实践活动对你的成长有哪些帮助？（可多选）
（1）了解社会（2）锻炼自身能力（3）拓宽视野（4）促进专业学习　（5）其他＿＿＿＿＿＿＿＿（请填答）

5. 你在学习方面有哪些困难？（可多选）
（1）不能很好地与老师沟通　（2）学习方法不当　（3）对专业不感兴趣　（4）对自己没有信心　（5）其他＿＿＿＿＿＿＿（请填答）

6. 你对自己的学习状况满意吗？（　　）
（1）非常满意　（2）比较满意　（3）一般　（4）不太满意
（5）非常不满意
如果选择（3）（4）（5），请问最主要的原因是（　）（单选）
（1）教师教学水平不高（2）教学条件差　（3）对所学专业不感兴趣　（4）担忧本专业的就业前景（5）缺乏实践机会（6）自律能力较弱　（7）学习方法不当（8）其他＿＿＿＿＿＿＿（请填答）

7. 学习方面你需要学校提供哪些帮助？（限选两项）
（1）与老师的沟通　（2）了解学习方法　（3）了解学科专业发展前景　（4）帮助解决学习设施不足问题　（5）其他＿＿＿＿＿＿＿
（请填答）

8. 学校开设的思想政治理论课对你的成长有哪些帮助？（可多选）
（1）提高了政治理论水平　（2）增强了是非判断能力　（3）树立正确的世界观、人生观和价值观　（4）正确看待社会问题　（5）坚定理想信念　（6）其他＿＿＿＿＿＿＿（请填答）

9. 通过专业基础课程的学习，你有哪些收获？（可多选）
（1）了解专业基本思想　（2）掌握专业基础理论知识　（3）全面了解专业　（4）树立专业理念　（5）其他＿＿＿＿＿＿＿（请填答）

10. 学校的选修课程对你的成长有哪些帮助？（可多选）
（1）拓宽知识面　（2）掌握不同学科专业的思维方式和方法
（3）启发对人生和世界的思考　（4）提高学习兴趣
（5）提高人文素养　（6）其他＿＿＿＿＿＿＿（请填答）

第四部分　生活

1. 你课余时间的主要安排是？（限选三项）：

（1）学习　（2）参加社团活动　（3）志愿服务　（4）社会实践　（5）勤工助学　（6）休息娱乐　（7）其他_____（请填答）

2. 你每天上网的时间平均是？

（1）1小时以下　（2）1—3小时　（3）3—5小时　（4）5—8小时　（5）8—10小时　（6）更多　（7）从不上网

你上网的主要目的是？（限选三项）

（1）查找学习资料　（2）阅读新闻　（3）聊天、交友　（4）玩游戏　（5）收发电子邮件　（6）音乐，娱乐　（7）其他_____（请填答）

3. 你喜欢什么样的课外活动？（限选三项）

（1）各种主题教育活动　（2）社团活动　（3）讲座或报告会　（4）文艺体育竞赛活动　（5）辩论赛等文化类竞赛活动　（6）社会实践活动　（7）志愿服务活动　（8）其他_____（请填答）

4. 你喜欢参加什么类型的学生社团？_____哪类社团对你的成长帮助最大？（限选三项）

（1）理论研究类　（2）公益服务类　（3）社会实践类　（4）文体类　（5）兴趣爱好类

5. 你与同学的关系如何？_____。如果不好，原因是_____（请填答）

（1）非常好　（2）比较好　（3）一般　（4）不太好　（5）很不好

6. 你对宿舍生活满意吗？_____不满意的原因是_____（请填答）

（1）满意　（2）不满意

7. 当你遇到问题时，你最想与谁交流？（限选三项）

（1）任课老师　（2）辅导员（3）班主任　（4）学生干部　（5）家人（6）朋友　（7）同学　（8）室友（9）网友　（10）心理咨询老师　（11）院系领导　（12）其他_____（请填答）

8. 你经常与辅导员沟通吗？

（1）是　（2）否

你会和辅导员沟通什么样的问题？_____（请填答）

9. 你经常与班主任沟通吗？

（1）是　（2）否

你会和班主任沟通什么样的问题？_____（请填答）

第五部分　发展

1. 你了解自己的专业发展前景吗？

（1）非常了解　（2）比较了解　（3）一般了解　（4）不太了解　（5）很不了解

2. 你对自己的职业生涯发展有规划吗？

（1）有明确规划　（2）有粗略的规划　（3）正在规划　（4）没有规划

3. 你认为未来工作中最重要的能力是？（限选三项）

（1）团队协作与沟通能力　（2）专业知识能力　（3）综合性知识及素养　（4）创新思维和创造能力　（5）社会责任心和使命感　（6）不知道

4. 你选择工作时主要考虑的因素是？（限选三项）

（1）社会声誉　（2）薪酬与福利　（3）发展机会　（4）专业对口　（5）兴趣　（6）挑战性　（7）稳定性　（8）地域　（9）工作环境　（10）其他_____（请填答）

5. 你了解目前国家关于大学生择业、就业、创业的政策吗？

（1）非常了解　（2）比较了解　（3）一般了解　（4）不太了解　（5）不了解

6. 面对当前的就业形势，你有什么打算？（可多选）

（1）参加各种职业培训，拿到多项资格证书

（2）关注社会就业市场动态，随时调整自己的就业策略

（3）进一步提升学历层次，增强就业竞争力

（4）没有特别的准备，但相信"车到山前必有路"

（5）多方寻求实习机会，增强求职的自信

（6）自主创业

（7）去基层就业

第六部分 综合

1. 你对学校以下工作的评价是？

项目	满意	比较满意	不满意	很不满意	不清楚
（1）所学专业					
（2）课堂教学					
（3）教学					
（4）教师师德					
（5）学习风气					
（6）思想政治教育课					
（7）体育课					
（8）家庭经济困难学生资助					
（9）心理健康教育					
（10）社团活动					
（11）社会实践活动					
（12）就业指导					
（13）后勤保障服务					
（14）大学学习生活					
（15）校园环境					

2. 你目前最大的压力来自？（单选）
（1）学业压力　（2）经济压力　（3）人际关系　（4）情感问题
（5）就业和发展压力　（6）其他_____（请填答）

3. 你觉得学校最应加强对学生哪方面的培养？（可多选）
（1）思想道德素质　（2）社会责任感　（3）专业能力　（4）实践能力　（5）心理调适能力　（6）创新创业能力　（7）人际交往能力　（8）组织领导能力　（9）团队协作能力　（10）国际视野　（11）科研能力　（12）其他_____（请填答）

4. 你认为你所在学校的特色是什么？

5. 如果你是女校的校长，你会如何办好自己的学校？

问卷到此结束，谢谢你的支持与合作！

女子高校大学生分层德育模式研究与实践调查问卷
（三年级）

亲爱的同学，你好！

　　这是一份关于女子高校女大学生综合情况的调查问卷，我们想了解同学们思想、学习、生活和发展方面的一些情况，以便改进我们的教育教学工作。调查采用无记名方式，收集的资料仅供研究之用。所有问题没有对错，请大家根据自己的判断认真填写答案，谢谢你的合作！

　　问卷填写说明：请直接在你认为合适的选项编号上打"√"；如无备选答案，请在"＿＿＿＿＿＿"上填写；无特别说明的为单选题。

女子高校大学生分层德育模式研究与实践课题组
2012 年 5 月

第一部分　基本情况

1. 女校是你的第一志愿吗？
（1）是　　（2）否
选择女校，是你自己作的决定吗？
（1）是　　（2）否
2. 你选择女校的主要原因是？（可多选）
（1）女校的人才培养目标　（2）女校的独特氛围　（3）地域优势
（4）专业的吸引力　（5）学校知名度（6）其他＿＿＿＿＿＿（请填答）
3. 你来自哪里？
（1）省会或直辖市　（2）地级市或县级市　（3）乡镇或农村
4. 你是独生子女吗？
（1）是　　（2）否
5. 你的民族是？
（1）汉族　（2）少数民族＿＿＿＿＿＿（请填答）
6. 你的政治面貌是？

（1）中共党员（正式/预备）　　（2）入党积极分子　（3）共青团员
（4）群众

7. 你父母的文化程度：父亲_____；母亲_____
（1）不识字或识字很少　（2）小学　（3）初中　（4）高中
（5）中等职业教育学校　（6）大专　（7）本科　（8）研究生

8. 你的家庭人均月收入约是：
（1）500元以下　（2）501—1000元　（3）1001—1500元
（4）1501—2000元　（5）2001—5000元　（6）5001—10000元
（7）10000元以上

第二部分　思想

1. 你愿意加入中国共产党吗？
（1）愿意　（2）不愿意　（3）没想好
假如愿意，你入党主要的动机是什么？（限选二项）
（1）追求理想信念　（2）寻求政治荣誉　（3）谋求事业发展
（4）增强就业竞争力　（5）其他_____（请填答）

2. 你认为人生价值主要体现在以下哪个方面？（限选二项）
（1）对社会贡献大小　（2）职务的高低和权力的大小　（3）经济收入高低　（4）生活舒适安逸　（5）其他_____（请填答）

3. 你参加社会公益活动的目的是？（限选三项）
（1）服务社会，帮助他人　（2）获得赞扬　（3）满足自我，提高精神境界　（4）应付学校作业　（5）获得更多求职机会
（6）其他_____（请填答）

4. 当你遇到老人摔倒时，你会怎么做？
（1）视而不见　（2）若有旁证，才主动上前搀扶　（3）即使没有旁证，同样会上前搀扶　（4）通过拨打110、120等其他方式间接帮助

5. 当无人监考时，你会作弊吗？
（1）会　（2）不会　（3）说不准

6. 你认为应该怎样表达自己的孝心？（限选两项）
（1）以良好的学习成绩回报父母　（2）经常和父母谈心交流
（3）勤工俭学，减少父母经济负担　（4）有事自己承担不让父母操心

（5）练好本领，将来找一份好工作回报父母

7. 你期望的家庭生活模式是？

（1）男主外、女主内　（2）女主外、男主内　（3）男女平等
（4）全职太太

8. 你选择恋爱对象时，主要考虑的条件是：　（限选三项）

（1）人品　（2）学识　（3）经济　（4）性格　（5）外貌
（6）家庭

9. 女校"四自"精神的培养，使你有什么样的收获？（限选三项）

（1）独立性增强　（2）提高自信心　（3）增强社会责任感和使命感　（4）有利于女大学生就业　（5）促进女大学生成才　（6）其他_____（请填答）

10. 你经常和同学讨论什么样的热门话题？（限选三项）

（1）国际话题　（2）民主与政治　（3）经济发展　（4）学习就业　（5）同学关系　（6）恋爱问题　（7）娱乐生活　（8）其他_____（请填答）

第三部分　学习

1. 课堂教学中你最关注老师哪个方面？（限选三项）

（1）教学水平　（2）人格魅力　（3）敬业精神　（4）学术水平
（5）创新精神　（6）育人意识（7）其他_____（请填答）

2. 你喜欢哪类讲座？（限选三项）

（1）人文、社科学术报告　（2）形势报告　（3）科学技术发展动态　（4）英雄模范人物事迹报告　（5）时事热点分析　（6）心理健康　（7）青春励志　（8）流行时尚　（9）人生规划
（10）其他_____（请填答）

3. 你参加过几次科技竞赛活动？_____（请填答）

参加科技竞赛活动对你的成长有哪些帮助？（限选三项）

（1）专业知识运用　（2）培养团队合作精神　（3）提升科研能力
（4）掌握初步科研方法　（5）提高沟通能力和协调组织能力
（6）增强自信心　（7）拓宽视野　（8）其他_____（请填答）

4. 你参加过几次学校组织的社会实践活动？_____（请填答）

参加社会实践活动对你的成长有哪些帮助？（可多选）

（1）了解社会　（2）锻炼自身能力　（3）拓宽视野　（4）促进专业学习　（5）其他_____（请填答）

5. 你在学习方面有哪些困难？（可多选）

（1）不能很好地与老师沟通　（2）学习方法不当　（3）对专业不感兴趣　（4）对自己没有信心　（5）其他_____（请填答）

6. 你对自己的学习状况满意吗？（　）

（1）非常满意　（2）比较满意　（3）一般　（4）不太满意　（5）非常不满意

如果选择（3）（4）（5），请问最主要的原因是（　）（单选）

（1）教师教学水平不高　（2）教学条件差　（3）对所学专业不感兴趣　（4）担忧本专业的就业前景　（5）缺乏实践机会　（6）自律能力较弱　（7）学习方法不当（8）其他_____（请填答）

7. 专业实习对你的成长有哪些帮助？（可多选）

（1）了解专业　（2）综合运用专业知识　（3）了解岗位需求　（4）了解社会　（5）提升就业能力　（6）提高自身素质　（7）其他_____（请填答）

8. 通过专业课程的学习，你有哪些收获？（可多选）

（1）了解专业基本理论和基本方法　（2）掌握了专业基本技能　（3）对专业有了进一步的了解　（4）具备了专业服务的理念　（5）其他_____（请填答）

9. 学校的选修课程对你的成长有哪些帮助？（可多选）

（1）拓宽我的知识面　（2）使我掌握了不同学科专业的思维方式和方法　（3）启发了我对人生和世界的思考　（4）提高了我的学习兴趣　（5）使我学会了选择和判断　（6）其他_____（请填答）

10. 学年论文对你的成长有哪些帮助？（限选两项）

（1）提高了文字表达能力　（2）掌握了初步的专业研究能力　（3）了解了专业研究方法　（4）具备初步的研究思维　（5）其他_____（请填答）

11. 在完成学年论文的过程中，你的困难是什么？（可多选）

（1）专业知识积累不够　（2）专业研究能力不足　（3）没有掌握专业研究方法　（4）缺乏指导教师的指导　（5）其他_____（请填答）

第四部分　生活

1. 你课余时间的主要安排是？（限选三项）

（1）学习　（2）参加社团活动　（3）志愿服务　（4）社会实践　（5）勤工助学　（6）休息娱乐　（7）其他_____（请填答）

2. 你每天上网的时间平均是？

（1）1小时以下　（2）1—3小时　（3）3—5小时　（4）5—8小时　（5）8—10小时　（6）更多　（7）从不上网

你上网的主要目的是？（限选三项）

（1）查找学习资料　（2）阅读新闻　（3）聊天、交友　（4）玩游戏　（5）收发电子邮件　（6）音乐，娱乐　（7）其他_____（请填答）

3. 你喜欢什么样的课外活动？（限选三项）

（1）各种主题教育活动　（2）社团活动　（3）讲座或报告会　（4）文艺体育竞赛活动　（5）辩论赛等文化类竞赛活动　（6）社会实践活动　（7）志愿服务活动　（8）其他_____（请填答）

4. 你喜欢参加什么类型的学生社团？_____哪类社团对你的成长帮助最大？（限选三项）

（1）理论研究类　（2）公益服务类　（3）社会实践类　（4）文体类　（5）兴趣爱好类

5. 你与同学的关系如何？____如果不好，原因是_____（请填答）

（1）非常好　（2）比较好　（3）一般　（4）不太好　（5）很不好

6. 你对宿舍生活满意吗？_____不满意的原因是_____（请填答）

（1）满意　（2）不满意

7. 当你遇到问题时，你最想与谁交流？（限选三项）

（1）任课老师　（2）辅导员　（3）班主任　（4）学生干部　（5）家人　（6）朋友　（7）同学　（8）室友　（9）网友　（10）心理咨询老师　（11）院系领导　（12）其他_____（请填答）

8. 你经常与辅导员沟通吗？

（1）是　（2）否

你会和辅导员沟通什么样的问题？_____（请填答）

9. 你经常与班主任沟通吗？

（1）是　（2）否

你会和班主任沟通什么样的问题？_____（请填答）

第五部分　发展

1. 你了解自己的专业发展前景吗？

（1）非常了解　（2）比较了解　（3）一般了解　（4）不太了解

（5）很不了解

2. 你对自己的职业生涯发展有规划吗？

（1）有明确规划　（2）有粗略的规划　（3）正在规划

（4）没有规划

3. 你认为未来工作中最重要的能力是？（限选三项）

（1）团队协作与沟通能力　（2）专业知识能力　（3）综合性知识及素养　（4）创新思维和创造能力　（5）社会责任心和使命感

（6）不知道

4. 你选择工作时主要考虑的因素是？（限选三项）

（1）社会声誉　（2）薪酬与福利　（3）发展机会　（4）专业对口　（5）兴趣　（6）挑战性　（7）稳定性　（8）地域

（9）工作环境　（10）其他_____（请填答）

5. 你了解目前国家关于大学生择业、就业、创业的政策吗？

（1）非常了解　（2）比较了解　（3）一般了解　（4）不太了解

（5）不了解

6. 面对当前的就业形势，你有什么打算？（可多选）

（1）参加各种职业培训，拿到多项资格证书

（2）关注社会就业市场动态，随时调整自己的就业策略

（3）进一步提升学历层次，增强就业竞争力

（4）没有特别的准备，但相信"车到山前必有路"

（5）多方寻求实习机会，增强求职的自信

（6）自主创业

（7）去基层就业

第六部分　综合

1. 你对学校以下工作的评价是？

项目	满意	比较满意	不满意	很不满意	不清楚
（1）所学专业					
（2）课堂教学					
（3）教学					
（4）教师师德					
（5）学习风气					
（6）思想政治教育课					
（7）体育课					
（8）家庭经济困难学生资助					
（9）心理健康教育					
（10）社团活动					
（11）社会实践活动					
（12）就业指导					
（13）后勤保障服务					
（14）大学学习生活					
（15）校园环境					

2. 你目前最大的压力来自？（单选）

（1）学业压力　（2）经济压力　（3）人际关系　（4）情感问题
（5）就业和发展压力　（6）其他_____（请填答）

3. 你觉得学校最应加强对学生哪方面的培养？（可多选）

（1）思想道德素质　（2）社会责任感　（3）专业能力　（4）实践能力　（5）心理调适能力　（6）创新创业能力　（7）人际交往能力　（8）组织领导能力　（9）团队协作能力　（10）国际视野　（11）科研能力　（12）其他_____（请填答）

4. 你认为你所在学校的特色是什么？

5. 如果你是女校的校长，你会如何办好自己的学校？

问卷到此结束，谢谢你的支持与合作！

女子高校大学生分层德育模式研究与实践调查问卷
（四年级）

亲爱的同学，你好！

这是一份关于女子高校女大学生综合情况的调查问卷，我们想了解同学们思想、学习、生活和发展方面的一些情况，以便改进我们的教育教学工作。调查采用无记名方式，收集的资料仅供研究之用。所有问题没有对错，请大家根据自己的判断认真填写答案，谢谢你的合作！

问卷填写说明：请直接在你认为合适的选项编号上打"√"；如无备选答案，请在"_____"上填写；无特别说明的为单选题。

女子高校大学生分层德育模式研究与实践课题组
2012 年 5 月

第一部分　基本情况

1. 女校是你的第一志愿吗？
（1）是　（2）否
选择女校，是你自己作的决定吗？
（1）是　（2）否

2. 你选择女校的主要原因是？（可多选）
（1）女校的人才培养目标　（2）女校的独特氛围　（3）地域优势
（4）专业的吸引力　（5）学校知名度　（6）其他_____（请填答）

3. 你来自哪里？
（1）省会或直辖市　（2）地级市或县级市　（3）乡镇或农村

4. 你是独生子女吗？
（1）是　（2）否

5. 你的民族是？
（1）汉　族　（2）少数民族_____（请填答）

6. 你的政治面貌是？

（1） 中共党员（正式/预备）　　（2） 入党积极分子　（3） 共青团员　（4） 群众

7. 你父母的文化程度：父亲_____；母亲_____

（1） 不识字或识字很少　　（2） 小学　（3） 初中　（4） 高中　（5） 中等职业教育学校　（6） 大专　（7） 本科　（8） 研究生

8. 你的家庭人均月收入约是：

（1） 500元以下　　（2） 501—1000元　　（3） 1001—1500元　（4） 1501—2000元　　（5） 2001—5000元　　（6） 5001—10000元　（7） 10000元以上

第二部分　思想

1. 你愿意加入中国共产党吗？

（1） 愿意　　（2） 不愿意　　（3） 没想好

假如愿意，你入党主要的动机是什么？（限选二项）

（1） 追求理想信念　　（2） 寻求政治荣誉　　（3） 谋求事业发展　（4） 增强就业竞争力　　（5） 其他_____（请填答）

2. 你认为人生价值主要体现在以下哪个方面？（限选二项）

（1） 对社会贡献大小　（2） 职务的高低和权力的大小　（3） 经济收入高低　（4） 生活舒适安逸　（5） 其他_____（请填答）

3. 你参加社会公益活动的目的是？（限选三项）

（1） 服务社会，帮助他人　（2） 获得赞扬　（3） 满足自我，提高精神境界　（4） 应付学校作业　（5） 获得更多求职机会　（6） 其他_____（请填答）

4. 当你遇到老人摔倒时，你会怎么做？

（1） 视而不见　（2） 若有旁证，才主动上前搀扶　（3） 即使没有旁证，同样会上前搀扶　（4） 通过拨打110、120等其他方式间接帮助

5. 当无人监考时，你会作弊吗？

（1） 会　　（2） 不会　　（3） 说不准

6. 你认为应该怎样表达自己的孝心？（限选两项）

（1） 以良好的学习成绩回报父母　　（2） 经常和父母谈心交流　（3） 勤工俭学，减少父母经济负担　　（4） 有事自己承当不让父母操心

（5）练好本领，将来找一份好工作回报父母

7. 你期望的家庭生活模式是？

（1）男主外．女主内　（2）女主外．男主内　（3）男女平等
（4）全职太太

8. 你选择恋爱对象时，主要考虑的条件是：（限选三项）

（1）人品　（2）学识　（3）经济　（4）性格　（5）外貌
（6）家庭

9. 女校"四自"精神的熏陶，使你有什么样的收获？（限选三项）

（1）独立性增强　（2）提高自信心　（3）增强社会责任感和使命感　（4）有利于女大学生就业　（5）促进女大学生成才　（6）其他_____（请填答）

10. 你经常和同学讨论什么样的热门话题？（限选三项）

（1）国际话题　（2）民主与政治　（3）经济发展　（4）学习就业　（5）同学关系　（6）恋爱问题　（7）娱乐生活　（8）其他_____（请填答）

第三部分　学习

1. 课堂教学中你最关注老师哪个方面？（限选三项）

（1）教学水平　（2）人格魅力　（3）敬业精神（4）学术水平
（5）创新精神　（6）育人意识（7）其他_____（请填答）

2. 你喜欢哪类讲座？（限选三项）

（1）人文、社科学术报告　（2）形势报告　（3）科学技术发展动态　（4）英雄模范人物事迹报告　（5）时事热点分析　（6）心理健康　（7）青春励志　（8）流行时尚　（9）人生规划
（10）其他_____（请填答）

3. 你参加过几次科技竞赛活动？_____（请填答）

参加科技竞赛活动对你的成长有哪些帮助？（限选三项）

（1）专业知识运用　（2）培养团队合作精神　（3）提升科研能力
（4）掌握初步科研方法　（5）提高沟通能力和协调组织能力
（6）增强自信心　（7）拓宽视野　（8）其他_____（请填答）

4. 你参加过几次学校组织的社会实践活动？_____（请填答）

参加社会实践活动对你的成长有哪些帮助？（请根据以下选项填入序号）

（1）了解社会 （2）锻炼自身能力 （3）拓宽视野 （4）促进专业学习 （5）其他_____（请填答）

5. 你在学习方面有哪些困难？（可多选）
（1）不能很好地与老师沟通 （2）学习方法不当 （3）对专业不感兴趣 （4）对自己没有信心 （5）其他_____（请填答）

6. 你对自己的学习状况满意吗？（ ）
（1）非常满意 （2）比较满意 （3）一般 （4）不太满意
（5）非常不满意
如果选择（3）（4）（5），请问最主要的原因是（ ）（单选）
（1）教师教学水平不高 （2）教学条件差 （3）对所学专业不感兴趣 （4）担忧本专业的就业前景 （5）缺乏实践机会
（6）自律能力较弱 （7）学习方法不当 （8）其他_____
（请填答）

7. 你认为所学专业课程安排合理吗？（ ）
（1）合理 （2）不合理
如果不合理你希望如何改进？（ ）
（1）调整课程 （2）整合时间 （3）减少课时 （4）增加实践
（5）其他_____（请填答）

8. 毕业实习对你有哪些帮助？（限选三项）
（1）了解专业发展前景 （2）了解岗位需求 （3）提升就业能力
（4）了解社会 （5）提高自身素质 （6）综合运用专业知识
（7）其他_____（请填答）

9. 毕业论文或设计对你有哪些帮助？（限选两项）
（1）提高文字表达能力 （2）提升专业素养 （3）提升科研能力
（4）具备一定的学术能力 （5）提升实践能力 （6）其他_____（请填答）

10. 在完成毕业论文（设计）的过程中，你的困难是什么？（可多选）
（1）与就业实习时间相冲突，没有时间和精力准备 （2）资料收集受限 （3）专业知识积累不够 （3）专业研究能力不足
（4）没有掌握专业研究方法 （5）指导老师指导不到位 （6）其他_____（请填答）

第四部分　生活

1. 你课余时间的主要安排是？（限选三项）
（1）学习　（2）参加社团活动　（3）志愿服务　（4）社会实践　（5）勤工助学　（6）休息娱乐　（7）其他_____（请填答）

2. 你每天上网的时间平均是？
（1）1小时以下　（2）1—3小时　（3）3—5小时　（4）5—8小时　（5）8—10小时　（6）更多　（7）从不上网

你上网的主要目的是？（限选三项）
（1）查找学习资料　（2）阅读新闻　（3）聊天、交友　（4）玩游戏　（5）收发电子邮件　（6）音乐，娱乐　（7）其他_____（请填答）

3. 你喜欢什么样的课外活动？（限选三项）
（1）各种主题教育活动　（2）社团活动　（3）讲座或报告会　（4）文艺体育竞赛活动　（5）辩论赛等文化类竞赛活动　（6）社会实践活动　（7）志愿服务活动　（8）其他_____（请填答）

4. 你喜欢参加什么类型的学生社团？_____哪类社团对你的成长帮助最大？（限选三项）
（1）理论研究类　（2）公益服务类　（3）社会实践类　（4）文体类　（5）兴趣爱好类

5. 你与同学的关系如何？_____如果不好，原因是_____（请填答）
（1）非常好　（2）比较好　（3）一般　（4）不太好　（5）很不好

6. 你对宿舍生活满意吗？_____不满意的原因是_____（请填答）
（1）满意　（2）不满意

7. 当你遇到问题时，你最想与谁交流？（限选三项）
（1）任课老师　（2）辅导员　（3）班主任　（4）学生干部　（5）家人　（6）朋友　（7）同学　（8）室友　（9）网友　（10）心理咨询老师　（11）院系领导　（12）其他_____（请填答）

8. 你经常与辅导员沟通吗？

（1）是　　（2）否

你会和辅导员沟通什么样的问题？_____（请填答）

9. 你经常与班主任沟通吗？

（1）是　　（2）否

你会和班主任沟通什么样的问题？_____（请填答）

第五部分　发展

1. 你了解自己的专业发展前景吗？

（1）非常了解　　（2）比较了解　　（3）一般了解　　（4）不太了解

（5）很不了解

2. 你对自己的职业生涯发展有规划吗？

（1）有明确规划　　（2）有粗略的规划　　（3）正在规划

（4）没有规划

3. 你认为未来工作中最重要的能力是？（限选三项）

（1）团队协作与沟通能力　　（2）专业知识能力　　（3）综合性知识及素养　　（4）创新思维和创造能力　　（5）社会责任心和使命感

（6）不知道

4. 你选择工作时主要考虑的因素是？（限选三项）

（1）社会声誉　　（2）薪酬与福利　　（3）发展机会　　（4）专业对口　　（5）兴趣　　（6）挑战性　　（7）稳定性　　（8）地域

（9）工作环境　　（10）其他_____（请填答）

5. 你了解目前国家关于大学生择业、就业、创业的政策吗？

（1）非常了解　　（2）比较了解　　（3）一般了解　　（4）不太了解

（5）不了解

6. 面对当前的就业形势，你有什么打算？（可多选）

（1）参加各种职业培训，拿到多项资格证书

（2）关注社会就业市场动态，随时调整自己的就业策略

（3）进一步提升学历层次，增强就业竞争力

（4）没有特别的准备，但相信"车到山前必有路"

（5）多方寻求实习机会，增强求职的自信

（6）自主创业

（7）去基层就业

7. 你觉得找工作最有帮助的渠道是：（限选三项）

（1）学校推荐　（2）亲朋关照　（3）招聘会　（4）职业介绍

（5）专业招聘网

8. 你毕业后的打算是：（限选三项）

（1）考研　（2）考公务员　（3）出国　（4）自主创业　（5）找工作　（6）结婚，做全职太太　（7）还没打算　（8）其他_____（请填答）

9. 如果愿意到基层就业，你的意向是什么？

（1）大学生村官　（2）选调生　（3）大学生志愿服务西部计划

（4）社区工作者　（5）无意向

10. 在择业过程中你遇到的主要困难是什么？（限选三项）

（1）专业没有优势　（2）缺乏社会关系　（3）信息太少

（4）性别歧视　（5）缺乏社会经验和就业能力　（6）学校知名度

（7）其他____（请填答）

11. 毕业前你愿意为学校做些什么？（可多选）

（1）文明离校　（2）为学校建言献策　（3）为学妹赠书

（4）为学妹传授考研、留学、就业等经验　（5）其他_____（请填答）_____

12. 你毕业后最愿意到哪种类型的用人单位就业？（可多选）

（1）政府部门　（2）事业单位　（3）国有大中型企业　（4）民营企业　（5）外资企业　（6）自主创业　（7）基层就业（村官、支教、西部志愿者）　（8）继续升学　（9）参军入伍再就业　（10）其他_____（请填答）

13. 大学期间，你认为自己最大的变化是什么？（可多选）

（1）学习　（2）生活　（3）人际关系　（4）综合能力　（5）视野开拓　（6）其他_____

第六部分　综合

1. 你对学校以下工作的评价是？

项目	满意	比较满意	不满意	很不满意	不清楚
(1) 所学专业					
(2) 课堂教学					
(3) 教学					
(4) 教师师德					
(5) 学习风气					
(6) 思想政治教育课					
(7) 体育课					
(8) 家庭经济困难学生资助					
(9) 心理健康教育					
(10) 社团活动					
(11) 社会实践活动					
(12) 就业指导					
(13) 后勤保障服务					
(14) 大学学习生活					
(15) 校园环境					

2. 你目前最大的压力来自？（单选）

(1) 学业压力　(2) 经济压力　(3) 人际关系　(4) 情感问题　(5) 就业和发展压力　(6) 其他_____（请填答）

3. 你觉得学校最应加强对学生哪方面的培养？（可多选）

(1) 思想道德素质　(2) 社会责任感　(3) 专业能力　(4) 实践能力　(5) 心理调适能力　(6) 创新创业能力　(7) 人际交往能力　(8) 组织领导能力　(9) 团队协作能力　(10) 国际视野　(11) 科研能力　(12) 其他_____（请填答）

4. 你认为你所在学校的特色是什么？

5. 如果你是女校的校长，你会如何办好自己的学校？

问卷到此结束，谢谢你的支持与合作！

附录 II

女子高校大学生分层德育模式
研究与实践调查报告

女子高校大学生分层德育模式研究与实践调查报告
（不同年级相同题部分）

中华女子学院课题组
2014 年 9 月

目 录

第一部分　主要问题和初步建议
　一、学校对于促进教育公平和社会发展做出了积极贡献
　二、女子院校有待加大宣传力度和深度
　三、关注贫困学生、特殊群体学生
　四、加强对学生党员的培养和发展
　五、改进教学质量和教师管理
　六、丰富学生学术科技类活动
　七、帮助学生做好职业规划
　八、加强辅导员深度辅导技能和工作
　九、加强网络教育
第二部分　调查实施与样本描述
第三部分　调查结果分析
　一、基本情况
　二、思想状况
　三、学习情况
　四、生活情况
　五、发展状况
　六、综合部分

女子高校学生发展状况调查报告
（不同年级相同题部分）

第一部分　主要问题和初步建议

一　学校对于促进教育公平和社会发展做出了积极贡献

随着全国范围内高等教育规模的不断扩大，升学机会配置的社会阶层间差距较小。高等教育公平的问题逐渐被人们重视。在享受高等教育机会方面，弱势群体依然处于不利地位。父母受教育程度、职业地位以及家庭收入高低都会影响到学生获得高等教育的机会。

国家从战略上进行农村和贫困山区的扶持包括教育扶持；建立并逐步完善奖、助、贷制度及勤工助学制度并行的资助模式；同时全国妇联作为一个群团组织，在服务妇女发展和女性教育方面做出很多有成效的支持工作，比如春雷计划，妇基会的捐助、各省妇联的救助等都给贫困和农村女大学生入学升学带来了机会，提高了高等教育的入学机会，促进了高等教育公平和可持续发展。

结合女子院校在校生的生源地城乡结构来看，来自直辖市或省会城市的学生占到17%—38.9%，来自乡镇和农村的学生比例占27.7%—50.1%；从家庭收入来看，女子院校学生大多来自中等收入家庭。相比之下，首都其他一般高校来自直辖市或省会城市的学生占所有生源的1/2，学生父母的文化程度、职业水平以及家庭收入水平都相对较高。

综合以上数据可以看出，女子院校的生源城乡分布相对较均匀，并向社会经济地位处于相对弱势的家庭提供了更多的升学机会，在高等教育机会分配方面，来自低收入家庭学生比例逐年增加，低收入家庭获得教育机会在逐渐增加，这对于促进教育公平和社会发展具有积极意义，但是来自乡镇和农村学生的比例较高，对于学校的挑战会增大。

二　女子院校有待加大宣传力度和深度

从入学情况来看，女子院校半数以上学生是以第一志愿录入的，并且其中大部分学生表示选择女子院校是自己作的决定。数据显示，处于首都北京或省会的地理优势依然是女校招生的主要优势。大多数调查对象对女子院校是了解的、认可的,愿意选择作为就读学校,并且对女校所设专业和独特氛围感兴趣,对学校的人才培养目标以及专业设置等具体、实际的问题并没有太多的了解。

因此,女子院校一方面要凝练特色,提高育人质量,以质量和特色求发展;一方面要加大宣传力度和深度。学生作为最直接的选择主体,也是宣传的主体对象,学校要开拓生源入口方面的宣传力度,注重各省市的基层宣传,高校系统外的宣传;同时加强专业特色和人才培养特色的品牌打造及宣传,增强吸引力。

三 关注贫困学生、特殊群体学生

根据调查显示,学生中来自农村或者乡镇的学生比例较大。学生主要经济来源是家庭,但是学生中父母职业是农业劳动者居多,且家庭月均收入低于千元的占很大比重,而学生个人月均消费均在近千元。学生消费贫富两极分化严重,所以贫困学生生活、学习保障,进入城市的适应性的心理关注,消费攀比中可能出现的违法违纪行为等问题不容忽视。而且在父母离异、母亲带着孩子及父亲去世、丧失劳动能力等家庭中的特殊学生群体需要更多的关注。

因此,在学生的教学、工作管理中,不但要加大资助力度,拓宽资助面,采取多种渠道进行经济扶困外,如何展开对于贫困学生、特殊学生特别是女同学的适应性心理引导、精神扶困、能力扶困,打造积极的心态和氛围也显得尤为重要。

四 加强对学生党员的培养和发展

政治面貌不仅可以看出一个人在政治生活中的政治角色,同时也可以反映一个人的思想政治意识。调查对象中表示愿意加入中国共产党的比例占到 54.3% 以上,随着年级升高有所下降,由一年级的 79.2% 降到 70.3%,三年级入党意愿最低,为 54.3%;选没想好的占 10.5%—25.7%,不愿意加入中国共产党的占 6.4%—20%。

可见,大部分同学对加入党组织方面有意愿,但是没有想好的比例还不少。女子院校在学生思想政治教育过程中,党的组织培养和发展的任务很重,大一到大四中有较大的空间发展党员,特别是大三学生在学业、择业发展过程中处于一个关键点和迷茫点，也是容易失落的一点，需要加强政治引导和信仰引导。

五 改进教学质量和教师管理

在学习方面，有超过半数的学生对自己的学习状况感到一般和不满意，在学习方面碰到的困难基本相同，主要是学习方法不当；不能很好地与老师沟通；对自己没有信心；对专业不感兴趣。且在满意度调查一项，课堂教学满意度都不高。而学生普遍关注老师的教学方法和手段、教学水平和个人魅力。最不关注的是老师的创新精神。

建议学校一定要加大对专业课程的设置、学科入门的指导，专业兴趣的培养，以便吸引和稳固学生专业思想。建议提升教师综合素质和教学水平，增强学生学习热情。加强教师课后与学生的沟通和反馈，在知识巩固和学业指导上多下功夫，解决学生学习中的困惑。在创新教学方法上，在启发式教育和培养创新意识上，积极改进，激发学生创造性。

六 丰富学生学术科技类活动

第二课堂是第一课堂的延伸与补充。学生参加各种社团活动、文艺演出、体育活动、科技竞赛等，能增加大学生的学习兴趣、培养竞争意识和科技意识，锻炼和增强创造意识和创造技能。

在学术科研类活动上，喜欢参加理论研究类、学术科研活动和科技竞赛类活动的学生比例很少，高年级学生相对于低年级学生参加的比例较高。但是参与开放性的社会实践和公益服务和兴趣爱好类的次数和比例要高。在社团活动中，学生认为对自己成长最有帮助的社团活动依次是社会实践类、公益服务类及兴趣爱好类的学生社团。

以此可见，学校可以积极开展学术、科研类课外活动并加强指导和服务，从而增加学生的学习兴趣，培养大学生的竞争意识和科技意识，锻炼和增强大学生的创新意识和技能。同时，社会实践类活动一要考虑与专业对接、与行业对接；二要注意发挥专业优势，提升实践活动的文化和品质；三要特别有针对性地为女生打造平台"走出去"，扩大学生视野、增强竞争意识和提升荣誉感。

七 帮助学生做好职业规划

调查显示，学生对自己职业生涯规划有明确规划的比例还较低，不超过18.3%，大部分同学还是有一定的规划意识，但是不够明确；还有部分同学还没有规划。对国家目前大学生择业、就业、创业政策的不太了解和不了解的同学比例也很高。虽然就所设专业而言，学生的就业去向比较宽，但学生主动就业的意向和就业能力还不够。

面对当前的就业形势，大部分同学打算参加各种职业培训，拿到多项资格证书；多方寻求实习机会，弥补经验不足的缺陷，增强求职的自信；关注社会就业市场动态，随时调整自己的就业策略；进一步提升学历层次，增强就业竞争力。

因此，学校应该从入学初就进行职业生涯规划的教育，引导学生进行相对明确的生涯规划；在培养过程中加强专业与行业教育，了解其专业的发展前景与未来职业的方向；在就业过程中加强政策宣传、解读，同时根据毕业去向的影响因素，帮助学生制订个人职业规划，辅助她们作出合适的毕业选择。

八　加强辅导员深度辅导技能和工作

调查显示，在与他人互动交流方面，整体上女子院校学生同伴互动普遍，绝大部分学生与同学关系良好，少数与同学关系不好的学生认为矛盾的主要原因是缺乏沟通。学生对宿舍生活普遍感到满意，而且在遇到困难和问题时最希望交流的对象是朋友和同学。在师生互动方面，学生与班主任和辅导员、心理咨询师沟通的情况有差异，整体比例在30%以下。随年级增高，与班主任和辅导员经常沟通的比例在下降。目前主要沟通问题是学习和就业方面的，其次是生活及班级校级活动和心理方面的问题。

可以看出，学生交流的对象随年龄增长和年级而有不同，比如大一学生的交流对象占首位的是家长，占到41.8%，但是到二、三、四年级后就转向了朋友和同学。那么在大一适应性教育的过程中，学校要充分与家长配合，与家长积极沟通。在进入高年级就要发挥同伴效应，注意宿舍文化、班级文化、校园文化的和谐建立，促进同伴之间的良好互动，师生间的良好互动。同时学校要加强辅导员、班主任职责管理，加强业务培训，加强深度辅导工作，真正开展与学生心灵的平等交流，提升信任度。

九　加强网络教育

调查发现，目前女子院校学生平均每天上网时间为1—3小时的所占比例最高，其次居多的是 3—5 小时。学生上网的主要目的是阅读新闻，查找学习资料，音乐和娱乐及聊天、交友。随年级升高，阅读新闻、聊天交友及音乐娱乐比例逐年增高。随着信息技术及互联网的迅速发展，如何加以引导和规范以促进学生合理使用网络是关键。

建议在学生工作中加强对学生有效、合理地使用网络的引导和规范，鼓励学生积极利用网络开展学习，促进学生使用网络行为的良性发展。

第二部分 调查实施与样本描述

2012 年首都大学生思想政治教育重点课题《女子高校大学生分层德育模式研究与实践》项目的研究主旨是在已有国内外德育理论研究成果基础上，研究女子高校一至四年级学生的需求差异，根据不同年级学生的主导性需求，实施大一适应性教育，大二基础性教育，大三提高性教育，大四完善性教育，将专业理论学习与日常学生管理有机结合，实现教书育人、管理育人、服务育人的内在融合，探索分层德育模式的教育内容、实施途径、评价方式和运行机制等，构建有针对性的适合女子高校学生成长成才的分层德育模式。

课题组成员进行分年级学生座谈会，了解不同年级学生的需求，确定课题研究的重点，先后四次召开校内《女子高校大学生分层德育模式研究与实践》课题问卷设计研讨会，讨论和确定课题中四个年级的调查问卷。本次调查在女子院校（中华女子学院、湖南女子大学、山东女子学院）开展，发放问卷数为 5100 份，回收有效问卷为 5034 份，问卷回收率为 98.7%。经过数据清洁、逻辑检查后，在分年级分学校比对问卷分析基础上形成此调查报告。本次调查内容涉及基本情况、思想状况、学习情况、生活状况、发展方向和综合部分等六个方面。

第三部分 调查结果分析

一 基本情况

（一）入学志愿的选择

学生为什么选择进入女子高校接受高等教育？是否符合自己的主观意愿？这些因素直接影响到学生入学后在学校的发展状况和趋势。

1. 根据调查显示，调查对象中一年级学生以第一志愿录入学校的比例为72.4%，显著高于二、三、四年级（见表1）。

表1　　　　　　　　年级与第一志愿报考女院的关系

	是	否
一年级	72.4%	27.6%
二年级	40.8%	59.2%
三年级	40.0%	60.0%
四年级	44.9%	55.1%
	$X^2 = 395.162$	$P = 0.000$

2. 报考女子院校的决定因素，一年级的学生是自己所作的决定所占比例显著高于其他年级，一年级占到71.6%，显著高于二、三、四年级（见图1）。

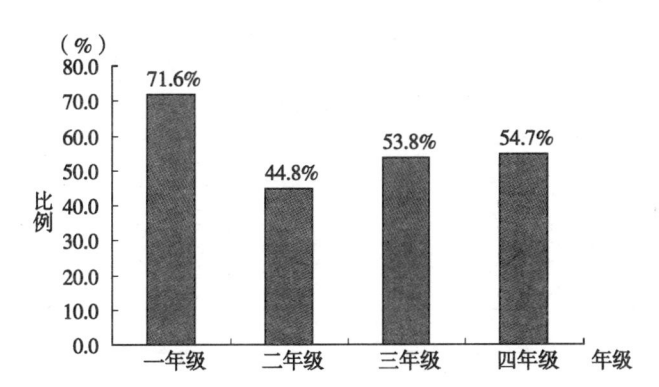

图1　不同年级学生报考女院时自己所作决定百分比分布

3. 选择女校时考虑的因素，总体看，地域优势、女校独特氛围、专业吸引力、女校的人才培养目标占据了前四位。四个年级中都首选的是地域优势。此外，有近10%的同学选择女校会考虑到学校的知名度（见表2）。

表2　　　　　　　不同年级同学在选择女院时考虑的因素差异

	女校的人才培养目标	女校的独特氛围	地域优势	专业的吸引力	学校知名度
一年级	28.7%	35.9%	57.2%	31.4%	7.7%
二年级	15.2%	28.0%	39.0%	26.0%	6.5%
三年级	22.5%	25.9%	49.9%	28.2%	7.7%
四年级	15.5%	39.1%	54.3%	13.4%	8.9%

(二) 家庭、民族、政治面貌、所学专业

1. 生源地调查中，调查对象大多数来自中小城市和农村家庭。调查对象来自省会或直辖市的占到17%—38.9%，来自地级市或县级市的在26.7%—52.2%，来自乡镇或农村的调查对象占27.7%—50.1%（见表3）。

表3　　　　　　　　不同年级学生生源地差异

	省会或直辖市	地级或县级市	乡镇或农村
一年级	38.9%	26.7%	34.4%
二年级	17.0%	32.9%	50.1%
三年级	20.1%	52.2%	27.7%
四年级	22.2%	46.7%	31.1%

2. 调查对象中来自多子女家庭的较多，家庭负担较重。独生子女比例历年在33.7%—49.0%，非独生子女比例占51.0%—66.3%（见表4）。

表4　　　　　　　　年级与独生子女状况的关系

	是	否
一年级	49.0%	51.0%
二年级	33.7%	66.3%
三年级	37.8%	62.2%
四年级	42.3%	57.7%

3. 调查对象中少数民族比例较低，基本保持10%左右（见图2）。

4. 调查对象中党员和入党积极分子所占比例都超过了50%，说明女校的调查对象在政治上都积极要求进步。随年级升高，党员比例和入党积极分子所占比例升高，一年级呈最低值，符合一年级开始进行入党培养的现状（见表5）。

表5　　　　　　　　不同年级学生政治面貌的差异

	中共党员	共青团员	入党积极分子	群众
一年级	8.1%	71.1%	16.9%	3.9%
二年级	5.9%	31.5%	58.5%	4.1%
三年级	34.7%	25.4%	34.6%	5.3%
四年级	23.5%	16.2%	48.7%	11.6%

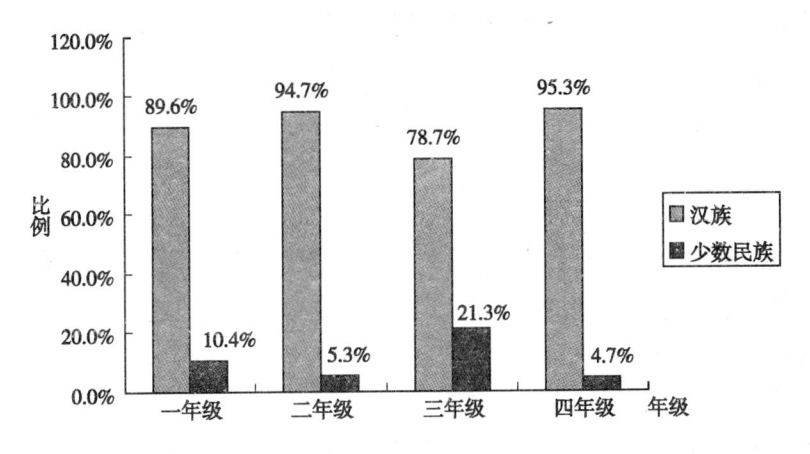

图 2 不同年级学生的民族差异

5. 调查对象父母亲的文化程度。父母文化水平普遍较低。父亲中，大专及以上文化程度占 23%—38.4%；高中及中等职业文化程度占 18.8%—29.4%；初中及以下文化程度所占比例最高，占 34.2%—58.1%。母亲中，大专及以上文化程度占 18.9%—40%，年级整体普遍比率低于父亲比例，但是四年级呈特殊比例，达 40%；高中及中等职业教育程度占 21.8%—25.4%；初中文化程度所占比例最高，为 35%—58.1%，普遍比率高于父亲比例（见表6、表7）。

表 6 不同年级学生父亲文化程度差异

	不识字或识字很少	小学	初中	高中	中等职业教育学校	大专	本科	研究生
一年级	2.7%	8.3%	31.5%	26.0%	3.4%	12.8%	14.3%	1.1%
二年级	2.1%	9.3%	34.1%	24.8%	4.0%	11.4%	12.4%	1.9%
三年级	16.9%	18.6%	22.6%	16.3%	2.5%	6.7%	12.2%	4.1%
四年级	3.9%	9.0%	21.3%	22.7%	4.7%	16.2%	19.6%	2.6%

6. 调查对象家庭收入水平普遍偏低。家庭人均月收入在不同年级中未见规律变化，但基本集中在 500—1000 元、1001—1500 元和 2001—5000 元，在 500 元以下的历年恒定在 10% 左右，8% 左右的基本集中在万元以上（见表8）。

表7　　　　　　　不同年级学生母亲文化程度差异

	不识字或识字很少	小学	初中	高中	中等职业教育学校	大专	本科	研究生
一年级	4.7%	17.3%	33.7%	21.3%	4.1%	9.5%	8.7%	0.7%
二年级	7.3%	18.2%	32.6%	18.5%	3.3%	9.3%	9.5%	1.2%
三年级	3.5%	17.5%	23.8%	20.5%	2.8%	14.4%	14.9%	2.6%
四年级	3.4%	10.5%	21.1%	18.0%	6.8%	16.3%	19.3%	4.5%

综合以上数据可以看出，在高等教育机会分配方面，来自低收入家庭学生比例逐年增加，低收入家庭获得教育机会在逐渐增加，这对于促进教育公平和社会发展具有积极意义，但是来自乡镇和农村学生的比例较高，对于学校的挑战会增大。在享受高等教育机会方面，弱势群体依然处于不利地位，此外，父母教育程度、职业地位以及家庭收入高低都会影响学生获得高等教育机会。

表8　　　　　　　不同年级学生家庭月收入的差异

	<500元	500—1000元	1001—1500元	1501—2000元	2001—5000元	5001—10000元	≥10000元
一年级	11.1%	15.5%	27.3%	17.0%	17.3%	3.9%	7.9%
二年级	10.8%	20.6%	16.9%	14.1%	21.9%	10.0%	5.7%
三年级	10.1%	10.2%	18.9%	15.5%	19.0%	18.3%	8.0%
四年级	7.3%	12.7%	12.5%	13.9%	24.8%	20.5%	8.3%

二　思想状况

（一）入党意愿

调查对象中表示愿意加入中国共产党的比例占到54.3%以上，随着年级升高有所下降，由一年级的79.2%降到70.3%，三年级入党意愿最低，为54.3%；选没想好的占10.5%—25.7%，不愿意加入中国共产党的占6.4%—20%（见表9）。

在入党动机上：愿意入党的同学中，入党动机主要是追求理想和信念，占到48.1%—54.6%，其次是谋求事业上的发展或寻求政治荣誉感、增强就业竞争力（见表10）。

表9　　　　　　　　　不同年级学生的入党意愿差异

	愿意	没想好	不愿意
一年级	79.2%	14.4%	6.4%
二年级	76.2%	10.5%	13.3%
三年级	54.3%	25.7%	20.0%
四年级	70.3%	13.2%	16.5%

表10　　　　　　　　　不同年级学生的入党动机差异

	追求理想和信念	寻求政治荣誉感	谋求事业上的发展	增强就业竞争力	对党的执政地位和执政理念有信心	其他
一年级	51.3%	12.4%	14.0%	14.2%	7.0%	1.1%
二年级	48.1%	32.1%	12.7%	6.2%	0.9%	0.0%
三年级	54.6%	36.0%	6.8%	2.3%	0.3%	0.0%
四年级	51.9%	21.6%	18.7%	6.7%	1.1%	0.0%

数据显示，大部分同学对加入党组织方面有意愿，但是没有想好的比例还不少。女校在学生思想政治教育过程中，党的组织培养和发展的任务很重，大一到大四中有较大的空间发展党员，特别是大三学生在学业、择业发展过程中处于一个关键点和迷茫点，也是容易失落的一点，需要加强政治引导和信仰引导。

（二）人生价值

调查对象认为人生价值主要体现排在前四位的是：对社会的贡献大小，占到47.6%—72.7%，职务的高低和权力的大小占到11.1%—34.4%。还有8%左右的同学选择人生价值体现在其他方面，主要包括自我感觉幸福、家庭和睦以及实现自身的价值（见表11）。

表11　　　　　　　不同年级学生对于人生价值看法的差异

	对社会贡献大小	职务的高低和权力的大小	经济收入高低	生活舒适安逸
一年级	72.4%	11.0%	8.1%	8.4%
二年级	68.6%	19.2%	25.3%	48.6%
三年级	47.6%	33.1%	19.6%	37.1%
四年级	72.7%	34.4%	21.6%	34.4%

（三）参加公益活动的目的

女校学生参加社会公益活动的目的占首位的是服务社会帮助他人，占到 55%—80.6%；其次是满足自我，提高精神境界，占到 47%—72.1%；第三位是获得更多求职机会，占 21.9%—45.8%，还有 8.5%—37.6% 的同学选择获得赞扬；有 5.7%—18.4% 的同学选择应付学校的作业（见表12）。

表12　　　　　　　不同年级学生参加公益活动目的差异

	服务社会帮助他人	获得赞扬	满足自我，提高精神境界	应付学校作业	获得更多求职机会
一年级	80.6%	8.5%	64.5%	5.7%	29.6%
二年级	79.7%	12.5%	72.1%	6.0%	45.8%
三年级	55.0%	37.6%	47.0%	18.4%	26.1%
四年级	78.9%	20.6%	61.0%	7.1%	21.9%

大部分学生参加公益活动的目的是服务社会，帮助他人，公益意识强，也有部分同学比较现实，还有部分同学为了得到赞扬背后所潜在的内在价值驱动力需要加强引导。

（四）遇到老人摔倒时的处理方式

在"遇到老人摔倒该如何处理"这种具体的道德行为问题上，大部分同学表示会选择即使没有旁证，也会上前搀扶。一、二、四年级所占比例为 58.3%、49.7%、54.0%，但是三年级的比例最低，为 33.6%，三年级占首位的是若有旁证才会主动上前搀扶，占到 51.2%。11.3%—19.1% 的同学选择通过拨打110、120等其他方式间接帮助摔倒老人。1.8%—4% 的同学选择视而不见（见表13）。

表13　　　　　　　不同年级学生对待老人摔倒做法的差异

	视而不见	若有旁证才主动上前搀扶	即使没有旁证同样会上前搀扶	通过拨打110、120等其他方式间接帮助
一年级	1.8%	23.0%	58.3%	16.9%
二年级	3.9%	27.3%	49.7%	19.1%
三年级	3.9%	51.2%	33.6%	11.3%
四年级	4.0%	23.8%	54.0%	18.2%

四个年级学生处理问题的方式基本相同,有的学生在选择帮助老人的同时,先想到保护自己,有的学生则没有考虑自身,只考虑救助老人。但也有少数学生比较冷漠,对倒地的老人视而不见。

(五) 无人监考时是否作弊

在学术诚信度方面,面对在考试中无人监考的情景,当无人监考时,有63.7%—73.5%的同学选择不会作弊;19.4%—27%的同学说不准;有6%—9.3%的同学则选择会作弊(见表14)。

表14　　　　　不同年级学生对待作弊的态度差异

	会	不会	说不准
一年级	6.0%	71.2%	22.8%
二年级	8.4%	66.3%	25.3%
三年级	9.3%	63.7%	27.0%
四年级	7.1%	73.5%	19.4%

从数据可以看出,大部分学生有自律意识,反对校园考试作弊现象,但是也有少数学生自律意识较差,心存侥幸,需倡导诚信考试,需加大纪律宣传教育,规范作弊处理。

(六) 表达孝心的方式

向父母表达孝心的方式占到前四位的是找一份好工作回报父母,占41%—69.1%;经常和父母谈心交流,占41.3%—59.1%;好的学习成绩回报父母,占28.3%—55.5%;有事自己担当不让父母操心,占29.8%—45%。四个年级基本保持高比例的是找一份好的工作,且有一年级略高,高年级有所降低的趋势(见表15)。

表15　　　　　不同年级学生表达孝心方式的差异

	以良好的学习成绩回报父母	经常和父母谈心交流	勤工俭学,减少父母经济负担	有事自己承担不让父母操心	练好本领,将来找一份好工作回报父母
一年级	55.5%	59.1%	41.9%	45.0%	69.1%
二年级	39.5%	49.6%	23.6%	29.8%	51.7%
三年级	28.3%	48.8%	23.8%	32.9%	41.0%
四年级	36.4%	41.3%	24.7%	32.5%	44.6%

（七）期望的家庭生活模式

大部分同学所期望的家庭生活模式是男女平等，占 46.2%—80%，其中三年级比例最低，为 46.2%，其他年级在 70% 以上；5.2% 以下的同学认为理想生活是做全职太太。20% 左右的同学希望男主外、女主内，10% 左右的同学期望女主外、男主内的家庭生活模式，但三年级同学上升为 28.3%（见表 16）。

女校学生都有比较强的男女平等意识，部分同学更有性别意识，在家庭中希望经济能力更强一些，少数人希望靠男方支撑家庭，延续传统家庭模式。

表 16　　　不同年级学生对待家庭生活模式看法的差异

	男主外，女主内	女主外，男主内	男女平等	全职太太
一年级	17.6%	4.6%	72.6%	5.2%
二年级	12.9%	5.6%	80.0%	1.5%
三年级	23.2%	28.3%	46.2%	2.3%
四年级	17.2%	8.6%	70.4%	3.9%

（八）选择恋爱对象时主要考虑的条件

整体而言同学在选择恋爱对象时第一位考虑的因素是人品，其次是性格和经济。不同年级学生在选择条件时有差异。随着年级升高，考虑人品因素的同学所占比例下降，由 71.5% 降到 53.3%，而考虑学识因素的同学所占比例上升，由 7.8% 上升至 9.5%，但是三年级同学考虑经济因素的比例显著高于其他年级，占到 24.1%，其他年级最高为 6.5%（见表 17）。

表 17　　　不同年级学生选择恋爱对象时考虑的条件差异

	人品	学识	经济	性格	外貌	家庭
一年级	71.5%	7.8%	2.2%	16.2%	0.8%	1.5%
二年级	70.0%	4.9%	6.5%	14.0%	3.8%	0.8%
三年级	53.3%	9.5%	24.1%	10.4%	1.4%	1.3%
四年级	63.0%	9.0%	5.6%	16.1%	4.7%	1.6%

（九）女校"四自"精神熏陶下的收获

"四自精神"对女校的学生影响较大，使他们在独立性方面（占

61.7%—76.8%），自信心提高有较大收获（占 53.3%—66.3%），还增强了社会责任感和使命感（占 48.2%—53.8%），有利于女大学生就业，促进女大学生成才，还有其他收获，如提升了性别意识（见表18）。

表18　　　　不同年级学生对"四自"精神熏陶收获的差异

	独立性增强	提高自信心	增强社会责任感和使命感	有利于女大学生就业	促进女大学生成才
一年级	76.0%	53.3%	53.8%	20.3%	39.0%
二年级	76.8%	66.3%	53.7%	16.6%	41.1%
三年级	61.7%	66.3%	52.7%	20.3%	21.7%
四年级	68.2%	55.2%	48.2%	16.5%	25.8%

（十）与同学们经常议论的热门话题

良好的同伴互动与交流对学术发展、知识活动、分析和解决问题的能力管理都有促进。整体上，女校学生同伴互动普遍。学生在学习就业、情感交流和休闲娱乐方面的互动较为频繁。女校中不同年级与同学们经常议论的热门话题基本雷同，占第一位的是学习就业问题，第二位的是娱乐生活，第三位的是同学关系或恋爱问题。此外三、四年级学生较一、二年级同学讨论民主政治以及经济发展方面问题的比例明显高于一、二年级（见表19）。

表19　　　　不同年级学生经常与同学讨论的热门话题的差异

	国际话题	民主与政治	经济发展	学习就业	同学关系	恋爱问题	娱乐生活
一年级	19.9%	18.3%	20.8%	71.8%	50.3%	48.2%	60.8%
二年级	15.0%	18.5%	23.8%	72.4%	45.4%	48.1%	51.4%
三年级	15.5%	27.1%	27.5%	51.0%	40.3%	34.9%	46.3%
四年级	17.2%	26.2%	25.0%	60.1%	32.4%	43.0%	51.4%

三　学习情况

（一）在课堂教学中，最关注老师的哪些方面

在课堂教学中，学生普遍关注老师的教学水平和人格魅力。低年级学生较多关注教学水平，而三年级学生较多关注教师人格魅力。最不关注的

是老师的创新精神,各院校各年级对此关注的均未超过2.5%(见表20)。

表20　　　不同年级学生在课堂教学中关注老师的不同方面的差异

	教学水平	人格魅力	敬业精神	学术水平	创新精神	育人意识	其他
一年级	45.6%	44.3%	2.1%	3.8%	0.5%	3.7%	0.0%
二年级	45.3%	33.5%	7.6%	7.2%	1.4%	4.8%	0.2%
三年级	33.1%	53.9%	4.6%	3.9%	0.9%	3.5%	0.0%
四年级	35.7%	39.4%	6.1%	10.2%	2.5%	5.6%	0.5%

由此可见,她们在学习的过程中希望获取更多的课本知识,也希望获得教师的人格影响。

(二) 喜欢的讲座类型

调查对象中表现出学生最喜欢的讲座比例较高的是人文社科类学术报告、形势报告和时事热点分析。此外、学生比较关注的还有青春励志类和心理健康类讲座(见表21)。

由此可以看出,学生对社会动态、国家形势的关注度最高,其次在个人的修身养性以及对未来的期盼表现出较高的关注。对于人生明确规划的意识还有待强化。

表21　　　　　不同年级学生喜欢的讲座类型差异

	人文、社科学术报告	形势报告	科学技术发展动态	英雄模范人物事迹报告	时事热点分析	心理健康	青春励志	流行时尚	人生规划	其他
一年级	25.7%	24.1%	3.5%	4.1%	14.5%	7.1%	13.6%	3.8%	0.5%	3.1%
二年级	31.4%	22.3%	12.5%	10.5%	44.6%	31.7%	51.9%	27.3%	38.9%	0.0%
三年级	30.3%	38.2%	19.7%	4.1%	36.5%	32.9%	32.0%	21.8%	25.6%	0.0%
四年级	54.5%	32.1%	25.8%	7.4%	34.2%	20.4%	28.8%	22.3%	18.5%	2.8%

(三) 参加科技竞赛活动情况

随着年级升高,参加科技竞赛的次数也逐渐增高(见图3)。参加科技竞赛活动同学认为所获得的帮助最高地体现在培养团队合作精神,占45.8%—65.2%;其次是提高沟通能力和协调组织能力,占35.4%—59.6%,并有助于拓宽视野方面(见表22)。

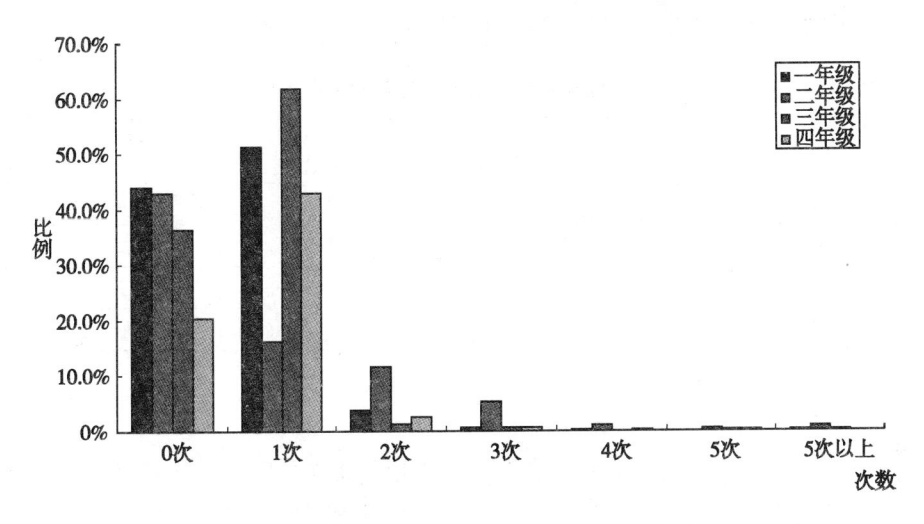

图3 不同年级学生参加科技竞赛活动次数的差异

表22　　　　不同年级学生参加科技竞赛活动收获的差异

	专业知识运用	培养团队合作精神	提升科研能力	掌握初步科研方法	提高沟通能力和协调组织能力	增强自信心	拓宽视野
一年级	45.6%	65.2%	20.6%	17.1%	59.6%	39.7%	47.1%
二年级	34.6%	60.3%	14.7%	10.4%	49.4%	25.8%	40.4%
三年级	32.8%	55.4%	25.6%	16.2%	36.3%	22.9%	35.6%
四年级	34.7%	45.8%	18.6%	17.0%	35.4%	20.6%	33.4%

（四）参加社会实践活动情况

一年级同学没有参加过社会实践的活动次数的比例显著高于其他年级同学，二年级同学参加2次及以上社会实践的次数所占比例升高。

参加过学校组织的社会实践活动的同学们认为参加社会实践活动对自己的成长最大的帮助是了解社会（占36.7%—68.1%）、锻炼自身能力（29.9%—41%）、拓宽了视野（占3.1%—19.3%）。

（五）学习方面存在的困难

在学习方面，同学们集中碰到的困难基本相同，主要是学习方法不当，占45.1%—59.5%；不能很好地与老师沟通，占39.2%—47.3%；对自己没有信心，占25.6%—38%；对专业不感兴趣，占33.3%—55.6%（见表23）。不同年级之间有差异，年级越低的同学，越容易遇到不能很好地与老师沟通、学习方法不当、对专业不感兴趣以及对自己没信心的困难。随年级增高有所缓解，比例下降。

表 23　　　　　　不同年级学生在学习方面存在的困难差异

	不能很好地与 老师沟通	学习方法 不当	对专业 不感兴趣	对自己 没有信心
一年级	47.3%	59.5%	55.6%	38.0%
二年级	41.8%	46.0%	33.3%	34.2%
三年级	40.2%	49.8%	35.1%	35.7%
四年级	39.2%	45.1%	35.1%	25.6%

（六）对自己学习状况的满意度

对自己的学习状况的满意度上，总体趋势相同。感到非常满意和非常不满意的比例都较低，感到对自己的学习状况感到比较满意、一般和不满意的比例较高。一年级同学的学习满意度最高，达到30.9%（见表24）。

表 24　　　　　不同年级学生对自己学习状况满意程度的差异

	非常满意	比较满意	一般	不太满意	非常不满意
一年级	30.9%	49.8%	13.7%	3.4%	2.2%
二年级	3.9%	27.1%	43.3%	21.7%	4.0%
三年级	8.2%	45.0%	31.8%	10.8%	4.3%
四年级	9.3%	44.0%	37.0%	7.9%	1.8%

不同年级同学不满意学习情况的原因体现在，一年级学生较多认为教师教学水平不高以及教学条件差，随着年级升高，学生则较多是因为对自己的专业不感兴趣，担忧本专业的就业前景以及自律能力方面的原因。

四　生活情况

（一）课余时间的安排方式

同学们主要将课余时间用于休息娱乐，占52.8%—78.4%，学习占41.3%—69.2%，参加社团活动，占31.8%—45.6%（见表25）。随年级升高，学习、参加社会实践、勤工俭学及休息娱乐所占比例逐年下降，而从事志愿服务的学生所占比例升高。

（二）上网情况

上网情况无明显年级差异。每天上网时间在1—3个小时的学生所占比例均最高，随年级升高，每天上网时间在3—5小时比例升高（见图4）。学生上网的主要目的是查找学习资料，阅读新闻，音乐和娱乐及聊天、交友。随年级升高，阅读新闻、聊天交友及音乐娱乐比例逐年增高（见表26）。

表25　　　　　　　　不同年级学生课余时间安排方式的差异

	学习	参加社团活动	志愿服务	社会实践	勤工俭学	休息娱乐
一年级	69.2%	42.0%	25.2%	31.0%	24.7%	78.4%
二年级	61.0%	31.8%	23.5%	23.5%	30.7%	75.8%
三年级	41.3%	45.6%	26.2%	18.4%	19.8%	52.8%
四年级	51.6%	39.1%	27.8%	29.7%	22.5%	66.2%

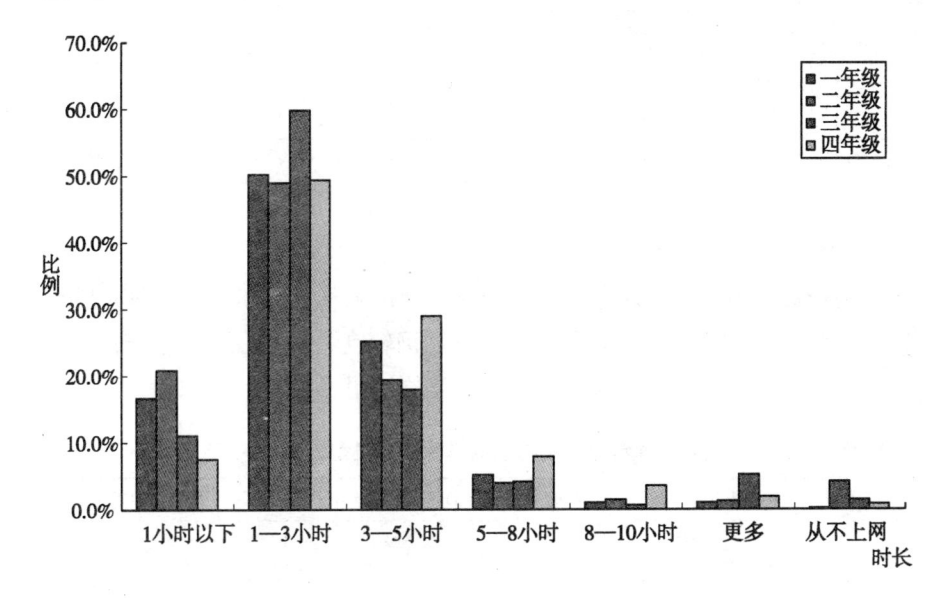

图4　不同年级学生上网时间的差异

表26　　　　　　　　不同年级学生上网目的差异

	查找学习资料	阅读新闻	聊天、交友	玩游戏	收发邮件	音乐、娱乐	其他
一年级	76.9%	17.2%	3.8%	0.1%	0.0%	2.0%	0.2%
二年级	41.1%	18.3%	13.5%	1.2%	3.7%	21.6%	0.6%
三年级	31.5%	28.6%	15.1%	2.6%	5.9%	15.9%	0.4%
四年级	33.6%	22.7%	13.2%	3.0%	6.2%	21.0%	0.3%

一年级学生上网的目的主要是查找学习资料,随着年级升高,上网去阅读新闻、聊天交友以及音乐娱乐的学生所占比例也逐渐升高。

(三)参加课外活动情况

学生最喜欢的课外活动占前三位的是社会实践活动,占 35%—56.1%;志愿服务活动,占 41.4%—52.8%;文艺体育竞赛活动,占 37.6%—44.6%,所占比例最低的是辩论赛等文化类竞赛活动,占 18.5%—33.1%(见表 27)。

表 27　　　　　不同年级学生喜欢的课外活动的差异

	各种主题教育活动	社团活动	讲座或报告会	文艺体育竞赛活动	辩论赛等文化类竞赛活动	社会实践活动	志愿服务活动
一年级	25.0%	38.8%	21.7%	44.6%	21.9%	56.1%	52.8%
二年级	28.0%	36.7%	23.1%	41.9%	23.4%	51.4%	51.3%
三年级	22.8%	30.8%	31.4%	37.6%	33.1%	35.0%	41.4%
四年级	29.5%	37.7%	24.6%	38.0%	18.5%	40.8%	42.9%

(四)参加学生社团的情况

调查对象中,一年级学生参加理论、公益服务、文体类社团活动高于其他年级,二年级喜欢兴趣爱好类社团比例较高,达 38.4%(见表 28),年级越高的学生越倾向于参加公益服务类的社团。

表 28　　　　　不同年级学生喜欢的学生社团类型差异

	理论研究类	公益服务类	社会实践类	文体类	兴趣爱好类
一年级	17.4%	24.0%	29.5%	24.1%	5.0%
二年级	4.4%	19.7%	26.7%	10.8%	38.4%
三年级	4.6%	51.7%	17.6%	3.7%	22.4%
四年级	8.1%	33.5%	23.9%	11.0%	23.5%

(五)与同学的关系

绝大部分学生与同学关系良好,但也有 12.4%—19.6% 的同学反映关系一般,有 5% 以下同学认为与同学关系不太好(见表 29)。与同学关系不好的主要原因是缺乏沟通。

(六)与宿舍同学的关系

不同年级学生对宿舍生活满意度有显著差异,随年级升高,满意度升高，一、二年级逐步递增为 47.9%、75.9%、83%、86.6%（见图5）。不满意的原因主要是宿舍住人多，作息时间不一致，宿舍空间小等。

表 29　　　　　　　　不同年级学生与同学关系的差异

	非常好	比较好	一般	不太好	很不好
一年级	26.6%	60.1%	12.4%	0.4%	0.5%
二年级	23.4%	61.5%	14.1%	0.7%	0.3%
三年级	19.5%	52.5%	19.6%	3.5%	4.9%
四年级	26.2%	60.8%	12.8%	0.0%	0.2%

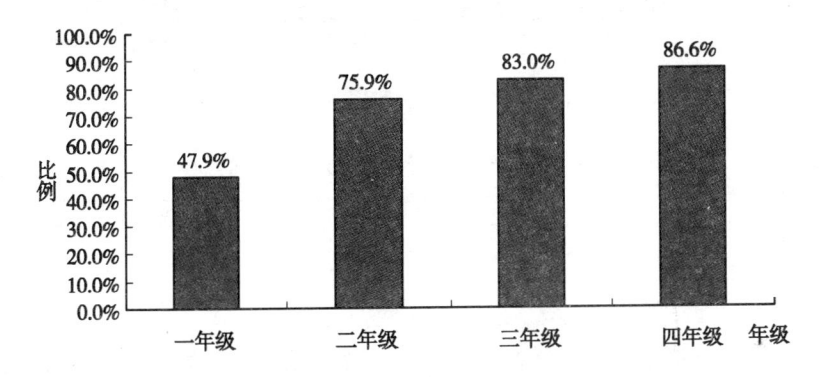

图 5　不同年级学生对宿舍生活满意度差异

（七）遇到烦恼和挫折时交流的对象

学生在遇到困难和问题时最想交流的对象占前两位的是家人和朋友，一年级交流对象占首位的是家人41.8%，到第二、三、四年级交流对象占首位的转向了朋友（见表30）。

表 30　　　　　不同年级学生遇到问题时交流对象的差异

	任课老师	辅导员	班主任	学生干部	家人	朋友	同学	室友	网友	心理咨询老师	院系领导	其他
一年级	3.9%	4.0%	1.3%	23.9%	41.8%	14.8%	5.4%	2.5%	0.9%	0.4%	0.1%	1%
二年级	6.0%	4.1%	2.8%	1.8%	24.0%	46.8%	5.0%	7.2%	0.4%	0.6%	0.4%	0.9%
三年级	13.3%	6.6%	1.1%	4.1%	25.2%	37.1%	4.4%	5.7%	0.4%	1.0%	0.7%	0.4%
四年级	11.3%	2.7%	2.6%	1.7%	32.3%	36.3%	7.4%	4.2%	0.9%	0.3%	0.0%	0.3%

（八）与辅导员和班主任交流情况

学生与班主任和辅导员沟通的情况有差异，整体比例在30%以下，但是随年级增高，与班主任和辅导员经常沟通的比例在下降（见图6）。主要沟通问题是学习和就业方面的，其次是生活及班级校级活动和心理方面的问题（见表31、表32）。

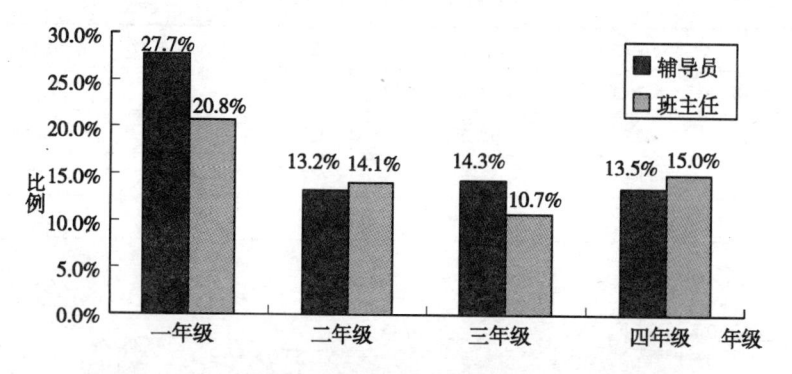

图6 不同年级学生与辅导员和班主任沟通状况的差异

表31 不同年级学生与辅导员沟通的问题差异

	学习上	生活上	就业问题	班级活动	心理问题	请假
一年级	41.0%	56.0%	0.1%	2.2%	0.4%	0.3%
二年级	61.5%	19.6%	12.3%	5.1%	1.5%	0.0%
三年级	35.9%	63.3%	0.6%	0.3%	0.0%	0.0%
四年级	32.7%	45.5%	19.8%	1.0%	1.0%	0.0%

总体来看，学生与辅导员、班主任、心理咨询教师良好交流和互动的比例较低，均不到30%，这表明，还要加强辅导员、班主任、心理咨询师在学生工作中的作用。学校要加强辅导员、班主任职责管理，加强业务培训，加强深度辅导工作，真正开展与学生心灵的平等交流，提升信任度，解决学业、心理、情感等成长困惑。

表32 不同年级学生与班主任沟通的问题差异

	学习上	生活上	就业问题	班级活动	心理问题	请假
一年级	28.8%	68.4%	0.8%	1.9%	0.1%	0.0%
二年级	57.5%	21.8%	11.7%	5.2%	1.9%	1.9%
三年级	40.5%	58.6%	0.3%	0.6%	0.0%	0.0%
四年级	40.5%	58.6%	0.3%	0.6%	0.0%	0.0%

五 发展状况

(一) 对本专业前景的了解程度

调查显示,只有5.5%—9.2%的学生对自己专业的发展前景非常了解,32%—44.8%的学生对自己专业的发展前景比较了解,一般了解的同学占37.9%—46.9%,不太了解的占6.5%—16.1%,还有0.6%—1.6%的同学非常不了解自己专业的发展前景(见表33)。

表33　　不同年级学生对自己所学专业发展前景的了解程度差异

	非常了解	比较了解	一般	不太了解	很不了解
一年级	6.4%	38.3%	42.2%	11.5%	1.6%
二年级	5.5%	32.0%	45.2%	16.1%	1.2%
三年级	8.8%	35.6%	46.9%	8.1%	0.6%
四年级	9.2%	44.8%	37.9%	6.5%	1.6%

可见,整体而言,部分同学对自己的专业发展前景比较了解,对于自己专业的发展前景了解不够的还占很大比例,专业规划和专业前景介绍有待加强。

(二) 对自己的职业生涯发展的规划

调查显示,9.1%—18.3%的同学对自己的职业生涯发展有明确的规划,60%以上的同学有一个粗略的规划,13.2%—20.4%的同学正在规划自己的职业生涯,还有6%—9.5%的同学没有规划(见表34)。

表34　　　　　　　不同年级学生的职业发展规划

	有明确规划	有粗略的规划	正在规划	没有规划
一年级	12.2%	62.3%	17.9%	7.6%
二年级	9.3%	61.6%	19.6%	9.5%
三年级	9.1%	63.2%	20.4%	7.3%
四年级	18.3%	62.5%	13.2%	6.0%

总体而言,学生对自己职业生涯规划有明确规划的比例还较低,不超过18.3%,大部分同学还是有一定的规划意识,但是不够明确;还有部分同学没有规划。

(三) 对未来的看法

调查对象对未来工作中最重要的能力的看法：占前三位的是团队协作与沟通能力，占 33.5%—38.1%，专业知识能力，占 20.5%—33%，综合性知识与素养，占 19.8%—26.9%（见表35）。随年级升高，越来越多的学生意识到未来工作中专业知识能力的重要。

表 35　不同年级学生对未来工作中最重要的能力看法的差异

	团队协作与沟通能力	专业知识能力	综合性知识与素养	创新思维和创造能力	社会责任心和使命感
一年级	38.1%	20.5%	27.6%	7.9%	5.9%
二年级	33.5%	22.2%	26.7%	10.4%	7.2%
三年级	36.3%	33.0%	19.8%	4.2%	6.7%
四年级	35.5%	26.2%	26.9%	4.8%	6.6%

(四) 对就业的了解

调查显示，在女校学生中，对大学生择业、就业、创业政策了解一般的比例占 34.1%—46.1%，并随年级升高而有所升高；不太了解的，占 23.8%—42.3%，随年级升高而降低；了解的同学比例较少，占 14.2%—22.1%，但随年级升高而略有增加，很不了解的占 2.4%—6.8%，非常了解的占 2.4%—5.6%（见表36）。

表 36　不同年级学生对大学生择业、就业、创业政策了解程度差异

	非常了解	比较了解	一般	不太了解	很不了解
一年级	2.9%	14.2%	43.6%	32.6%	6.7%
二年级	2.4%	16.6%	34.1%	42.3%	4.6%
三年级	3.7%	19.4%	42.2%	27.9%	6.8%
四年级	5.6%	22.1%	46.1%	23.8%	2.4%

学生在选择未来发展方向时主要考虑的因素依次分别是：薪酬与福利、发展机会及兴趣或社会声誉等（见表37）。但不同年级有显著差异，低年级学生较多考虑薪酬与福利，随着年级升高，越来越多的同学考虑社会声誉、发展机会、专业对口及兴趣。

表37　　　不同年级学生选择工作时主要考虑的因素差异

	社会声誉	薪酬与报酬	发展机会	专业对口	兴趣	挑战性	稳定性	地域	工作环境	其他
一年级	11.2%	69.2%	9.8%	1.1%	5.5%	1.3%	1.6%	0.3%	0.1%	0.0%
二年级	9.5%	30.8%	29.1%	4.2%	14.0%	1.3%	4.6%	2.8%	3.6%	0.1%
三年级	14.9%	27.4%	23.0%	6.7%	10.9%	1.3%	7.1%	4.8%	3.7%	0.2%
四年级	15.4%	21.6%	30.0%	7.7%	12.5%	1.4%	4.4%	4.2%	2.4%	0.4%

面对当前的就业形势，大部分同学打算参加各种职业培训，拿到多项资格证书；多方寻求实习机会，弥补经验不足的缺陷，增强求职的自信；关注社会就业市场动态，随时调整自己的就业策略；进一步提升学历层次，增强就业竞争力。

六　综合部分

（一）对学校各项工作的满意度

学生对学校各项工作感到满意的依次排序因年级不同而有所不同，但综合四个年级曾位列榜单前三的有所学专业、师德、家庭经济困难学生资助工作；位列过榜单后三的有课堂教学、就业指导，社团活动、社会实践活动（见表38）。

表38　　　不同年级学生对学校各项工作满意度的差异

	所学专业	课堂教学	教学	教师师德	学习风气	思政教育	体育	困难学生资助	心理健康教育	大学生社团活动	社会实践活动	就业指导	后勤保障	大学学习	校园环境
一年级	33.6%	22.4%	29.0%	37.3%	21.6%	24.1%	36.5%	28.8%	31.4%	21.7%	24.9%	27.3%	17.5%	18.3%	21.5%
二年级	25.7%	17.7%	16.6%	29.5%	21.9%	19.0%	27.1%	19.2%	18.2%	14.2%	12.4%	12.9%	13.8%	16.1%	20.4%
三年级	28.3%	14.0%	23.2%	26.4%	28.1%	18.3%	30.3%	31.7%	19.7%	17.1%	17.3%	17.0%	15.4%	21.6%	27.3%
四年级	30.0%	23.3%	20.3%	24.5%	20.6%	22.1%	24.6%	25.3%	22.2%	23.1%	23.4%	22.8%	24.3%	24.4%	27.5%

（二）压力来源

同学们在大学期间面临的压力占首位的是就业和发展前景问题，占到28.9%—40.8%，到四年级该压力明显增高至40.8%；其次是学习考研压力和经济压力，学习考研压力在一至二年级均位居第二，占27.8%—33.6%，但到四年级时降到10.7%；经济压力在一、二年级位居第三，占11.6%—12%，到三、四年级时压力比例明显增高，升至27.1%—

28.3%；另外,人际关系问题也是一个压力源,占到了 7.3%—13.1%（见表39）。

表39　　　　　　　不同年级学生面临的压力差异

	学习考研问题	经济压力	人际关系问题	情感问题	就业和发展前景问题	家庭问题	自身适应问题	身体健康问题	其他
一年级	27.8%	12.0%	11.2%	2.6%	35.2%	1.9%	6.8%	0.7%	1.8%
二年级	33.6%	11.6%	7.3%	5.5%	39.5%	2.5%	0.0%	0.0%	0.0%
三年级	28.1%	28.3%	13.1%	0.9%	28.9%	0.7%	0.0%	0.0%	0.0%
四年级	10.7%	27.1%	10.7%	9.0%	40.8%	1.6%	0.0%	0.0%	0.1%

（三）学校应加强对学生培养的内容

在未来的教育中,学生普遍认为要加强的方面位居前三的是思想道德素质,社会责任感和专业能力。其中低年级学生更注重思想道德素质和社会责任感,分别占到36.7%和48%,到高年级降低到16.3%和12%；高年级的学生则更重专业能力的培养,由5.2%上升至27.2%。同时高年级同学将注意力分散到全面发展上,比如认为应该加强培养学生的专业能力、实践能力、人际交往能力以及国际视野,随年级升高比例有所提高（见表40）。

表40　　不同年级学生对于学校应该加强培养学生哪个方面看法的差异

	思想道德素质	社会责任感	专业能力	实践能力	心理调适能力	创新创业能力	人际交往能力	组织领导能力	团队协作能力	国际视野	科研能力	其他
一年级	36.7%	48.0%	5.2%	2.9%	2.0%	1.6%	2.7%	0.5%	0.1%	0.2%	0.1%	0.0%
二年级	16.9%	12.0%	27.2%	15.3%	4.6%	6.3%	8.4%	2.0%	3.0%	3.3%	0.7%	0.3%
三年级	18.6%	18.9%	19.7%	14.5%	4.9%	7.4%	5.0%	1.1%	4.1%	3.4%	2.1%	0.3%
四年级	16.3%	18.3%	26.6%	13.7%	4.3%	3.5%	7.0%	2.8%	2.8%	3.0%	1.7%	0.0%

（四）女校特色的体现

同学们认为女校的特色体现在独立自主的教育,性别平等教育,专业特色及特色课程方面,较好的学习风气,高效管理、优美风景。

（五）对女校发展的建议

女校的同学对于女校发展的建议集中体现在：创新办学理念,突出女校特色,拓展对外交流,增加硬件设备,提高办事效率,强化师资力量等。其中一年级同学对完善基础设施建设的需求较高,二年级同学希望开设形体课程,加强学术教育,三年级同学希望创新办学理念,加强学术教育,四年级同学更注重提高教师队伍素质的需求(见表41)。

表41　　　　　　　不同年级学生对如何建好女院的看法

	创新办学理念	提高教师队伍素质	完善基础设施建设	加强学术方面的教育	加强专业学习	开设形体课程	提高女性修养	图书馆全天开放,每天开放
一年级	14.0%	9.9%	15.8%	6.4%	12.3%	3.4%	4.3%	5.1%
二年级	8.5%	11.5%	15.9%	13.6%	9.5%	18.8%	9.8%	6.3%
三年级	26.1%	6.9%	15.0%	15.4%	11.1%	11.3%	8.6%	1.5%
四年级	15.6%	16.6%	11.6%	5.3%	3.6%	10.6%	4.6%	8.3%

不同年级学生对如何建好女院的看法(续)

	创造良好的学习氛围	扩大校园规模	开展安全教育	帮助学生解决心理问题	多听学生的意见	改善住宿条件	培养现代女性人才
一年级	5.2%	3.3%	5.0%	1.9%	7.7%	3.5%	2.2%
二年级	4.3%	1.7%	0.0%	0.0%	0.0%	0.0%	0.0%
三年级	1.5%	1.9%	0.8%	0.0%	0.0%	0.0%	0.0%
四年级	3.6%	3.0%	6.0%	4.3%	4.0%	1.3%	1.7%

女子高校大学生分层德育模式研究与实践调查报告
（一年级）

中华女子学院课题组
2014 年 9 月

目　录

第一部分　主要结论与建议

第二部分　调查实施与样本描述

　一、调查实施背景

　二、样本描述

第三部分　一年级学生发展概括：定量分析

　一、基本情况

　二、思想状况

　三、学习情况

　四、生活情况

　五、发展方面

　六、综合部分

第一部分　主要结论与建议

第一，一年级的调查对象中多数是自愿选择女校，第一志愿录取率较高，达到72.4%。一年级学生是自己作出决定报考女院的所占比例显著高于其他年级。一年级选择女校的原因的前4项因素从多到少依次为地域优势—女校的独特氛围—专业的吸引力—女校人才培养目标，年轻人对大城市充满了向往，愿意到大城市开阔眼界，了解新鲜事物。对女校的了解限定在专业的吸引力和女校独特的氛围，但对女校的管理方式了解不深，也不完全是自愿选择女校的原因，有的是家长的选择，有的是分数不高不得不选择。可以看出还有部分学生对女校的了解仅仅停留在表面。说明处于首都北京和省会城市这一地理优势依然是女院招生的主要优势，学校应继续大力开展学科建设、硬件建设，改进管理方式，增进学校的整体实力。

第二，一年级调查对象中生源来自中小城市和农村家庭的较多，多子女家庭也较多。家庭收入不高，父母亲的文化程度偏低。这部分学生家庭生活困难，很多学生业余时间外出打工挣钱，影响到学业，经济压力导致学业压力增大，同时影响到就业。这就要求学校要加大资助力度，大力提高学生的综合素质，多角度培养学生。但是家庭经济困难的学生到校之后努力上进，在班级中有较高威信，担任班干部的占较高比例，他们自立精神强，思想上积极进步，向党组织靠拢，有一定的组织协调能力，属于中坚力量，是其他年级学生的榜样。

第三，一年级的调查对象中思想上大多是积极向上的，51.3%入党动机是为了追求理想和信念，人生价值观正确，判断事物的标准符合主流价值观，热爱公益活动，愿意服务社会和他人，有自律意识，对老人尊重和照顾，恋爱观积极健康，女校"四自精神"使得他们独立性增强，自信心提高，收获较大。他们最关注的是就业和学校问题。但也有少部分调查对象政治上迷茫，精神境界不高，人生价值观和恋爱观都有些偏激。对待这部分学生要积极引导，给他们树立榜样，不能简单采取批评教育的方式，要多加引导。

第四，一年级调查对象对教师的关注大多在敬业精神和人格魅力上，对于教师的创新精神和拓宽视野关注略低。在喜欢的讲座类型上，喜欢形势报告和人文社科学术报告的较多，但对人生规划的意识还不够明确。一年级学生认为，参加科技竞赛可以培养他们的团队合作精神，提高沟通能力和协调组织能力等。他们普遍认为学习方法不当、对专业不感兴趣是他们学习方面存在的最大问题。有超过30%以上的一年级学生对自己的学习状况感到满意。不满意的原因主要是教师教学水平不高和教学条件差。学校一定要加大对大一专业入门指导课程的重视,提高教学水平,以便给大学四年打好基础。同时也要多给他们提供参加社会实践的机会,以提升对专业的了解,提高专业研究能力和就业能力。

第五,调查发现,目前一年级学生平均每天上网时间为1—3小时的所占比例最高,其次居多的是1小时和3—5小时。大多数学生上网的主要目的是查找学习资料,但也有部分学生阅读新闻、聊天交友及音乐娱乐,玩游戏和发邮件的几乎没有。这与大一学生的课业负担比较重可能有关。建议加强对学生有效、合理地使用网络的引导和规范,鼓励学生积极利用网络开展学习,促进学生养成网络正常行为,通过网络获取人生成长的正能量。

第六,调查发现,一年级的学生最喜欢的课外活动依次是社会实践活动、志愿服务、体育竞赛、社团活动和各种主题教育活动,讲座、报告会及辩论赛活动喜欢的比例较低。应该为一年级学生多创造社会实践活动机会,提高讲座、报告会的针对性,指导他们参加竞赛活动,从中培养对各类竞赛的兴趣。

第七,一年级调查对象大多与同学相处比较好,对宿舍生活感到不太满意,满意率只占47.9%。这可能与学校基本设施建设有关,另外也可能是大部分同学从舒适的家庭环境来到集体相对空间狭小的环境有关。他们在遇到困难和问题时首先想到的是家人,第二位是学生干部,排在第三位的是朋友,一年级学生中只有不到5%的学生经常与辅导员交流,仅有不到1.3%的学生经常和班主任沟通。可以看出,一年级学生与辅导员、班主任交流的时间和频率较低。从中可以看出,辅导员和班主任工作中忙于日常琐事,辅导员、班主任深入关心学生学业和品德发展方面还投入不足。要积极寻求如何主动走进学生心中,获得学生信任。学校要在制度层面和工作实际层面厘清辅导员和班主任的工作职责,从事务性工作中脱离,加强沟通渠道建设,有效加强深度辅导工作,与学生进行深度交流,建立互动关系,增加信任度。

第八,调查发现,一年级学生对自己的专业只能做到一般了解和比较了解,对自己的职业生涯有一个粗略的规划,选择工作时主要考虑薪酬和报酬,对国家目前大学生择业、就业、创业政策一般了解，面对当前就业形势，主要打算是进一步提升学历层次，增强就业竞争力；一部分学生关注社会就业市场动态，随时调整自己的就业策略。从中可以发现，大一学生还不能很明确自己的人生目标和职业规划，对未来比较迷茫，选择工作较为注重经济效益。面对当前的就业形势，大一学生愿意选择各种职业培训，同时拿到各种执业资格证书，随时调整自己的结业策略和应对方式，学校需要对大一学生加以正确引导，保持这种愿望，多提供职业生涯规划指导。

第九，一年级学生对学校各项工作的满意度依次是：教师师德、体育课、所学专业、心理健康教育、教学、家庭经济困难学生资助、就业指导、思想政治理论课、社会实践活动、课堂教学、学习风气、校园环境、大学学习生活、后勤保障服务。他们最大的压力来源首先是就业和发展问题，其次是学习考研。可以看出，一年级学生更多考虑的是未来的前途，当时报考大学时对未来的希望和理想热情还未减，正在兴头上。学习方面也让他们感觉考研有压力。学校应该加大学姐学妹间的沟通，加大学生导师工作推进的力度，可以举办一些考研辅导，主要还是要发挥专业教师的作用，在专业上对学生进行指导，帮助他们提高学习能力，增强就业竞争力。

第二部分　调查实施与样本描述

一　调查实施背景

根据《女子高校大学生分层德育模式研究与实践》课题进展的需要，为了能够满足女子高校不同年级的大学生的主导性需求，运用教育学、管理学中的"分层理论""细分理论""需求理论""期望理论"，本着"以人为本，尊重差异，贴近学生，完善人格"的原则，构建促进女大学生"快乐学习、健康成长"的德育模式——分层德育模式。本调查项目研究任务就是从不同年级学生的主导性需求进行调查分析，从而为确定分层德育的目标、设计德育内容、实施途径、实施方法、评价方式和运行机制寻找理论依据和实践模式。

二　样本描述

课题组成员进行分年级学生座谈会，了解不同年级学生的需求，确定课题研究的重点，先后四次召开校内《女子高校大学生分层德育模式研究与实践》课题问卷设计研讨会，讨论和确定四个年级的调查问卷。本次调查在女子学院开展，共发放问卷5100份，回收有效问卷5034份，问卷回收率为98.7%。其中一年级的调查问卷共1440份，二年级1780份，三年级965份，四年级849份。经过数据清洁、逻辑检查后，在分年级分学校比对问卷分析基础上形成此调查报告。本次调查内容涉及基本情况、思想状况、学习情况、生活状况、发展方向和综合部分等六个方面。

第三部分　一年级学生发展概括：定量分析

一　基本情况

（一）入学意愿

1440名学生中，72.4%的调查对象以第一志愿录入女子学院（见表1）。71.6%的调查对象选择女校是自己作的决定。

表1　一年级学生在填报志愿时第一志愿报考女院的比例

	是	否
一年级	72.4%	27.6%

（二）选择女校的主要原因

一年级调查对象选择女校的主要原因是考虑地域优势以及女校的独特氛围（见表2）。

表2　一年级同学在选择女院时考虑的因素统计

	女校的人才培养目标	女校的独特氛围	地域优势	专业的吸引力	学校知名度
一年级	28.7%	35.9%	57.2%	31.4%	7.7%

（三）生源地

38.9%的一年级学生来自城市，26.7%的一年级学生来自地级或者县级市，34.4%的一年级学生来自乡镇或者农村（见表3）。

表3　一年级学生生源地情况统计

	省会或直辖市	地级或县级市	乡镇或农村
一年级	38.9%	26.7%	34.4%

（四）独生子女

调查的 1440 名一年级学生中，独生子女占 49.0%（见表 4）。

表 4　　　　　　　　　一年级独生子女状况

	是	否
一年级	49.0%	51.0%

（五）民族

一年级学生中，少数民族调查对象占 10.4%，一年级学生中少数民族所占比例较低。

（六）政治面貌

8.1% 的一年级学生是党员（正式/预备），入党积极分子占 16.9%，71.1% 是共青团员，还有 3.9% 的同学政治面貌是群众（见表 5）。一年级学生党员所占比例不高，需要加大学生党员培养力度。

表 5　　　　　　　一年级学生政治面貌的数字统计

	中共党员	入党积极分子	共青团员	群众
一年级	8.1%	16.9%	71.1%	3.9%

（七）调查对象父母亲的文化程度

如表 6 所示，父亲中，初中文化程度所占比例最高，高中及以上文化程度者所占比例高于母亲，母亲中初中文化程度所占比例最高，初中以下文化程度者所占比例高于父亲。

表 6　　　　　一年级调查对象父母亲的文化程度分布情况

文化程度	父亲	母亲
不识字或识字很少	2.7%	4.7%
小学	8.3%	17.3%
初中	31.5%	33.7%
高中	26.0%	21.3%
中等职业教育学校	3.4%	4.1%
大专	12.8%	9.5%
本科	14.3%	8.7%
研究生	1.1%	0.7%

（八）家庭收入

大一年级学生家庭人均月收入在 500 元以下的，占 11.1%，501—1000 元的学生占 15.5%，1001—2000 元的占 44.3%，家庭人均月收入在 2001 元—10000 元以上的学生占 21.2%（见表 7）。

表 7　　　　　一年级学生家庭月收入的统计

	<500 元	501—1000 元	1001—1500 元	1501—2000 元	2001—5000 元	5001—10000 元	10000 元以上
一年级	11.1%	15.5%	27.3%	17.0%	17.3%	3.9%	7.9%

二　思想状况

（一）入党意愿

一年级学生中，79.2%（1121 人）表示愿意加入中国共产党，14.4% 的学生选择看情况，只有 6.4% 的学生不愿意加入中国共产党。

在愿意入党的学生中，入党动机主要是追求理想和信念，占 51.3%，其次是谋求事业上的发展和增强就业竞争力（见表 8）。

表 8　　　　　一年级学生的入党动机统计

	追求理想和信念	寻求政治荣誉感	谋求事业上的发展	增强就业竞争力	对党的执政地位和执政理念有信心	其他
一年级	51.3%	12.4%	14.0%	14.2%	7.0%	1.1%

（二）人生价值

一年级调查对象的 72.4% 认为人生价值体现在对社会的贡献大小，其次体现在职务的高低和权力的大小，占 11.0%，8.1% 的学生认为人生价值体现在经济收入的高低，8.5% 的学生认为人生价值体现在生活舒适安逸（见表 9）。

表 9　　　　　一年级学生对于人生价值看法的统计

	对社会贡献大小	职务的高低和权力的大小	经济收入高低	生活舒适安逸
一年级	72.4%	11.0%	8.1%	8.5%

（三）参加社会公益活动的目的

一年级调查对象参加社会公益活动的目的是服务社会，帮助他人，占

80.6%，其次是提高精神境界，满足自我占 64.5%，第三位的是获得更多求职机会，占 29.6%，8.5% 的学生为获得赞扬，还有 5.7% 是应付学校的作业（见表10）。

表10　一年级学生参加公益活动目的想法态度

	服务社会帮助他人	获得赞扬	满足自我，提高精神境界	应付学校作业	获得更多求职机会
一年级	80.6%	8.5%	64.5%	5.7%	29.6%

（四）遇到老人摔倒时的处理方式

超过一半的一年级学生在遇到老人摔倒时，选择即使没有旁证，也会上前搀扶（见表11）。

表11　一年级学生对待老人摔倒做法的统计

	视而不见	若有旁证才主动上前搀扶	即使没有旁证同样会上前搀扶	通过拨打110、120等其他方式间接帮助
一年级	1.8%	23.0%	58.3%	16.9%

（五）无人监考时是否作弊

当无人监考时，一年级学生有 71.2% 选择不会作弊，22.8% 的学生说不准，有 6.0% 的学生则选择会作弊。

（六）表达孝心的方式

55.5% 的一年级学生选择以良好的学习成绩回报父母的方式来表达孝心，59.1% 的一年级学生选择以经常和父母谈心交流的方式表达孝心，41.9% 的一年级同学选择会以勤工俭学减少父母经济负担的方式表达孝心，45.0% 的一年级学生选择有事自己担当不让父母操心的方式来表达孝心，69.1% 的一年级学生会以练好本领将来找一份好工作回报父母的方式表达孝心（见表12）。

表12　一年级学生表达孝心方式的统计

	以良好的学习成绩回报父母	经常和父母谈心交流	勤工俭学，减少父母经济负担	有事自己承担不让父母操心	练好本领，将来找一份好工作回报父母
一年级	55.5%	59.1%	41.9%	45.0%	69.1%

（七）期望的家庭生活模式

72.6%的一年级学生所期望的家庭生活模式是男女平等，期望男主外、女主内的家庭生活模式的学生占17.6%，4.6%的同学希望女主外、男主内，还有5.2%的同学希望做全职太太（见表13）。

表13　　　　　一年级学生对待家庭生活模式看法的统计

	男主外，女主内	女主外，男主内	男女平等	全职太太
一年级	17.6%	4.6%	72.6%	5.2%

（八）选择恋爱对象时首要考虑的条件

一年级的大部分学生在选择恋爱对象时第一位考虑的条件是人品，第二位考虑的条件是性格，第三位考虑的条件是学识（见表14）。

表14　　　　　一年级学生选择恋爱对象时考虑的条件

	人品	学识	经济	性格	外貌	家庭
一年级	71.5%	7.8%	2.2%	16.2%	0.8%	1.5%

（九）女校"四自"精神培养的收获

通过女校的"四自"精神培养，一年级学生最大的收获是：独立性增强，占76%，其次是增强了社会责任感和使命感，占53.8%，53.3%的学生的收获是自信心提高，39.0%的学生认为"四自"精神培养的收获是促进女大学生成才，20.3%的学生认为"四自"精神教育的收获是有利于女大学生就业（见表15）。

表15　　　　　一年级学生对"四自"精神培养收获的统计

	独立性增强	提高自信心	增强社会责任感和使命感	有利于女大学生就业	促进女大学生成才
一年级	76.0%	53.3%	53.8%	20.3%	39.0%

（十）学生经常议论的热门话题

一年级学生与同学们经常议论的热门话题主要是学习就业问题、娱乐生活和同学关系（见表16）。

表 16　　　　一年级学生经常与同学讨论的热门话题的统计

	国际话题	民主与政治	经济发展	学习就业	同学关系	恋爱问题	娱乐生活
一年级	19.9%	18.3%	20.8%	71.8%	50.3%	48.2%	60.8%

三　学习情况

（一）在课堂教学中，最关注老师的哪些方面

大一新生在课堂教学中，首先关注教师的教学水平，其次是个人魅力，最不关注的是教师的创新精神（见表17）。

表 17　　　一年级学生在课堂教学中关注老师的不同方面的统计

	教学水平	人格魅力	敬业精神	学术水平	创新精神	育人意识	其他
一年级	45.6%	44.3%	2.1%	3.8%	0.5%	3.7%	0.0%

（二）喜欢的讲座类型

一年级调查对象最喜欢人文、社科学术报告，其次是形势报告以及时事热点分析，所占比例最少的是人生规划类的讲座（见表18）。

表 18　　　　　　　调查对象喜欢的讲座类型

讲座类型	百分比
人文、社科学术报告	25.7%
形势报告	24.1%
科学技术发展动态	3.5%
英雄模范人物事迹报告	4.1%
时事热点分析	14.5%
心理健康	7.1%
青春励志	13.6%
流行时尚	3.8%
人生规划	0.5%
其他	3.1%

（三）参加学校各类科技竞赛活动情况

44.0%的学生没有参加过学校各类科技竞赛活动，参加过1次的学生占51.2%，参加过2次及以上的学生占4.8%。

一年级学生认为科技竞赛活动对他们最大的帮助分别是：培养团队合作精神（65.2%）、拓宽了视野（47.1%）以及专业知识的运用（45.6%）（见表19）。

表19　一年级学生参加科技竞赛活动收获的统计

	专业知识运用	培养团队合作精神	提升科研能力	掌握初步科研方法	提高沟通能力和协调组织能力	增强自信心	拓宽视野
一年级	45.6%	65.2%	20.6%	17.1%	59.6%	39.7%	47.1%

（四）参加社会实践活动情况

66.8%的一年级学生没有参加过社会实践活动，参加过1次的占22.1%，参加过2次及以上的学生占11.1%。一年级学生认为参加社会实践活动对自己的成长最大的帮助是了解社会，其次是锻炼了自身能力和拓宽了社交圈子（见表20）。

表20　一年级学生参加社会实践活动对成长的帮助

	了解社会	锻炼自身能力	拓宽视野	促进专业学习	其他
一年级	68.1%	28.4%	3.1%	0.4%	0.0%

（五）学习方面存在的困难

一年级学生在学习方面遇到的最大困难是学习方法不当，其次是对专业不感兴趣、不能很好地与老师沟通及对自己没有信心（见表21）。

表21　一年级学生在学习方面存在的困难统计

	不能很好地与老师沟通	学习方法不当	对专业不感兴趣	对自己没有信心
一年级	47.3%	59.5%	55.6%	38.0%

（六）对自己学习状况的满意度

对自己的学习状况感到非常满意的一年级学生占30.9%，比较满意的占49.8%，感觉一般的同学占13.7%，感觉不太满意的同学占3.4%，非常不满意的占2.3%。也就是说，19.4%的一年级学生对自己的学习状况感到一般和不满意，其原因见图1。

同学们对自己的学习状况感到一般和不满意，需要改进教学条件、提

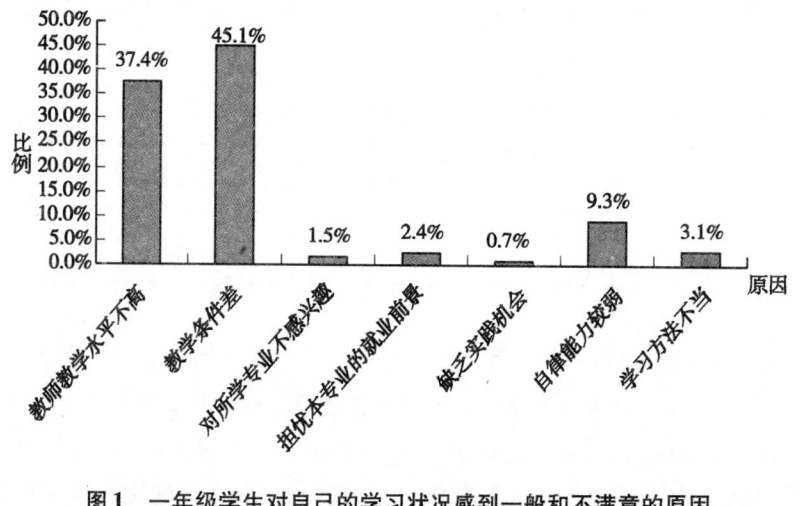

升教学水平，并加强学生进入大学开始自主学习的适应性教育。

图1　一年级学生对自己的学习状况感到一般和不满意的原因

（七）入学教育

65.4%的一年级学生对学校提供的入学教育感到满意。

针对学校的入学教育，一年级学生提出的建议中所占比例最高的是参观、观看录像片以及安排学姐交流项目（见表22）。

表22　　　　　　山东女院一年级学生对入学教育的建议

建议	百分比
充实内容	29.8%
改进形式	31.5%
增加时间	31.6%
参观	49.7%
观看录像片	41.7%
安排学姐交流项目	35.5%
其他	5.1%

（八）入门指导课程开设情况

87.2%的一年级学生所学专业开设了学科或专业类的入门指导课程。

87.8%的学生认为所开设的学科或专业入门指导课程对自己了解所学的学科专业有帮助。

(九) 军训对成长的帮助

一年级学生认为军训对成长最大的帮助首先是磨炼坚强意志，其次是增强组织纪律性及有助于培养团队合作精神（见图2）。

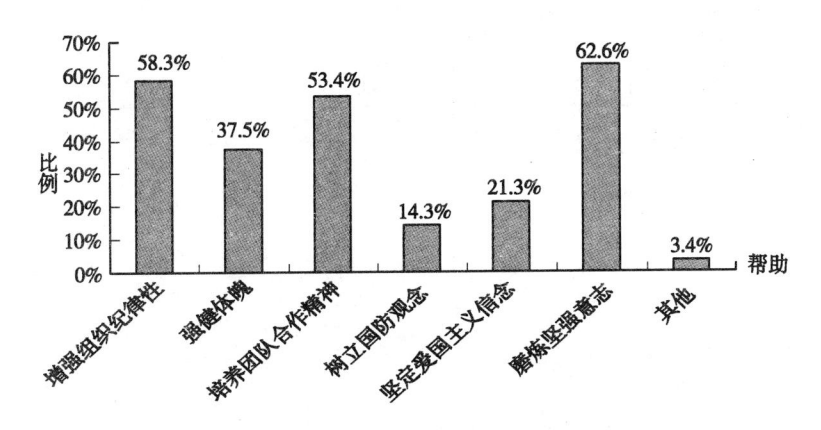

图2 军训对成长的帮助

（增强组织纪律性 58.3%；强健体魄 37.5%；培养团队合作精神 53.4%；树立国防观念 14.3%；坚定爱国主义信念 21.3%；磨炼坚强意志 62.6%；其他 3.4%）

（十）礼仪类课程开设情况

85.9%的一年级学生回答学校开设了礼仪类的课程。

71.3%的学生认为礼仪类课程有助于了解礼仪基本规范及要求；24.0%的学生认为礼仪类课程有助于提升自身修养；2.0%的学生认为礼仪类课程有助于学会与人交往与沟通；1.8%的学生认为礼仪类课程有助于提升自信。

四 生活情况

（一）课余时间的安排方式

大一学生主要将课余时间用于休息娱乐，其次是学习和参加社团活动（见图3）。

（二）上网情况

一年级学生平均每天上网时间在1—3个小时的所占比例最高，其次是平均每天上网时间在3—5小时和1小时以下，见图4。还有0.3%的一年级学生从不上网。

一年级学生上网的主要目的是查找学习资料及阅读新闻（见图5）。

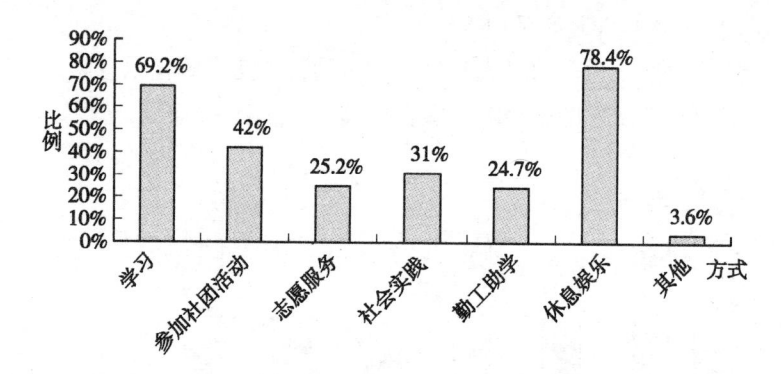

图 3　大一学生安排课余时间的方式

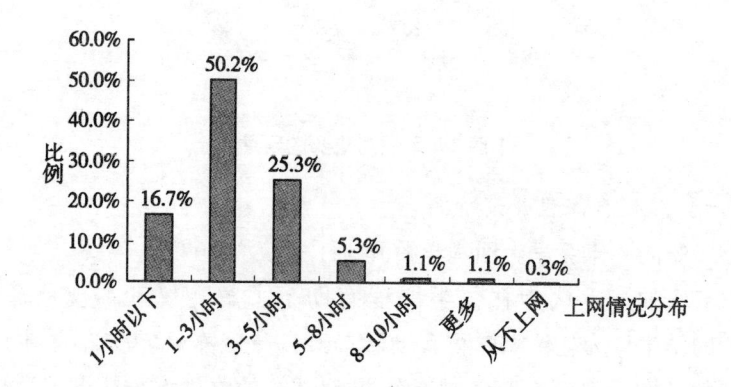

图 4　大一学生平均每天上网时间分布情况

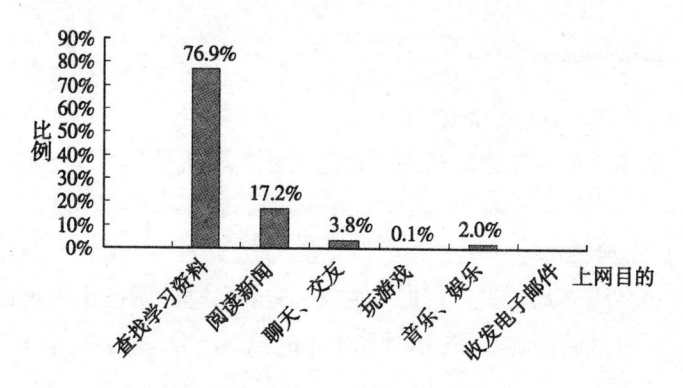

图 5　一年级学生上网的主要目的

（三）学生喜欢的课外活动

一年级学生最喜欢的课外活动是社会实践活动、志愿服务活动及文艺体育竞赛活动（见表23）。

表23　　　　　　　　一年级学生最喜欢的课外活动类型

活动类型	百分比
各种主题教育活动	25.0%
社团活动	38.8%
讲座或报告会	21.7%
文艺体育竞赛活动	44.6%
社会实践活动	56.1%
志愿服务活动	52.8%
辩论赛等文化类竞赛活动	21.9%

(四) 参加学生社团情况

29.5%的一年级学生喜欢参加的学生社团为社会实践类的社团，24.1%的学生喜欢参加文体类的学生社团，24.0%的学生喜欢参加的学生社团为公益服务类的社团，分别有17.4%和5.0%的学生喜欢参加理论研究类及兴趣爱好类的学生社团。

一年级学生认为对她们成长帮助最大的学生社团首先是公益服务类的社团，其次是理论研究类的学生社团（见图6）。

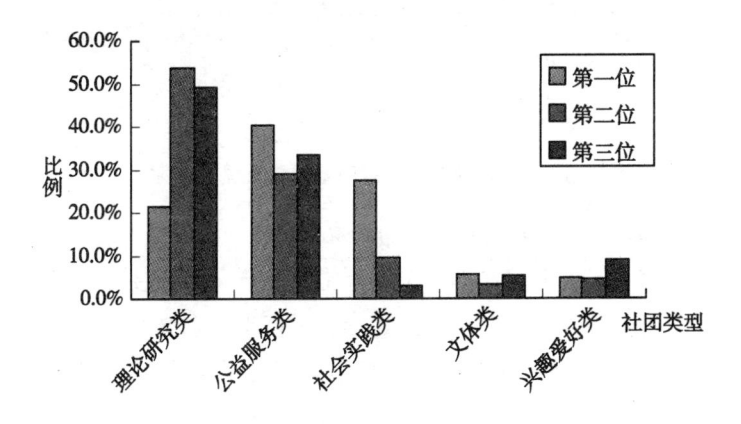

图6　对学生成长帮助最大的学生社团

(五) 与同学的关系

一年级同学与同学关系非常好的占26.6%，比较好的占60.1%，关系一般的占12.4%，与同学关系不太好的学生占0.4%，很不好的占0.5%（见表24）。

表 24　　　　　　一年级学生与同学关系的情况统计

	非常好	比较好	一般	不太好	很不好
一年级	26.6%	60.1%	12.4%	0.4%	0.5%

（六）对宿舍生活满意度

47.9%的一年级学生对宿舍生活感到满意。53.1%的一年级学生不满意自己的宿舍生活。不满意的主要原因可能与宿舍空间小、条件差以及大部分一年级学生初次离开舒适家庭环境过集体生活有关。

（七）遇到烦恼和挫折时交流的对象

一年级学生在遇到难以解决的烦恼或挫折时最愿意交流的对象是家人、学生干部及朋友。

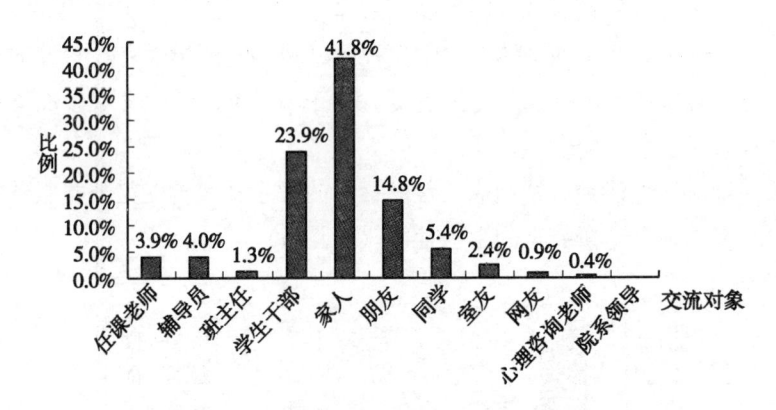

图7　遇到烦恼和挫折时最愿意交流的对象

（八）与辅导员、班主任沟通的情况

28.8%的一年级学生在学习上会经常与辅导员、班主任沟通，56.0%的一年级学生会经常与辅导员沟通生活上的问题，41%学生沟通的是学习方面的问题（见表25、表26）。证明年级低的学生愿意跟班主任和辅导员沟通，对辅导员和班主任有一定的依赖信任感。

表 25　　　　　　一年级学生与辅导员沟通的问题统计

	学习上	生活上	就业问题	班级活动	心理问题	请假
一年级	41.0%	56.0%	0.1%	2.2%	0.4%	0.3%

表 26　　　　　一年级学生与班主任沟通的问题统计

	学习上	生活上	就业问题	班级活动	心理问题	请假
一年级	28.8%	68.4%	0.8%	1.9%	0.1%	0.0%

五　发展方面

（一）对本专业前景的了解程度

只有6.4%的一年级学生对自己专业的发展前景非常了解，38.3%的一年级学生对自己专业的发展前景比较了解，一般了解的同学占42.2%，11.5%的学生不太了解自己专业的发展前景，还有1.6%的学生非常不了解自己专业的发展前景（见表27）。

表 27　　　一年级学生对自己所学专业发展前景的了解程度统计

	非常了解	比较了解	一般	不太了解	很不了解
一年级	6.4%	38.3%	42.2%	11.5%	1.6%

（二）对自己的职业生涯发展的规划

12.2%的一年级同学对自己的职业生涯发展有明确的规划，62.3%的同学有一个粗略的规划，17.9%的同学正在规划自己的职业生涯，还有7.6%的同学没有规划（见表28）。

表 28　　　　　　一年级学生的职业发展规划

	有明确规划	有粗略的规划	正在规划	没有规划
一年级	12.2%	62.3%	17.9%	7.6%

（三）未来工作中最重要的能力

一年级学生认为未来工作中最重要的能力是团队协作与沟通能力以及综合性知识及素养（见图8）。

（四）选择工作时主要考虑的因素

一年级学生在选择工作时主要考虑的因素是薪酬，其次是社会声誉和发展机会（见图9）。

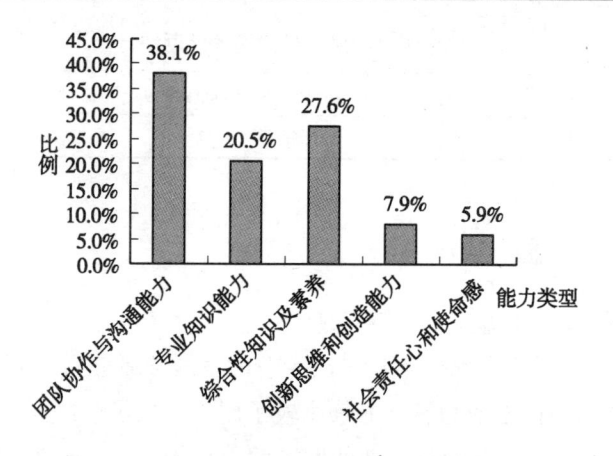

图 8　未来工作中最重要的能力

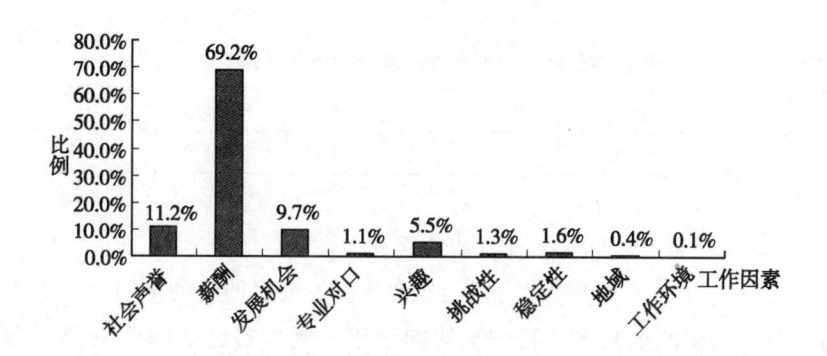

图 9　一年级学生在选择工作时主要考虑的因素

（五）对国家目前大学生择业、就业、创业政策的了解

如图所示，一年级学生对大学生择业、就业、创业政策的了解程度一般的所占比例最高（见图 10）。

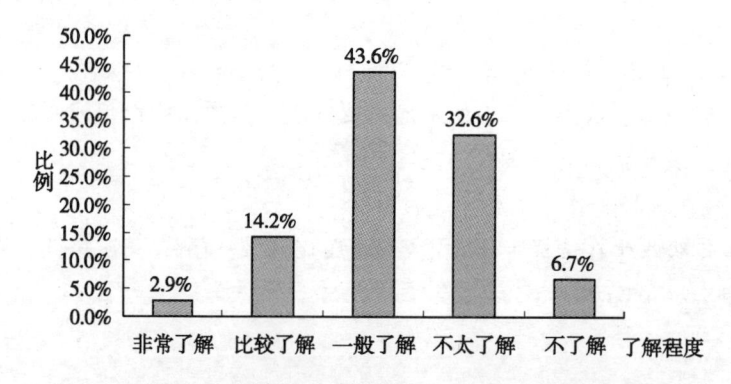

图 10　一年级学生对国家目前大学生择业、就业、创业政策的了解

（六）面对当前就业形势的打算

面对当前的就业形势，最多的同学打算在完成学业的同时，参加各种职业培训，拿到多项资格证书；其次是关注社会就业市场动态，随时调整自己的就业策略；占第三位的同学觉得很焦虑，很茫然，觉得自己的就业竞争力没有明显的优势（见表29）。

表29　　　　　　　　面对当前就业形势的打算

打算	百分比
在完成学业的同时，参加各种职业培训，拿到多项资格证书	46.6%
关注社会就业市场动态，随时调整自己的就业策略	35.9%
很焦虑，很茫然，觉得自己的就业竞争力没有明显的优势	11.5%
没有特别的准备，但相信"车到山前必有路"	2.6%
多方寻求实习机会，弥补经验不足的缺陷，增强求职的自信	2.7%
有自主创业的想法，并进行了相应的准备，争取自己主导自己的命运	0.1%
更新就业观念，积极响应政府号召，去基层就业	0.4%

六　综合部分

（一）对学校各项工作的满意度

可以看出，一年级学生不满意的方面主要是大学学习生活、后勤保障服务以及校园环境（见表30）。

表30　　　　　　　一年级学生对学校各项工作的满意度

项目	满意	比较满意	不满意	很不满意	不清楚
所学专业	33.6%	57.5%	6.9%	1.1%	0.9%
课堂教学	22.4%	66.2%	9.8%	1.1%	0.4%
教学	29.0%	60.9%	7.1%	1.4%	1.6%
教师师德	37.3%	56.0%	4.3%	0.6%	1.8%
学习风气	21.6%	57.3%	18.4%	1.4%	1.3%
思想政治教育课	24.1%	53.8%	17.5%	3.3%	1.3%
体育课	36.5%	45.6%	13.4%	3.2%	1.3%
家庭经济困难学生资助	28.8%	49.5%	17.7%	1.8%	2.2%
心理健康教育	31.4%	50.2%	10.5%	2.5%	5.4%
社团活动	21.7%	49.8%	17.6%	4.8%	6.0%

续表

项目	满意	比较满意	不满意	很不满意	不清楚
社会实践活动	24.9%	51.2%	14.5%	5.2%	4.3%
就业指导	27.3%	55.7%	11.6%	1.9%	3.6%
后勤保障服务	17.5%	52.4%	21.4%	3.6%	5.1%
大学学习生活	18.3%	53.8%	22.9%	3.3%	1.7%
校园环境	21.5%	52.1%	19.4%	3.2%	3.8%

（二）目前最大的压力来源

一年级学生感到最大的压力分布是就业和发展压力、学业压力及经济压力（见表31）。

表31　　　　　一年级学生面临的压力统计

	学习考研问题	经济压力	人际关系问题	情感问题	就业和发展前景问题	家庭问题	自身适应问题	身体健康问题	其他
一年级	27.8%	12.0%	11.2%	2.6%	35.2%	1.9%	6.8%	0.7%	1.8%

（三）学校应加强对学生培养的内容

一年级学生认为学校应加强培养学生的社会责任感、思想道德素质以及专业能力（见表32）。

表32　　一年级学生对于学校应该加强培养学生哪个方面看法的统计

	思想道德素质	社会责任感	专业能力	实践能力	心理调适能力	创新创业能力	人际交往能力	组织领导能力	团队协作能力	国际视野	科研能力	其他
一年级	36.7%	48.0%	5.2%	2.9%	2.0%	1.6%	2.7%	0.5%	0.1%	0.2%	0.1%	0.0%

（四）女院特色的体现

一年级学生认为女院的特色主要体现在独立意识的培养，其次是女性学课程。

（五）作为女校的校长，办好自己学校的措施

占最高比例的措施是完善基础设施建设，其次是创新办学理念以及加强专业学习（见表33）。

表33　　　　　　　　作为女校的校长，办好自己学校的措施

措施	百分比
创新办学理念	14.0%
提高教师队伍素质	9.9%
完善基础设施建设	15.8%
加强学术方面的教育	6.4%
加强专业学习	12.3%
开设形体课程	3.4%
提高女性修养	4.3%
图书馆全天开放，每天开放	5.1%
创造良好的学习氛围	5.2%
扩大校园规模	3.3%
开展安全教育	5.0%
帮助学生解决心理问题	1.9%
多听学生的意见	7.7%
改善住宿条件	3.5%
培养现代女性人才	2.2%

女子高校大学生分层德育模式研究与实践调查报告
（二年级）

中华女子学院课题组
2014 年 9 月

目　录

第一部分　主要结论与建议

第二部分　调查实施与样本描述

　一、调查实施背景

　二、样本描述

第三部分　二年级学生发展概括：定量分析

　一、基本状况

　二、思想部分

　三、学习情况

　四、生活状况

　五、发展方面

　六、综合部分

第一部分 主要结论与建议

第一,学生价值观追求整体积极向上,大部分学生拥有正确的人生价值判断标准,对于一些社会现象和志愿活动并不简单跟风,对于一些社会热点事件并不盲目追从,能够主动积极参加社会公益活动,显示出较强的分析判断能力。被调查者均把对社会的贡献大小放在了第一位,把服务社会、帮助他人作为参加社会公益活动的主要目的,而且学生对自己喜欢的事情、对得起自己及身边的人以及自我感觉的幸福度的理解更加明确。

首先,要发挥女校校园文化在思想政治工作中的作用,构建适合女校文化的分层德育模式。女校思想政治教育工作与一般高等学校具有共通性,更具有独特性。女校大二学生对积极的传统价值观念的认同,对于大学生健康思想品质和积极理想追求的形成具有非常重要的意义。要充分发挥女校校园文化在思想政治教育工作中的作用,需要采取有效的策略,从物质文化、行为文化、制度文化、精神文化四个层面整体把握,创建具有高校特色与女校特色相融合的校园文化,提高女校思想政治教育的实效性。

其次,女大学生对于家庭、亲情、友情的珍视,对于社会、时代的发展,也从一个侧面为我们改善和提升思想政治理论课教育教学质量提供了启示。高校中的思想品德教育在这一领域应该是大有可为的。从整个社会的角度看,这不仅涉及传统的教育和平面媒介,而且新兴媒体都应该对此有一些思考和行动。如果新兴媒体在其方兴未艾时期就能够带有深厚的传统文化特色和浓郁的社会关怀,必将能够在文化发展和社会进步中发挥更加积极的作用。

第二,加强学业辅导,引航前行。

二年级学生在课堂学习中,对于授课教师的人格魅力、教学水平、敬业精神和育人意识较为关注。二年级学生对于学习感到非常满意和比较满意的比例在四个年级中最低,需要引起注意。65%学生对自己的学习状况感到一般和不满意,学生感到一般和不满意的原因主要表现为:对所学专业不感兴趣、担忧本专业的就业前景、教学条件差、自律能力较弱及缺乏实践机会。在学习方面存在的主要问题体现在:不能很好地与教师沟通、学习方法不当、对专业不感兴趣。针对自己在学习方面存在的问题及不满意自己的学习状况,学生最希望学校能够提供了解学科专业发展前景。具体可以做如下活动。

首先，召开任课教师学生交流座谈会。任课教师根据自己的教学经验和对学生的了解，畅谈学生在学习上的特点、存在的主要问题等，让学生了解自己在学习过程中存在的问题。增加师生之间的了解，有效解决学生学习方法不当、不能很好与教师沟通等问题。

其次，举办名师学术讲座。增进学生对专业前景的了解，激发专业学习兴趣，帮助学生明确自己的学习目的。

第三，朋辈互助，携手进步。

对学生而言，她们更乐于向朋友、学姐或学长讨教经验、寻求帮助，从而使问题得到及时全面解决。朋辈的影响作用越来越大，在德育中可充分发挥朋辈的作用，具体可举办如下活动。

首先，定期组织召开"学姐学妹交流会"。为解决大二学生在学习、人际交往、专业发展、就业等方面的问题和困惑，通过交流活动会使学姐学妹们的关系更加亲密，能够互帮互助，克服困难，共同进步。

其次，举办以"榜样的力量"为主题的优秀学生先进事迹报告会。可挑选优秀学生代表做主题发言，教育和激励二年级学生，使他们明确奋斗目标。

再次，开展校外高校联络。充分利用其他高校资源，加强高校之间相同专业学生的联系及交流，以利于二年级学生把握专业现状，拓宽专业视野；提高社会交往能力、组织协调能力，促进学生健康成长。

最后，建立"党员工作室""党员帮扶小组"，充分发挥学生党员的先锋模范作用。通过在班级内建立"党员帮扶小组"，学院中搭建"党员工作室"等方式，充分发挥学生党员的作用。选派部分学习和工作能力强的学生党员与在学业或生活上需要帮助的同学"结对子、一帮一"，这些党员利用自身的优势给予他们指导帮助。利用网络的实效性建立"党员网络答疑"制度，设立专门的邮箱，指派品学兼优的学生党员随时解答同学们在学习、生活和思想中的问题。

第四，组织活动，提升能力。

首先，组织开展专业技能大赛。二年级学生专业学习更加深入系统，在此基础上开展专业技能大赛，激励学生深入学习专业知识，提高学生自我学习能力。在比赛的过程中，同学之间取长补短，相互学习，明确方向。

其次，开展形式多样的社团活动。建立培养学生主体能动性、自主性、参与性、合作性、超越性的实践活动基地；成为大学生开发潜能、展现自我的平台。

最后，积极组织社会实践活动。社会实践是大学生学以致用、了解社会、走向社会的重要形式，二年级学生有足够的时间与热情参与社会实践。问卷调查显示，二年级学生喜欢的课外活动为社会实践活动。因此必须进一步加强社会实践工作，努力探索社会实践活动的日常化形式，开展有连续性的社会实践活动；可建立专门的社会实践信息交流平台，如专门的微博，供学生交流社会实践信息、分享经验等。

第五，生涯规划，发展明确。

首先，针对二年级部分学生没有明确职业生涯规划的问题，可举办学生生涯辅导与教育讲座。讲座内容可包括如何培养生涯规划及决策能力；如何培养个体正确认识自我及职业价值观；如何作出合理选择的能力；等等。通过一系列讲座，帮助二年级学生树立较为明确的职业规划。

其次，针对二年级学生在发展和就业方面存在的困惑，可邀请负责就业教师与学生的交流会，向学生提供相关的信息，如近年的就业形势、不同岗位的任职资格、近年考研人数变化趋势等，以使学生能更好地认识环境，判断环境中对自己实现目标的有利因素及制约因素。

第二部分 调查实施与样本描述

一 调查实施背景

2012年首都大学生思想政治教育重点课题《女子高校大学生分层德育模式研究与实践》项目的研究主旨是在已有国内外德育理论研究成果基础上，研究女子高校一至四年级学生的需求差异，根据不同年级学生的主导性需求，实施大一适应性教育，大二基础性教育，大三提高性教育，大四完善性教育，将专业理论学习与日常学生管理有机结合，实现教书育人、管理育人、服务育人的内在融合，探索分层德育模式的教育内容、实施途径、评价方式和运行机制等，构建有针对性的适合女子高校学生成长成才的分层德育模式。

二 样本描述

课题组成员进行分年级学生座谈会，了解不同年级学生的需求，确定课题研究的重点,先后四次召开校内《女子高校大学生分层德育模式研究与实践》课题问卷设计研讨会,讨论和确定课题四个年级的调查问卷。本次调查在女子院校开展,发放问卷数为 5100 份,回收有效问卷为 5034 份,问卷回收率为 98.7%。其中一年级的调查问卷共 1440 份,二年级 1780 份,三年级 965 份,四年级 849 份。经过数据清洁、逻辑检查后,在分年级、分学校比对问卷分析基础上,形成此调查报告。本次调查内容涉及二年级学生的基本情况、思想状况、学习情况、生活状况、发展方向和综合部分等六个方面。

第三部分 二年级学生发展概括:定量分析

一 基本状况

(一) 入学志愿的选择

二年级学生以第一志愿录入学校的比例是 40.8%,在志愿选择中,由自己作出对女校选择的比例是 44.8%。

(二) 选择女校的主要原因

学生选择女校的主要原因第一是地域优势,占 39%,第二是女校的独特氛围,占 28%,第三是专业吸引力,占 26%,15.2% 的学生是因为女校的人才培养目标(见表1)。

表1　　　　　一年级学生在选择女校时考虑的因素统计

	女校的人才培养目标	女校的独特氛围	地域优势	专业的吸引力	学校知名度
二年级	15.2%	28.0%	39.0%	26.0%	6.5%

(三) 学生生源地情况

二年级学生来自乡镇或农村的学生为 50.1%,来自省会或直辖市的学生为 17%;来自地级市或县级市的学生为 32.9%(见表2)。

表2　　　　　　　二年级同学生源地分布

	省会或直辖市	地级市或县级市	乡镇农村
二年级	17%	32.9%	50.1%

(四) 独生子女状况

二年级学生中独生子女所占比例为33.7%（见表3）。

表3　　二年级独生子女状况

	是	否
二年级	33.7%	66.3%

(五) 民族

二年级学生中少数民族的比例为5.3%。

(六) 政治面貌

二年级学生中党员的比例（正式/预备）为5.9%，共青团员占58.5%，入党积极分子占31.5%，政治面貌是群众的为4.1%。可见，二年级党员发展工作还有很大空间。

表4　　二年级学生政治面貌的统计

	中共党员	入党积极分子	共青团员	群众
二年级	5.9%	31.5%	58.5%	4.1%

(七) 父母亲的文化程度

二年级学生的父亲中，初中文化程度所占比例最高，占34.1%，高中及以上文化程度者所占比例54.5%，高于母亲；母亲中初中文化程度所占比例最高，为32.6%，初中及以下文化程度者所占比例58.1%，高于父亲的比例45.5%（见表5、表6）。

表5　　二年级学生父亲文化程度统计

	不识字或识字很少	小学	初中	高中	中等职业教育学校	大专	本科	研究生
二年级	2.1%	9.3%	34.1%	24.8%	4.0%	11.4%	12.4%	1.9%

表6　　二年级学生母亲文化程度统计

	不识字或识字很少	小学	初中	高中	中等职业教育学校	大专	本科	研究生
二年级	7.3%	18.2%	32.6%	18.5%	3.3%	9.3%	9.5%	1.2%

（八）收入

二年级学生家庭人均月收入在2001—5000元的所占比例最高为21.9%，其次是500—1000元的家庭，人均月收入在500元以下的占10.8%（见表7）。

表7　　　　　　　　二年级学生家庭月收入的统计

	<500元	500—1000元	1001—1500元	1501—2000元	2001—5000元	5001—10000元	10000元以上
二年级	10.8%	20.6%	16.9%	14.1%	21.9%	10.0%	5.7%

二　思想部分

（一）入党意愿及入党动机

二年级学生中，表示愿意加入中国共产党的占76.2%，表示不愿意加入共产党的占10.5%。还没有想好的占13.3%（见表8）。在入党动机上：二年级学生中入党动机主要是追求理想和信念，占48.1%，其次是增强就业竞争力和寻求政治荣誉感（见表9）。

表8　　　　　　　　二年级学生的入党意愿统计

	愿意	没想好	不愿意
二年级	76.2%	10.5%	13.3%

表9　　　　　　　　二年级学生的入党动机统计

	追求理想和信念	寻求政治荣誉感	谋求事业上的发展	增强就业竞争力	对党的执政地位和执政理念有信心	其他
二年级	48.1%	32.1%	12.7%	6.2%	0.9%	0.0%

（二）人生价值

二年级学生中68.6%的学生认为人生价值主要体现在对社会的贡献大小，其次体现在生活舒适安逸，占48.6%，第三位的是经济收入高低，占25.3%，19.2%的学生认为人生价值体现在职务的高低和权力的大小（见表10）。

表10　　　　　　　二年级学生对于人生价值看法的统计

	对社会贡献大小	职务的高低和权力的大小	经济收入高低	生活舒适安逸
二年级	68.6%	19.2%	25.3%	48.6%

（三）参加公益活动的目的

二年级学生参加社会公益活动的目的主要是服务社会、帮助他人，其比例为79.7%。其次是满足自我、提高精神境界，为72.1%。占第三位的是为了获得更多求职机会，为45.8%，还有12.5%的学生是为了获得赞扬，有6.0%的学生是为了应付学校的作业（见表11）。

表11　二年级学生参加公益活动目的统计

	服务社会帮助他人	获得赞扬	满足自我，提高精神境界	应付学校作业	获得更多求职机会
二年级	79.7%	12.5%	72.1%	6.0%	45.8%

（四）遇到老人摔倒时的处理方式

二年级学生中，在遇到老人摔倒时，即使没有旁证也会上前搀扶的有49.7%。选择遇到老人摔倒时，若有旁证才会主动上前搀扶的有27.3%，选择通过拨打110、120等其他方式间接帮助摔倒老人的有19.1%。选择视而不见的为3.9%（见表12）。

表12　二年级学生对待老人摔倒做法的统计

	视而不见	若有旁证才主动上前搀扶	即使没有旁证同样会上前搀扶	通过拨打110、120等其他方式间接帮助
二年级	3.9%	27.3%	49.7%	19.1%

（五）无人监考时是否作弊

当无人监考时，二年级学生中有8.4%的学生选择会作弊，比例为25.3%的学生说不准，有66.3%的学生选择不会作弊（见表13）。

表13　二年级学生对待作弊的态度统计

	会	不会	说不准
二年级	8.4%	66.3%	25.3%

（六）表达孝心的方式

二年级学生中，有39.5%的学生选择以良好的学习成绩回报父母的方式来表达孝心；49.6%的学生选择以经常和父母谈心交流的方式表达孝心；23.6%的学生选择会以勤工俭学减少父母经济负担的方式表达孝心；选择有事自己担当不让父母操心的方式表达孝心的比例为29.8%；选择以练好本领将来找一份好工作回报父母的方式表达孝心为51.7%（见表14）。

表14　　　　　　　二年级学生表达孝心方式的统计

	以良好的学习成绩回报父母	经常和父母谈心交流	勤工俭学，减少父母经济负担	有事自己承担不让父母操心	练好本领，将来找一份好工作回报父母
二年级	39.5%	49.6%	23.6%	29.8%	51.7%

（七）期望的家庭生活模式

二年级学生中有80%的学生所期望的家庭生活模式是男女平等；期望男主外、女主内的家庭生活模式的学生为12.9%；5.6%的学生希望女主外、男主内；1.5%的学生希望做全职太太（见表15）。

表15　　　　　　二年级学生对待家庭生活模式的看法

	男主外，女主内	女主外，男主内	男女平等	全职太太
二年级	12.9%	5.6%	80.0%	1.5%

（八）选择恋爱对象时主要考虑的条件

二年级学生在选择恋爱对象时第一位考虑的因素是人品，占70%，其次是性格和经济状况，分别占14.0%和6.5%（见表16）。

表16　　　　　二年级学生选择恋爱对象时考虑的条件统计

	人品	学识	经济	性格	外貌	家庭
二年级	70.0%	4.9%	6.5%	14.0%	3.8%	0.8%

（九）女校"四自"精神培养下的收获

通过女校的"四自"精神培养，二年级学生最大的收获，首先是独立性增强，为76.8%；其次是自信心提高，为66.3%。有53.7%的学生的收获是增强了社会责任感和使命感，41.1%的学生认为"四自"精神培养的收获是促进女大学生成才，16.6%的学生认为"四自"精神教育的收获是有利于女大学生就业（见表17）。

表17　　　　　二年级学生对"四自"精神熏陶收获的看法

	独立性增强	提高自信心	增强社会责任感和使命感	有利于女大学生就业	促进女大学生成才
二年级	76.8%	66.3%	53.7%	16.6%	41.1%

（十）与同学们经常议论的热门话题

二年级学生与同学们经常议论的热门话题主要是学习就业问题，占72.4%、娱乐生活占51.4%和恋爱问题占48.1%（见表18）。

表18　　　　　二年级学生经常与同学讨论的热门话题

	国际话题	民主与政治	经济发展	学习就业	同学关系	恋爱问题	娱乐生活
二年级	15.0%	18.5%	23.8%	72.4%	45.4%	48.1%	51.4%

三　学习情况

（一）在课堂教学中，最关注教师的哪些方面

二年级学生在课堂教学中，首先最关注教师的教学水平，占45.3%，其次关注教师的人格魅力，占33.5%。最不关注的是教师的创新精神，占1.4%（见表19）。

表19　　　　二年级学生在课堂教学中关注教师的不同方面

	教学水平	人格魅力	敬业精神	学术水平	创新精神	育人意识	其他
二年级	45.3%	33.5%	7.6%	7.2%	1.4%	4.8%	0.2%

（二）喜欢的讲座类型

二年级学生最喜欢的讲座是青春励志，其次是时事热点类的讲座以及人生规划。所占比例最少的是科学技术发展动态以及英雄模范人物事迹报告（见表20）。

表20　　　　　二年级学生喜欢的讲座类型

	人文、社科学术报告	形势报告	科学技术发展动态	英雄模范人物事迹报告	时事热点分析	心理健康	青春励志	流行时尚	人生规划	其他
二年级	31.4%	22.3%	12.5%	10.5%	44.6%	31.7%	51.9%	27.3%	38.9%	0.0%

（三）参加学校各类科技竞赛活动情况

二年级同学中，21.8%的学生没有参加过学校各类科技竞赛活动。参加过1次的同学占43.0%，参加过2次及以上的同学占35.2%。

二年级同学认为科技竞赛活动对他们最大的帮助分别是：培养团队合

作精神（60.3%）、提高沟通能力和组织协调能力（49.4%）以及拓宽了视野（40.4%）（见表21）。

表21　　　　　　二年级学生参加科技竞赛活动收获的统计

	专业知识运用	培养团队合作精神	提升科研能力	掌握初步科研方法	提高沟通能力和协调组织能力	增强自信心	拓宽视野
二年级	34.6%	60.3	14.7%	10.4%	49.4%	25.8%	40.4%

（四）参加社会实践活动情况

二年级学生中39.4%的学生认为参加社会实践活动对自己的成长最大的帮助是了解了社会，38.3%的学生认为锻炼了自身能力，19.3%的学生认为拓宽了视野（见表22）。

表22　　　　　　二年级学生参加社会实践活动的收获

	了解社会	锻炼自身能力	拓宽视野	促进专业学习	其他
二年级	39.4%	38.3%	19.3%	2.7%	0.3%

（五）学习方面存在的困难

二年级学生在学习方面遇到的最大困难是学习方法不当，占46.0%，其次是不能很好地与教师沟通，占41.8%，对自己没有信心及对专业不感兴趣，分别占到34.2%和33.3%（见表23）。

表23　　　　　　不同年级学生在学习方面存在的困难

	不能很好地与老师沟通	学习方法不当	对专业不感兴趣	对自己没有信心
二年级	41.8%	46.0%	33.3%	34.2%

（六）对自己学习状况的满意度

二年级学生中对自己的学习状况感到非常满意的占3.9%；比较满意的占27.1%；感觉一般的同学所占比例最高，为43.3%；感觉不满意的同学占21.7%；非常不满意的占4.0%。也就是说，对自己的学习状况感到一般和不满意的分别为43.3%、21.7%（见表23）。

二年级学生对自己的学习状况感到一般和不满意的原因主要是对自己的专业不感兴趣，担忧本专业的就业前景以及自律能力。

表 24 二年级学生对自己学习状况满意程度的统计

	非常满意	比较满意	一般	不太满意	非常不满意
二年级	3.9%	27.1%	43.3%	21.7%	4.0%

（七）学习方面希望学校提供的帮助

二年级学生希望学校提供的帮助是：了解学科专业发展前景、了解学习方法、与教师沟通以及帮助解决学校设施不足问题（见图1）。

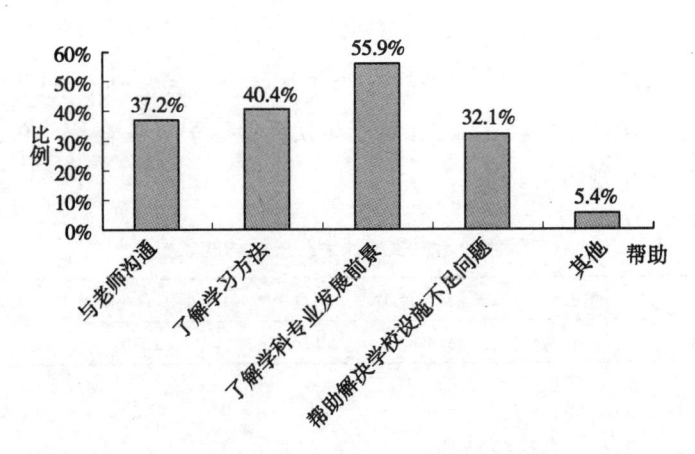

图1 二年级学生在学习方面所需要的帮助

（八）学校开设的思想政治理论课对学生成长的帮助

二年级学生认为，学校开设的思想政治理论课对她们最大的帮助第一是提高了政治理论水平，第二是增强了是非判断能力，第三是有助于她们正确地看待社会问题（见图2）。

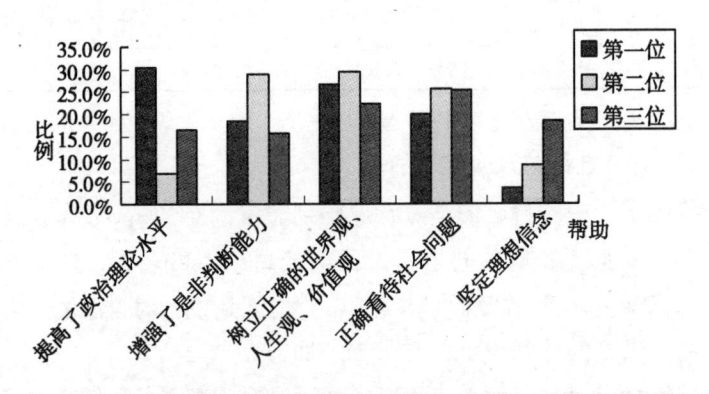

图2 思想政治理论课对二年级学生成长的帮助

（九）专业基础课学习的收获

二年级学生通过对专业基础课的学习，第一是了解了专业的基本思想，第二是掌握了专业基础理论知识，第三是有助于全面了解自己所学专业（见图3）。

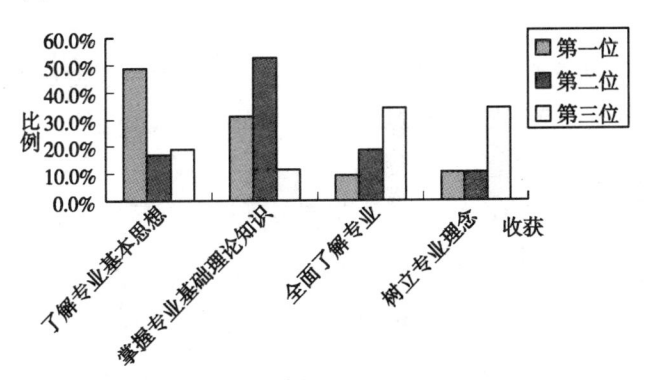

图3 二年级学生学习专业基础课的收获

（十）选修课对成长的帮助

二年级学生通过选修课的学习认为，选修课对她们的成长第一是拓宽了知识面，第二是有助于掌握不同学科专业的思维方式和方法，第三是提高了她们的人文素养（见图4）。

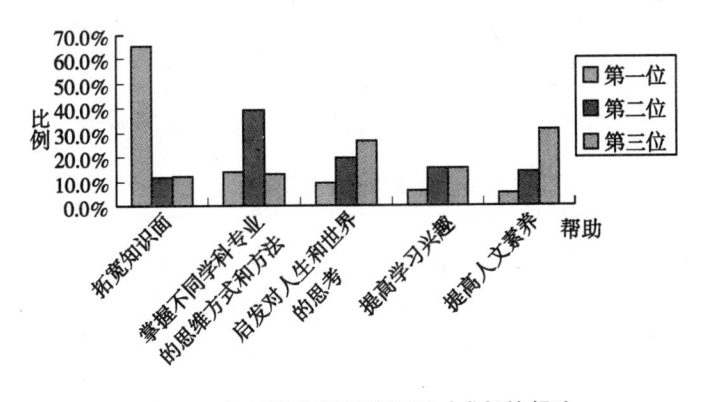

图4 二年级学生所学选修课对成长的帮助

四 生活状况

（一）课余时间的安排方式

二年级学生主要将课余时间用于休息娱乐，占75.8%，学习占61.0%（见表25）。

表 25　　　　　　　　二年级学生课余时间安排方式

	学习	参加社团活动	志愿服务	社会实践	勤工俭学	休息娱乐
二年级	61.0%	31.8%	23.5%	23.5%	30.7%	75.8%

(二) 上网情况

二年级学生平均每天上网时间在 1—3 个小时的所占比例最高, 为 49.0%。1 小时以下的学生为 21%, 平均每天上网时间在 3—5 小时的为 19.5%, 有 4.5% 的学生从不上网。

二年级学生上网第一是为了查找学习资料, 第二是为了音乐和娱乐, 第三是为了阅读新闻 (见表 26)。

表 26　　　　　　　　二年级学生上网目的

	查找学习资料	阅读新闻	聊天、交友	玩游戏	收发邮件	音乐、娱乐	其他
二年级	41.1%	18.3%	13.5%	1.2%	3.7%	21.6%	0.6%

(三) 喜欢的课外活动情况

二年级学生最喜欢的课外活动是文艺体育竞赛活动, 为 41.9%, 51.4% 的学生选社会实践活动为最喜欢的课外活动, 51.3% 的学生喜欢志愿服务活动, 学生中喜欢社团活动的比例为 36.7%, 学生喜欢的课外活动是各类主题教育活动的比例为 28.0%, 喜欢讲座或报告会的学生为 23.1%, 还有学生选择辩论赛等文化类竞赛活动, 为 23.4% (见表 27)。

表 27　　　　　　　　二年级学生喜欢的课外活动的统计

	各种主题教育活动	社团活动	讲座或报告会	文艺体育竞赛活动	辩论赛等文化类竞赛活动	社会实践活动	志愿服务活动
二年级	28.0%	36.7%	23.1%	41.9%	23.4%	51.4%	51.3%

(四) 参加学生社团的情况

有 38.4% 的二年级学生喜欢参加的学生社团为兴趣爱好类的社团, 喜欢参加社会实践类社团的学生的比例为 26.7%, 有比例为 19.7% 的学生喜欢参加公益服务类的学生社团, 有 10.8% 的学生喜欢参加文体类的学生社团, 有比例为 4.4% 的学生喜欢参加理论研究类的社团 (见表 28)。

对二年级学生成长帮助最大的社团活动类型分别是公益服务类、社会实践类及兴趣爱好类的学生社团。

表28　　　　　　　　二年级学生喜欢的学生社团类型差异

	理论研究类	公益服务类	社会实践类	文体类	兴趣爱好类
二年级	4.4%	19.7%	26.7%	10.8%	38.4%

（五）与同学的关系

二年级学生中，有61.5%的学生与同学关系比较好，与同学关系一般的学生的比例为14.1%，0.7%的学生认为与同学关系不太好（见表29）。

表29　　　　　　　　二年级学生与同学关系

	非常好	比较好	一般	不太好	很不好
二年级	23.4%	61.5%	14.1%	0.7%	0.3%

（六）对宿舍生活的满意度

二年级学生中，75.9%的学生对宿舍生活感到满意，24.1%的学生对住宿生活不满意的原因主要是宿舍人多、作息时间不一致、宿舍空间小等。

（七）遇到问题时交流的对象

二年级学生在遇到困难和问题时最想交流的对象第一是朋友，比例为46.8%，第二是家人，比例为24.0%，第三是室友，为7.2%（见表30）。

表30　　　　　　　　二年级学生遇到问题时的交流对象

	任课教师	辅导员	班主任	学生干部	家人	朋友	同学	室友	网友	心理咨询教师	院系领导	其他
二年级	6.0%	4.1%	2.8%	1.8%	24.0%	46.8%	5.0%	7.2%	0.4%	0.6%	0.4%	0.9%

（八）与辅导员沟通情况

二年级学生中，有61.5%的学生与辅导员沟通最多的问题是关于学习方面的，除此之外是生活及就业问题和班级活动的问题（见表31）。

表 31　　　　　　　二年级学生与辅导员沟通的情况

	学习上	生活上	就业问题	班级活动	心理问题	请假
二年级	61.5%	19.6%	12.3%	5.1%	1.5%	0.0%

（九）与班主任沟通情况

二年级学生中，有57.5%的学生与班主任沟通最多的问题是关于学习方面的，除此之外是生活及就业问题，分别占21.8%和11.7%（见表32）。

表 32　　　　　　　二年级学生与班主任沟通的情况

	学习上	生活上	就业问题	班级活动	心理问题	请假
二年级	57.5%	21.8%	11.7%	5.2%	1.9%	1.9%

五　发展方面

（一）对本专业前景的了解程度

二年级学生中，有5.5%的对自己专业的发展前景非常了解，有32.0%的学生对自己专业的发展前景比较了解，一般了解的学生为45.2%，有16.1%的学生不太了解自己专业的发展前景，还有占1.2%的学生对自己专业的发展前景非常不了解（见表33）。

表 33　　　　　二年级学生对自己所学专业发展前景的了解程度

	非常了解	比较了解	一般	不太了解	很不了解
二年级	5.5%	32.0%	45.2%	16.1%	1.2%

（二）对自己的职业生涯发展的规划

二年级学生中，对自己的职业生涯发展有明确规划的占9.3%，有一个粗略规划的占61.6%，正在规划自己的职业生涯的有19.6%，有9.5%的学生没有规划（见表34）。

表 34　　　　　　　二年级学生的职业发展规划

	有明确规划	有粗略的规划	正在规划	没有规划
二年级	9.3%	61.6%	19.6%	9.5%

（三）对未来工作中最重要的能力的看法

二年级学生中认为未来工作中最重要的能力第一是团队协作与沟通能力，占33.5%，第二是综合性知识及素养，占26.7%，第三是专业知识能力，占22.2%（见表35）。

表35　二年级学生对未来工作中最重要的能力看法

	团队协作与沟通能力	专业知识能力	综合性知识与素养	创新思维和创造能力	社会责任心和使命感
二年级	33.5%	22.2%	26.7%	10.4%	7.2%

（四）选择工作时主要考虑的因素

二年级学生在选择工作时第一位、第二位主要考虑的因素是薪酬与发展机会，其次是社会声誉（见表36）。

表36　二年级学生选择工作时主要考虑的因素

	社会声誉	薪酬	发展机会	专业对口	兴趣	挑战性	稳定性	地域	工作环境	其他
二年级	9.5%	30.8%	29.1%	4.2%	14.0%	1.3%	4.6%	2.8%	3.6%	0.1%

（五）就业

二年级学生中，42.3%的学生对国家目前大学生择业、就业、创业政策不太了解，34.1%的学生了解一般，了解的学生共占19%，不了解的占46.9%（见表37）。

表37　二年级学生对大学生择业、就业、创业政策了解程度

	非常了解	比较了解	一般	不太了解	很不了解
二年级	2.4%	16.6%	34.1%	42.3%	4.6%

（六）面对当前就业形势的打算

面对当前的就业形势，二年级学生中第一位的主要打算是参加各种就业培训，拿到多项资格证书。第二位的是关注社会就业市场动态，随时调整自己的就业策略。第三位的是进一步提升学历层次，增强就业竞争力。

六　综合部分

（一）对学校各项工作的满意度

二年级学生对学校各项工作感到满意的依次分别是：教师师德、所学

专业、学习风气、校园环境、家庭经济困难学生资助、思想政治理论课、心理健康教育、课堂教学、教学、大学学习生活、社团活动、后勤保障服务、就业指导教学以及社会实践活动(见表38)。

表38　　　　　　　二年级学生对学校各项工作的满意度

	所学专业	课堂教学	教学	教师师德	学习风气	思想政治理论课	体育	困难学生资助
二年级	25.7%	17.7%	16.6%	29.5%	21.9%	19.0%	27.1%	19.2%

二年级学生对学校各项工作的满意度(续)

	心理健康教育	大学生社团活动	社会实践活动	就业指导	后勤保障	大学学习	校园环境
二年级	18.2%	14.2%	12.4%	12.9%	13.8%	16.1%	20.4%

(二) 目前最大的压力来源

二年级学生中,39.5%的学生目前最大的压力是就业和发展前景问题,其次是学习考研问题以及经济压力,占33.6%和11.6%(见表39)。

表39　　　　　　　　二年级学生面临的压力统计

	学习考研问题	经济压力	人际关系问题	情感问题	就业和发展前景问题	家庭问题	自身适应问题	身体健康问题	其他
二年级	33.6%	11.6%	7.3%	5.5%	39.5%	2.5%	0.0%	0.0%	0.0%

(三) 学校应该加强对学生培养的内容

二年级学生认为学校第一位应该加强对学生培养的内容是专业能力,第二位是思想道德素质,第三位是实践能力(见表40)。

表40　　　　　二年级学生对于学校应该加强对学生培养的内容

	思想道德素质	社会责任感	专业能力	实践能力	心理调适能力	创新创业能力	人际交往能力	组织领导能力	团队协作能力	国际视野	科研能力	其他
二年级	16.9%	12.0%	27.2%	15.3%	4.6%	6.3%	8.4%	2.0%	3.0%	3.3%	0.7%	0.3%

(四) 所在学校特色

二年级同学认为自己所在学校特色体现在独立自主的教育,性别平等教育,专业特色及特色课程方面,较好的学习风气,高效管理、优美风景。

（五）如果作为女校的校长，会如何办好自己的学校

当被问到如果自己作为女校的校长会如何办好自己的学校时，二年级同学回答所占比例最高的是"开设形体课程"，其次是"完善基础设施建设""加强学术方面教育"以及"提高教师队伍素质"。

表 41　　　　　二年级学生对如何建好女校的看法

	创新办学理念	提高教师队伍素质	完善基础设施建设	加强学术方面的教育	加强专业学习	开设形体课程	提高女性修养	图书馆全天开放，每天开放
二年级	8.5%	11.5%	15.9%	13.6%	9.5%	18.8%	9.8%	6.3%

二年级学生对如何建好女校的看法（续）

	创造良好的学习氛围	扩大校园规模	开展安全教育	帮助学生解决心理问题	多听学生的意见	改善住宿条件	培养现代女性人才
二年级	4.3%	1.7%	0.0%	0.0%	0.0%	0.0%	0.0%

女子高校大学生分层德育模式研究与实践调查报告
（三年级）

中华女子学院课题组
2014 年 9 月

目　　录

第一部分　主要结论与建议
第二部分　调查实施与样本描述
　　一、调查实施背景
　　二、样本描述
第三部分　三年级学生发展概括：定量分析
　　一、基本情况
　　二、思想状况
　　三、学习情况
　　四、生活情况
　　五、发展方面
　　六、综合部分

第一部分　主要结论与建议

第一，三年级的调查对象中有多数是自愿选择女校，第一志愿录取率较高，他们选择女校的原因主要是地域优势，年轻人对大城市充满了向往，愿意到大城市开阔眼界，了解新鲜事物。对女校的了解限定在专业的吸引力和女校独特的氛围，但对女校的人才培养目标了解不深。还有不少的调查对象不是自愿选择女校，有的是家长的选择，有的是分数不高不得不选择。可以看出还有部分学生对女校的了解仅仅停留在表面，没有了解其内涵和必要性，有的甚至羞于承认自己是女校的学生。这需要国家加大对女校办学必要性的宣传，加大男女平等国策的宣传，学校要逐步提升知名度，提高办学质量，吸引生源。

第二，三年级调查对象中生源来自中小城市和农村家庭的较多，多子女家庭也较多，家庭收入不高，父母亲的文化程度偏低。这部分学生家庭困难，很多学生业余时间外出打工挣钱，影响到学业，经济压力导致学业压力增大，同时影响到就业。这就要求学校要加大资助力度，大力提高学生的综合素质，多角度培养学生。但是家庭经济困难的学生到校之后努力上进，在班级中有较高威信，担任班干部的占较高比例，他们的自立精神强，思想上积极进步，向党组织靠拢，有一定的组织协调能力，属于中坚力量，是其他年级学生的榜样。对三年级学生要加强专业的引导以及就业方向的指导，使得他们能够明确自己的职业发展方向，对国家政策和就业形势有明确的认识，不至于迷茫。

第三，三年级的调查对象中思想上大多是积极向上的，入党动机纯洁，人生价值观正确，判断事物的标准符合主流价值观，热爱公益活动，有自律意识，对父母孝顺，恋爱观积极健康，女校"四自精神"使得他们独立性增强，自信心提高，收获较大。他们最关注的是就业和学校问题。但也有少部分调查对象政治上迷茫，精神境界不高，人生价值观和恋爱观都有些偏激。对待这部分学生要积极引导，树立他们身边的榜样，一点一滴地去渗透，不能采用简单批评教育的方式，要多加以引导。

第四，三年级调查对象对教师的关注大多在教学水平和人格魅力上，却不甚关注教师的创新精神，可以看出女院学生在创新方面没有太多要求，创新意识不够强。比较喜欢形势和时事热点分析报告，说明女院学生比较关心国家大事。对英雄模范人物事迹报告不太感兴趣，很多学生认为模范人物都是宣传出来的,他们不崇尚英雄,认为身边的人才是真实的可以做榜样的。三年级学生认为,参加科技竞赛对他们的成长有很大帮助,可以培养他们的团队合作精神,提高沟通能力和协调组织能力等。他们普遍认为,学习方法不当、对专业不感兴趣是他们学习方面存在的最大困难。有超过半数的三年级学生对自己的学习状况感到一般和不满意。不满意的原因主要是对所学专业不感兴趣、教学条件差、自律能力较弱等。学校一定要加大对专业课程的调整,以便吸引学生。三年级学生认为专业实习和学年论文对他们的成长都有很大帮助,可以提升对专业的了解,提高专业研究能力和就业能力。

第五,调查发现,目前三年级学生平均每天上网时间为1—3小时的所占比例最高,其次居多的是3—5小时。大多数学生上网的主要目的是阅读新闻和查找学习资料,但也有部分学生沉迷网络游戏和娱乐新闻,利用网络看电影和电视,耗费大量时间和精力,耽误了正常学业。随着信息技术及互联网的迅速发展,如何加以引导和规范以促进学生合理使用网络是关键。建议在学生工作中加强对学生有效、合理地使用网络的引导和规范,鼓励学生积极利用网络开展学习,促进学生使用网络行为的良性发展。

第六,调查发现,三年级的学生最喜欢的课外活动是志愿服务和社会实践活动,最喜欢参加的社团是公益服务类的社团和兴趣爱好类的社团。可以看出三年级学生公益服务意识强,有较强的参与社会、服务社会的主观能动性。学校要加强引导,为三年级学生多创造社会实践机会,提供学生公益服务的平台。

第七,三年级调查对象大多与同学相处良好,对宿舍生活感到满意,但他们在遇到困难和问题时首先想到的是朋友,第二位还是朋友,排在第三位的是同学,三年级学生中只有不到15%的学生经常与辅导员交流,仅有不到10%的学生经常和班主任沟通,并且这部分与辅导员和班主任经常交流的学生中,各级各类班干部占了绝大多数。普通学生中与辅导员和班主任交流的比例很低,并且交流的次数也很少。可以看出,三年级学生与辅导员、班主任交流的时间和频率较低。从中可以看出,学生对辅导员和班主任的信任度不够高,辅导员、班主任在关心学生学业和品德发展方面表现欠佳。学校应从深层次找出学生为何不主动与辅导员和班主任沟通,班主任和辅导员又为何走不进学生的心中,不能获得他们的信任的原因。学校应该尽量把辅导员和班主任的工作职责分清楚，少安排一些事务性的工作，多留一些时间给辅导员和班主任与学生进行深度交流，建立互动关系，增加信任度。

第八，调查发现，三年级学生对自己的专业只能做到比较了解和一般了解，对自己的职业生涯有一个粗略的规划，选择工作时主要考虑薪酬和福利，对国家目前大学生择业、就业、创业政策了解一般，面对当前就业形势，主要打算进一步提升学历层次，增强就业竞争力；一部分学生关注社会就业市场动态，随时调整自己的就业策略。从中可以发现，大三学生还不能很明确自己的人生目标和职业规划，对未来比较迷茫，选择工作较为注重经济效益。但大多数学生比较上进，希望提升学历层次，对就业的形势能正确对待并积极应对。学校需要对大三学生加以正确引导，多提供就业支持和就业指导。

第九，三年级学生对学校各项工作的满意度依次是：家庭经济困难学生资助、所学专业、学习风气、体育课、校园环境、教学、教师师德、大学学习生活、心理健康教育、社团活动、思想政治教育课、就业指导、社会实践活动、后勤保障服务以及课堂教学。他们最大的压力来源是经济，其次是学习压力和就业发展压力。可以看出，三年级学生，尤其是家庭经济困难学生减少了对家庭的经济依赖，他们依靠国家和学校的资助以及自己的兼职，但仍然感觉经济压力大。学习方面也让他们感觉有压力，就业发展也困扰着他们。学校应该加大资助力度，减轻家庭经济困难学生的经济压力。发挥专业教师的作用，在专业上对学生进行指导，帮助他们提高学习能力，增强就业竞争力。

第二部分 调查实施与样本描述

一 调查实施背景

2012年首都大学生思想政治教育重点课题《女子高校大学生分层德育模式研究与实践》项目的研究主旨是在已有国内外德育理论研究成果基础上，研究女子高校一至四年级学生的需求差异，根据不同年级学生的主导性需求，实施大一适应性教育，大二基础性教育，大三提高性教育，大四完善性教育，将专业理论学习与日常学生管理有机结合，实现教书育人、管理育人、服务育人的内在融合，探索分层德育模式的教育内容、实施途径、评价方式和运行机制等,构建有针对性的适合女子高校学生成长成才的分层德育模式。

二 样本描述

课题组成员进行分年级学生座谈会,了解不同年级学生的需求,确定课题研究的重点,先后四次召开校内《女子高校大学生分层德育模式研究与实践》课题问卷设计研讨会,讨论和确定课题四个年级的调查问卷。本次调查在女子院校(中华女子学院、湖南女子大学、山东女子学院)开展,发放问卷数为5100份,回收有效问卷为5034份,问卷回收率为98.7%。其中一年级的调查问卷共1440份,二年级1780份。三年级965份,四年级849份。经过数据清洁、逻辑检查后,在分年级分学校比对问卷分析基础上形成此调查报告。本次调查内容涉及基本情况、思想状况、学习情况、生活状况、发展方向和综合部分等六个方面。

第三部分 三年级学生发展概括:定量分析

一 基本情况

(一)入学意愿

965名学生中,40.0%的三年级调查对象以第一志愿录入女子学院。53.8%的三年级调查对象选择女院是自己作的决定。

(二)选择女校的主要原因

三年级调查对象中有49.9%选择女校的主要原因是考虑地域优势,28.2%的学生是因为专业的吸引力,25.9%的是因为女校的独特氛围,还有22.5%选择女院时考虑的是女校的人才培养目标(见表1)。

表1　　　　　三年级学生在选择女校时考虑的因素统计

	地域优势	专业的吸引力	独特氛围	人才培养目标
三年级	49.9%	28.2%	25.9%	22.5%

(三)生源地

20.1%的三年级学生来自省会或者直辖市,52.2%的三年级学生来自地级市或者县级市,27.7%的三年级学生来自乡镇或农村,来自中小城市和乡镇农村的学生占多数。

（四）独生子女

调查的 965 名三年级学生中，独生子女占 37.8%，非独生子女占 62.2%。

（五）民族

三年级调查对象中，少数民族学生占 21.3%，高于一、二年级，一年级少数民族学生占 10.4%，二年级仅占 5.3%。

（六）政治面貌

34.7% 的三年级学生是党员（正式/预备），34.6% 的是共青团员，入党积极分子占 25.4%，还有 5.3% 的学生政治面貌是群众，随着年级升高，入党积极分子所占比例升高，三年级学生党员所占比例最高。

（七）调查对象父母亲的文化程度

父亲中，初中文化程度所占比例最高，高中及以上文化程度者所占比例高于母亲（见表2），母亲中初中文化程度所占比例最高，初中以下文化程度者所占比例高于父亲（见表3）。

表 2　　　　　三年级学生父亲文化程度统计

	不识字或识字很少	小学	初中	高中	中等职业教育学校	大专	本科	研究生
三年级	16.9%	18.6%	22.6%	16.3%	2.5%	6.7%	12.2%	4.1%

表 3　　　　　三年级学生母亲文化程度统计

	不识字或识字很少	小学	初中	高中	中等职业教育学校	大专	本科	研究生
三年级	3.5%	17.5%	23.8%	20.5%	2.8%	14.4%	14.9%	2.6%

（八）家庭收入

家庭人均月收入在 500 元以下的三年级学生占 10.1%，500—1000 元的学生占 10.2%，1001—1500 元的学生占 18.9%，1501—2000 元的学生占 15.5%，2001—5000 元的学生占 19.0%，5001—10000 元的学生占 18.3%，10000 元以上的学生占 8.0%。

二　思想状况

（一）入党意愿

三年级学生中，54.3% 表示愿意加入中国共产党，25.7% 的学生没想好，还有20.0%的学生不愿意加入中国共产党。在各年级中，三年级学生的入党意愿最低。

愿意入党的学生中，入党动机首先是追求理想和信念，其次是寻求政治荣誉感（见图1）。

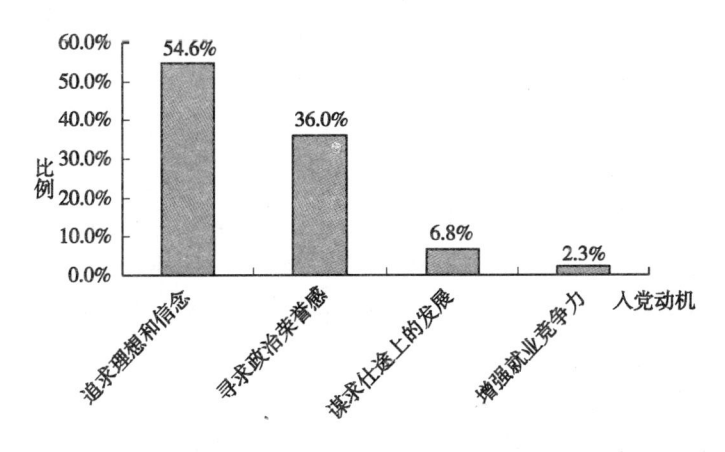

图1 三年级学生入党动机

（二）人生价值

47.6%的三年级调查对象认为人生价值首先体现在对社会的贡献大小，其次体现在生活舒适安逸，占37.1%，33.1%的学生认为人生价值体现在职务的高低和权力的大小，19.6%的学生认为人生价值体现在经济收入的高低（见表4）。

表4　　　　　　　　三年级学生人生价值认知

	社会贡献大小	生活安逸	职务权力	经济收入
三年级	47.6%	37.1%	33.1%	19.6%

（三）参加社会公益活动的目的

三年级调查对象参加社会公益活动的目的首先是服务社会，帮助他人，占55.0%，其次是提高精神境界，满足自我，占47.0%，占第三位的是为了获得赞扬，占37.6%，还有26.1%的学生是为了获得更多求职机会，为了应付学校作业的学生占18.4%。

（四）遇到老人摔倒时的处理方式

51.2%的三年级学生在遇到老人摔倒时，选择若有旁证，才会上前搀扶，33.6%的三年级调查对象选择即使没有旁证同样会上前搀扶，另外

11.3%的学生通过拨打110、120等其他方式间接帮助，只有3.9%的三年级学生视而不见。

（五）无人监考时是否作弊

当无人监考时，有63.7%的三年级学生选择不会作弊，27.0%的学生说不准，有9.3%的学生则选择会作弊。

（六）表达孝心的方式

28.3%的三年级学生选择以良好的学习成绩回报父母的方式来表达孝心，48.8%的三年级学生选择以经常和父母谈心交流的方式表达孝心，23.8%的三年级学生选择以勤工俭学，减少父母经济负担的方式表达孝心，32.9%的三年级学生选择有事自己担当不让父母操心的方式来表达孝心，41.0%的三年级学生以练好本领，将来找一份好工作回报父母的方式表达孝心。

（七）期望的家庭生活模式

46.2%的三年级学生所期望的家庭生活模式是男女平等，期望男主外、女主内的家庭生活模式的学生占23.2%，28.3%的学生希望女主外、男主内，还有2.3%的学生希望做全职太太。

（八）选择恋爱对象时首要考虑的条件

三年级的大部分学生在选择恋爱对象时第一位考虑的条件是人品，第二位考虑的条件是经济，第三位考虑的条件是性格，而三年级学生考虑经济因素的比例明显高于其他年级。

（九）女校"四自"精神培养下的收获

通过女校的"四自"精神培养，三年级学生最大的收获是：首先自信心提高，占66.3%，其次是独立性增强，占61.7%，52.7%学生的收获是增强了社会责任感和使命感，21.7%的学生认为"四自"精神培养的收获是促进女大学生成才，20.3%的学生认为"四自"精神教育的收获是有利于女大学生就业。

（十）与同学们经常议论的热门话题

三年级学生与同学们经常议论的热门话题主要是学习就业问题、娱乐生活和同学关系，恋爱问题也是比较关注的热门话题。但三年级学生相比一、二年级的学生讨论民主与政治以及经济发展问题的比例增多（见图2）。

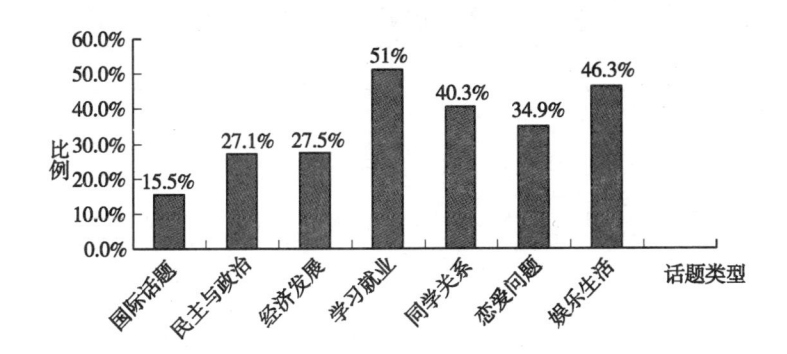

图 2　三年级调查对象与同学们经常议论的话题

三　学习情况

（一）在课堂教学中，最关注教师的哪些方面

三年级学生在课堂教学中，首先最关注老师的人格魅力，其次是教学水平和学术水平。最不关注的是老师的创新精神（见图3）。

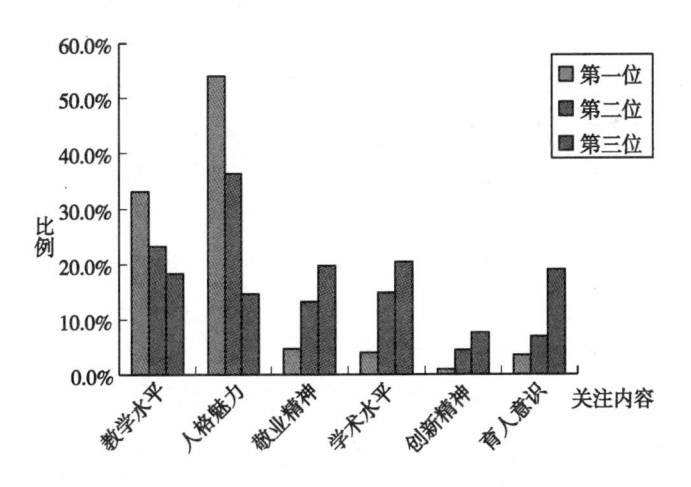

图 3　学生在课堂教学中最关注的内容

（二）喜欢的讲座类型

三年级调查对象最喜欢的讲座类型是形势报告，其次是时事热点分析及心理健康，所占比例最少的是英雄模范人物事迹报告（见表5）。

表5　　　　　　　　　调查对象喜欢的讲座类型

讲座类型	百分比
人文、社科学术报告	30.3%
形势报告	38.2%
科学技术发展动态	19.7%
英雄模范人物事迹报告	4.1%
时事热点分析	36.5%
心理健康	32.9%
青春励志	32.0%
流行时尚	21.8%
人生规划	25.6%

（三）参加学校各类科技竞赛活动情况

在三年级学生中，36.3%的学生没有参加过1次学校各类科技竞赛活动。参加过2次的学生占61.7%。三年级学生认为科技竞赛活动对他们的帮助分别是：培养团队合作精神（55.4%）、提高沟通能力和组织协调能力（36.3%）以及拓宽视野（35.6%）。

（四）参加社会实践活动情况

学生中54.8%的学生没有参加过1次学校组织的各种社会实践活动，参加2次的学生占33.2%，参加3次及以上的学生占12.1%。三年级学生认为参加社会实践活动对自己的成长最大的帮助是了解社会，其次是锻炼了自身能力和拓宽了视野。

（五）学习方面遇到的主要困难

被调查的三年级学生在学习方面遇到的最主要困难依次为：学习方法不当、不能很好地与老师沟通、对自己没有信心以及对专业不感兴趣。

（六）对自己学习状况的满意度

在三年级学生中，8.2%的学生对自己的学习状况感到非常满意，45.0%的学生对自己的学习状况感到比较满意，31.8%的学生对自己学习状况的满意度一般，还有10.8%的学生感到不太满意，另外有4.3%的学生感到非常不满意。她们感到一般和不满意自己学习状况的主要原因分别是对自己的专业不感兴趣、教学条件差、自律能力较弱以及教师教学水平不高。

（七）专业实习提供的帮助

三年级学生认为通过专业实习为她们提供的帮助依次分别是了解专

业、能够综合运用专业知识，提升就业能力及提高自身素质，了解岗位需求，了解社会。

（八）专业课学习的收获

通过专业课的学习，三年级学生收获最大的是有助于了解专业基本理论和基本方法，第二位是有助于掌握专业基本技能，第三位是有助于对专业有进一步了解。

（九）选修课对成长的帮助

三年级学生认为，所学选修课对她们最大的帮助是拓宽了知识面以及掌握了不同学科专业的思维方式和方法。

（十）学年论文对成长的帮助

被调查的三年级学生认为，学年论文为她们提供的主要帮助是掌握了初步的专业研究能力，具备了初步的研究思维以及提高了文字表达能力（见图4）。

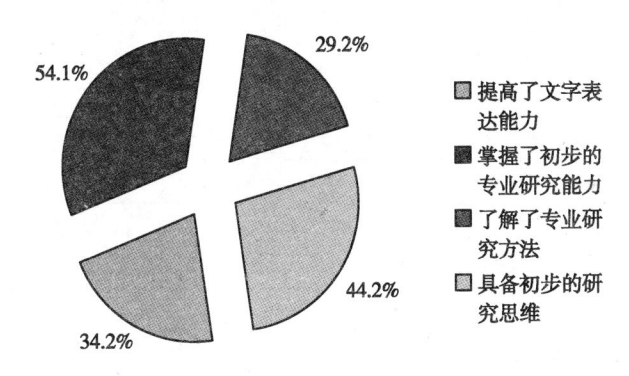

图4 学年论文对学生成长的帮助

三年级学生在完成学年论文的过程中遇到的主要困难分别是：专业研究能力不足、专业知识积累不够、没有掌握专业研究方法以及缺乏指导教师的指导。

四 生活情况

（一）课余时间的安排方式

在三年级学生中，52.8%的学生主要将课余时间用于休息娱乐，45.6%的学生愿意参加社团活动，41.3%的学生仍然是学习，有26.2%的学生参加志愿服务，19.8%的学生用于勤工俭学，还有18.4%的学生参加社会实践。

（二）上网情况

三年级学生中，平均每天上网时间在1—3个小时的所占比例最高，达60.0%，其次是平均每天上网时间在3—5小时和1小时以下，还有1.4%的学生从不上网。

学生上网主要是为了查找学习资料、阅读新闻、音乐娱乐以及聊天交友。

（三）学生最喜欢的课外活动类型

三年级学生最喜欢的课外活动依次是志愿服务活动、文艺体育竞赛活动、社会实践活动、辩论赛等文化类竞赛活动，以及讲座或报告会、社团活动和各种主题教育活动（见表6）。

表6　　　　　　　　三年级学生最喜欢的课外活动类型

课外活动	百分比
各种主题教育活动	22.8%
社团活动	30.8%
讲座或报告会	31.4%
文艺体育竞赛活动	37.6%
辩论赛等文化类竞赛活动	33.1%
社会实践活动	35.0%
志愿服务活动	41.4%

（四）对学生成长帮助最大的学生社团

三年级学生最喜欢参加的学生社团是公益服务类的，其次是兴趣爱好类的。她们认为对她们成长帮助最大的学生社团是公益服务类的社团，其次是社会实践类以及兴趣爱好类的学生社团。

（五）与同学的关系

三年级学生中，19.5%的学生与同学关系非常好，52.5%的学生与同学关系比较好，关系一般的占19.6%，与同学关系不太好的学生占3.5%，还有4.9%的学生与同学关系很不好。关系不好的原因主要是交流不够。

（六）对宿舍生活满意度

三年级学生中，83.0%的学生对宿舍生活感到满意。17.0%的学生不满意自己的宿舍生活。不满意的原因主要是希望能够一个人住。

（七）遇到烦恼和挫折时交流的对象

三年级学生在遇到难以解决的烦恼或挫折时最愿意交流的对象是朋友和家人（见图5）。

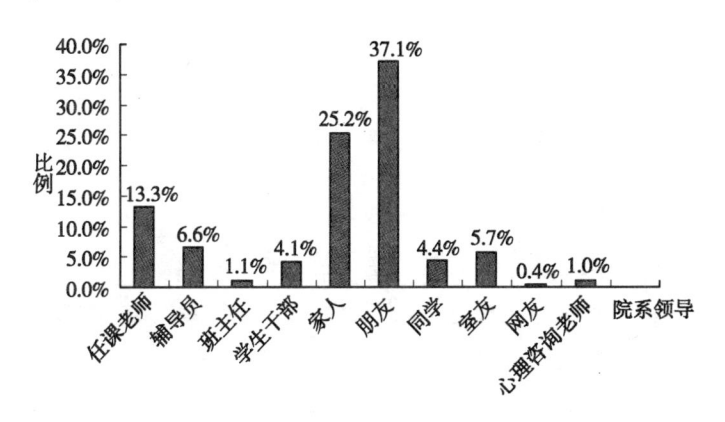

图5　遇到烦恼和挫折时最愿意交流的对象

任课老师 13.3%、辅导员 6.6%、班主任 1.1%、学生干部 4.1%、家人 25.2%、朋友 37.1%、同学 4.4%、室友 5.7%、网友 0.4%、心理咨询老师 1.0%、院系领导

（八）与辅导员和班主任沟通的情况

三年级学生中，0.7%的学生会经常与班主任沟通，14.3%的学生会经常与辅导员沟通。与班主任和辅导员沟通的主要问题首先是就业，其次是学习问题。

五　发展方面

（一）对本专业前景的了解程度

三年级学生中，只有8.8%的学生对自己专业的发展前景非常了解，35.6%的学生对自己专业的发展前景比较了解，一般了解的学生占46.9%，8.1%的学生不太了解自己专业的发展前景，还有0.6%的学生非常不了解自己专业的发展前景。

（二）对自己的职业生涯发展的规划

三年级学生中，9.1%的同学对自己的职业生涯发展有明确的规划，63.2%的学生有一个粗略的规划，20.4%的学生正在规划自己的职业生涯，还有7.4%的学生没有规划。

（三）未来工作中最重要的能力

三年级学生认为未来工作中最重要的能力是团队协作与沟通能力以及专业知识能力。

（四）选择工作时主要考虑的因素

三年级学生在选择工作时主要考虑的因素是薪酬与福利，其次是发展机会以及社会声誉（见图6）。

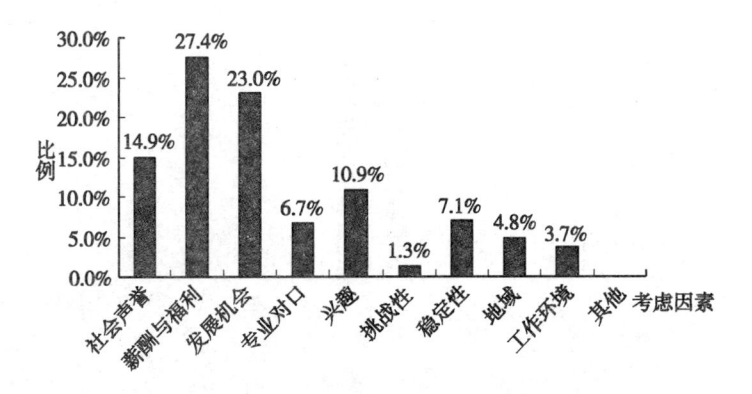

图6 三年级学生在选择工作时主要考虑的因素

社会声誉 14.9%，薪酬与福利 27.4%，发展机会 23.0%，专业对口 6.7%，兴趣 10.9%，挑战性 1.3%，稳定性 7.1%，地域 4.8%，工作环境 3.7%，其他

（五）对国家目前大学生择业、就业、创业政策的了解

三年级学生中，对大学生择业、就业、创业政策了解一般的所占比例最高，达到42.2%，不太了解的学生占到27.9%。从这组数字中可以看出，学生对择业、就业、创业的了解欠缺，还处于比较迷茫期，需要加大力度进行这方面的宣传工作。

（六）面对当前就业形势的打算

三年级学生中，面对当前的就业形势，最多的学生打算在完成学业的同时，参加各种职业培训，拿到多项资格证书；其次是进一步提升学历层次，增强就业竞争力；第三位是关注社会就业市场动态，随时调整自己的就业策略（见表7）。

表7　　　　　　　　　　面对当前就业形势的打算

打算	百分比
参加各种就业培训，拿到多项资格证书	30.6%
关注社会就业市场动态，随时调整自己的就业策略	15.9%
进一步提升学历层次，增强就业竞争力	30.5%
没有特别的准备，但相信"车到山前必有路"	12.0%
多方寻求实习机会，增强求职的自信	8.1%
自主创业	1.4%
去基层就业	1.5%

六 综合部分

（一）三年级学生对学校各项工作的满意度

三年级学生不满意的方面主要是社团活动、就业指导和社会实践活动。从这些数据可以看出，三年级学生对这方面的需求较多，学校应加强这方面的工作安排（见表8）。

表8 三年级学生对学校各项工作的满意度

工作	满意	比较满意	不满意	很不满意	不清楚
所学专业	30.0%	47.7%	11.8%	5.3%	5.2%
课堂教学	14.0%	68.1%	13.2%	1.9%	2.8%
教学	23.2%	59.7%	13.6%	2.1%	1.4%
教师师德	26.4%	62.3%	8.0%	2.1%	1.1%
学习风气	28.1%	56.1%	10.8%	2.3%	2.7%
思想政治理论课	18.3%	61.4%	12.3%	4.7%	3.2%
体育课	30.3%	50.9%	12.4%	4.6%	1.8%
家庭经济困难学生资助	31.7%	50.6%	12.7%	2.4%	2.7%
心理健康教育	19.7%	56.6%	14.9%	3.9%	4.9%
社团活动	17.1%	52.5%	22.5%	4.4%	3.5%
社会实践活动	17.3%	52.9%	18.4%	8.7%	2.7%
就业指导	17.0%	51.7%	20.2%	4.7%	6.4%
后勤保障服务	15.4%	53.1%	17.4%	10.9%	3.3%
大学学习生活	21.6%	54.6%	16.8%	5.4%	1.6%
校园环境	27.3%	57.9%	9.2%	3.6%	2.0%

（二）三年级学生目前面临的最大压力

三年级学生目前面临的最大压力主要是就业和发展压力、经济压力及学业压力。她们目前最适合来描述自己的词汇是焦虑和压力。

（三）学校应着重加强对学生培养的方面

被调查的三年级学生认为，学校应着重加强对学生培养的方面，主要是专业能力、社会责任感以及思想道德素质。

（四）女院特色的体现

三年级学生认为女院的特色首先体现在女生多，其次是"四自"精神（见图7）。

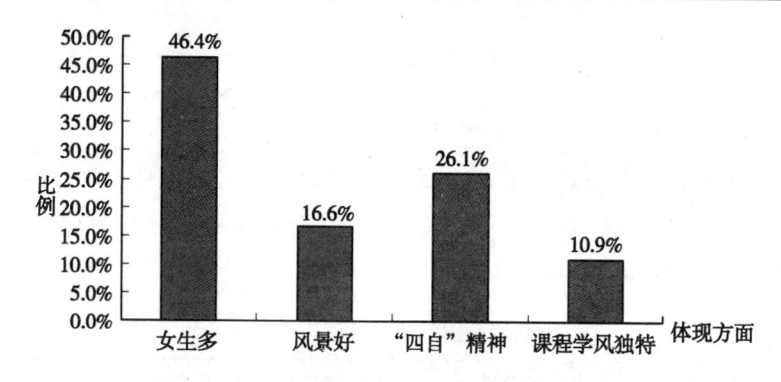

图 7　三年级学生眼中女院特色的体现

（五）作为女校的校长，办好自己学校的措施

三年级学生认为，办好女校，首先要为学生多提供实践机会，其次是要提高办事效率以及学校的知名度（见图 8）。

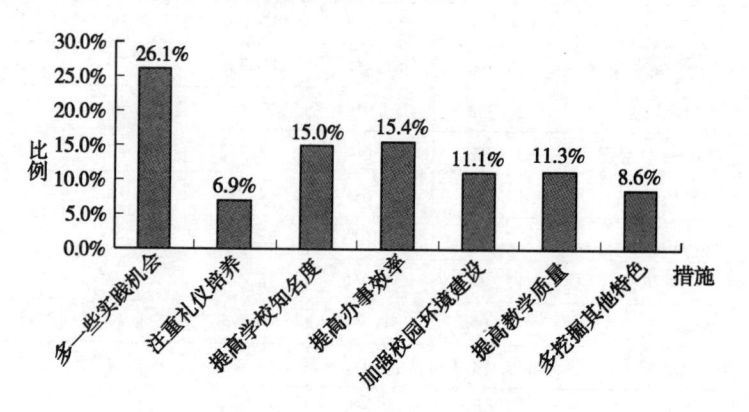

图 8　办好自己学校的措施

女子高校大学生分层德育模式研究与实践调查报告

（四年级）

中华女子学院课题组
2014年9月

目　录

第一部分　主要结论与建议

第二部分　调查实施与样本描述

　一、调查实施背景

　二、样本描述

第三部分　四年级学生情况概括：定量分析

　一、基本情况

　二、思想状况

　三、学习情况

　四、生活状况

　五、就业与发展

　六、综合评价

第一部分　主要结论与建议

第一，从入学情况来看，半数学生是以第一志愿录入女子院校，并且其中大部分学生表示选择女校是自己作的决定。不过学生也坦言，自己最初选择女校的主要原因是出于地域优势，以及因同学绝大部分为同性这一特殊氛围才选择进入女校学习，而大多数学生对学校的人才培养目标以及专业设置等具体、实际的问题并没有太多的了解。女子学院学生家庭条件整体来说比较一般，大多来自市县和乡村，并且超过半数的学生都并非独生子女，而学生家长的文化程度也大多停留在中学水平。

第二，在思想状况调查方面，四年级学生道德价值目标的选择主流良好，但其中部分学生存在的严重功利性和过分关注自我等问题依然不容小觑。四年级学生中，半数学生均担任过学生干部，有近1/4的学生是中国共产党党员，并且绝大多数学生也表示愿意加入共产党，入党动机大多比较端正，主要是追求理想和信念。但同时还有13.2%的学生明确表示不愿意加入共产党，且想入党的学生当中，也有近1/4的学生是为了谋求事业发展和增强就业竞争力。因此，学校应该注意对学生加强教育，端正学生入党动机。

第三，在公益意识和诚信方面，绝大多数的四年级学生认为人生价值主要体现在对社会的贡献大小，参加社会公益活动的目的主要是服务社会，帮助他人。在学术诚信度方面，面对在考试中无人监考的情景，绝大多数的学生也表示不会作弊。从整体来看，四年级学生的家庭婚恋观也比较正常、理性。但仍有部分学生认为人生价值主要体现在生活舒适安逸、经济收入高低、职务的高低和权力的大小，并且参加社会公益活动的目的是获取更多的求职机会，甚至是应付学校作业。对于这类学生学校应该予以重视，在日常学习和活动中加强对学生的思想政治教育，使学生树立正确的世界观、人生观、价值观。

第四，在学习状况调查中发现，近一半的四年级学生对自己的学习状况感到一般和不满意，原因主要是缺乏实践机会和对所学专业不感兴趣，另有少部分学生认为自己学习状态不好是因为教师教学水平不高、学校教学条件差等外界因素。另外，还有将近一半的学生认为所学专业课程安排不合理。对此她们提出的改进意见是：通过调整课程、增加实践和整合时间等方式使专业课程安排更具合理性。另外，四年级学生普遍认为毕业实习和论文对自身成长所提供的帮助主要是了解岗位需求和专业发展前景，同时还能提升自己的就业能力。学校应该注意从多角度满足学生获取专业知识的需求，将教学与实践相结合。

第五，四年级学生将课余时间用于休息娱乐，其次是学习和参加社团活动。每天上网时间基本在 1—3 小时内，上网目的主要是查找学习资料、阅读新闻和聊天交友。学生最喜欢的课外活动依次是志愿服务活动、社会实践活动、文体竞赛活动和社团活动。在社团活动方面，学生比较青睐的社团是公益服务类、社会实践类社团，学生认为对自己成长最有帮助的社团活动依次是社会实践类、公益服务类及兴趣爱好类的学生社团。

第六，在与他人互动交流方面，整体上四年级学生同伴互动普遍，绝大部分学生与同学关系良好，少数与同学关系不好的学生认为矛盾的主要原因是缺乏沟通。学生对宿舍生活普遍感到满意，而且在遇到困难和问题时最希望交流的对象是朋友和同学。在师生互动方面，四年级学生与班主任、辅导员的沟通较少，沟通的主要内容是学习和就业问题。建议鼓励学生多与辅导员、班主任沟通，建立信任关系。

第七，在就业方面，半数以上的四年级学生对自己专业的发展前景比较了解，但还有 1/3 以上的学生对专业前景是一般或者是不太了解的。同时，四年级学生大多对自己的职业生涯发展没有明确的规划甚至没有规划。在就业政策方面，只有 1/4 的四年级学生对就业创业政策比较了解，其他的多数学生都表示对这类政策的了解程度比较一般或者是不了解。不过针对当前严峻的就业形势，四年级学生也采取了积极的方式增强自己的就业竞争力。因此要鼓励学生从低年级开始就逐渐形成并不断完善自己的职业生涯发展规划，并且扩大就业政策和就业信息的影响范围。

第八，在四年级学生毕业后的计划方面，最主要的选择依次是找工作、考公务员和出国。在具体的就业选择中，他们最愿意就业的用人单位类型依次是事业单位、国有大中型企业及政府部门，并且在找工作过程中，他们最关注的是工作带来的发展机会，其次是薪酬与福利。而影响他们就业的主要障碍是专业没有优势、缺乏社会关系和信息太少。建议根据学生毕业去向的影响因素，学校帮助学生制订个人职业规划，辅助她们作出合适的毕业选择。

第九，在对学校的综合评价方面，四年级学生对学校各项工作基本感到满意，并建议学校下一步应该加强学生的专业能力、社会责任感和团队协作能力培养。他们普遍认为学校最大的特色是"都是女生"，另外学生都非常独立也是学校的一大亮点。从女子院校校长的角度来看学校建设，学生认为首要的任务是"发扬女校的独特性，提高知名度，升为一本院校"，其次是"提高学校的管理水平，多向其他好的学校学习"以及"为学生服务，以学生为本"。

第二部分 调查实施与样本描述

一 调查实施背景

本调查的实施是在2012年首都大学生思想政治教育重点课题《女子高校大学生分层德育模式研究与实践》项目的背景下开展实施的，该项目的研究主旨是在已有国内外德育理论研究成果基础上，运用教育学和管理学中的相关理论，研究女子高校一至四年级学生的需求差异，根据不同年级学生的主导性需求，实施大一适应性教育，大二基础性教育，大三提高性教育，大四完善性教育，将专业理论学习与日常学生管理有机结合，实现教书育人、管理育人、服务育人的内在融合，探索分层德育模式的教育内容、实施途径、评价方式和运行机制等，构建有针对性的适合女子高校学生成长成才的分层德育模式。

二 样本描述

四年级工作组的研究任务是，通过开展社会实践、毕业实习、完成毕业论文、女性职业生涯发展、女性潜能开发教育等，培养学生职业素养，开发自我潜能，提升学生的综合职业能力，增强女大学生走向社会的竞争力。为了解四年级学生的整体情况，本课题组通过对学生的思想、学习、生活和就业情况等方面开展了调研，为下一步的研究工作提供充实的科学参考依据。四年级的调查共发放问卷849份，收回有效问卷849份，问卷回收率为100%。

第三部分 四年级学生情况概括：定量分析

一 基本情况

（一）入学意愿

学生为什么选择进入女子高校接受高等教育？是否符合自己的主观意

愿？这些因素直接影响到学生入学后在学校的发展状况和趋势。根据调查显示，本次受访的849名学生中，44.9%的学生是以第一志愿录入，并且有54.7%的学生表示是自己作的决定。

（二）选择女校的主要原因

学生选择女校的主要原因是出于地域优势，这类学生占54.3%；其次有39.1%的学生是因为女院的独特氛围才选择女院，有15.5%的学生是因为人才培养目标，另外有13.4%的学生是因为专业吸引力，8.9%的学生是因为学校的管理方式（见图1）。

由此可见，大部分是因为学校有利的地理位置以及同学绝大部分为同性这一特殊氛围才选择进入女子高等院校学习，而大多数学生对学校的人才培养目标以及专业设置等具体、实际的问题并没有太多的了解。

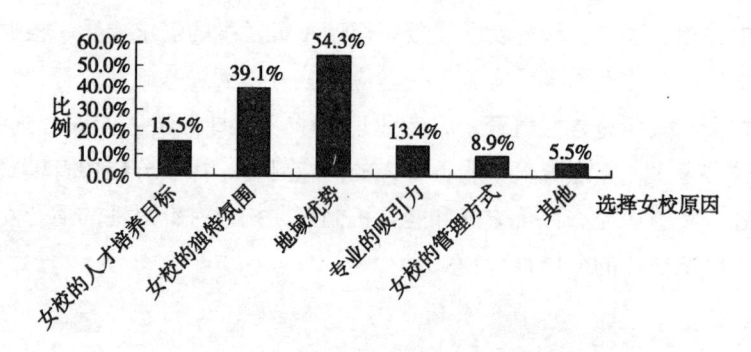

图1 四年级调查对象选择女校的主要原因

（三）生源地

在本次调查中，四年级学生中，来自城市的学生占22.2%，来自乡镇的占46.7%，来自农村的占31.1%。

（四）独生子女状况

在参与调查的849名学生中，42.3%的学生是独生子女。

（五）民族

参与调查的四年级学生中，少数民族占4.7%。

（六）政治面貌

从调查数据来看，四年级学生道德价值目标的选择主流良好。据调查，四年级学生中，23.5%的学生是党员（正式/预备），48.7%是共青团员，入党积极分子占16.2%，还有16.6%的学生政治面貌是群众。

（七）父母文化程度

从父母文化程度看，父亲高中文化程度所占比例最高为22.7%，其次是初中文化程度占21.3%，父亲文化程度为本科和大专的分别位列第三、第四，占比例为19.6%和16.2%。母亲初中文化程度所占比例最高为21.1%，其次是本科学历占19.3%，高中文化程度占18%。由此可见，女院四年级学生父母文化程度大多不高，初高中文化水平的占40%左右（见表1）。

表1　四年级调查对象父母亲的文化程度百分比分布情况

文化程度	父亲	母亲
不识字或识字很少	3.9%	3.4%
小学	9.0%	10.5%
初中	21.3%	21.1%
高中	22.7%	18.0%
中等职业教育学校	4.7%	6.8%
大专	16.2%	16.3%
本科	19.6%	19.3%
研究生	2.6%	4.5%

（八）家庭收入

四年级学生家庭人均月收入，在2001—5000元的四年级学生所占比例最高，为24.8%；其次是人均月收入为5001—10000元的家庭，占20.5%。另外，值得注意的是家庭人均月收入在1000元以下的占20%，500元以下的占7.3%（见图2），可见四年级学生的家庭收入情况两极化比较明显。

二 思想状况

在市场经济崇尚个性发展的大潮流的影响下，作为上层建筑的思想道德领域面临着深刻的变化，原有的道德价值体系逐步失衡，新的道德价值体系尚未建立和完善，道德领域呈多元化趋势，传统的道德规范面临挑战，人们道德价值观发生了诸多新变化，与以前所倡导的已大有不同。随着社会生活的发展，以90后为主体的大学生道德价值观也发生了相应的变化。

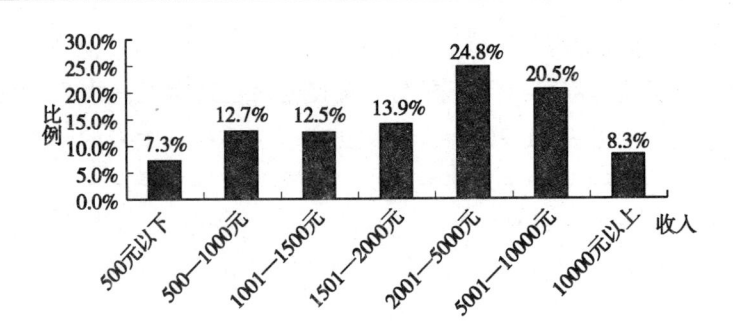

图2 四年级学生的家庭人均月收入

（一）入党意愿

在入党意愿调查中发现，四年级学生中，70.3%表示愿意加入中国共产党，16.5%的学生表示不愿意加入共产党，有13.2%的学生还没有想好。在愿意入党的学生中，入党动机主要是追求理想和信念，占51.9%，其次是寻求政治荣誉感，占21.6%，谋求事业发展，占18.7%（见图3）。

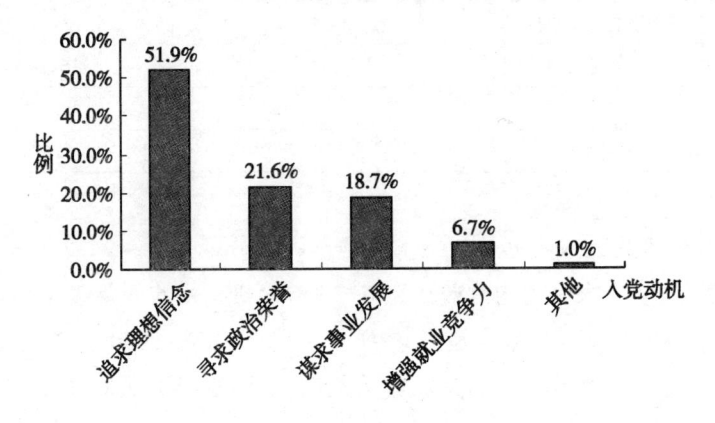

图3 四年级调查对象入党动机

（二）人生价值

据调查统计，72.7%的认为人生价值主要体现在对社会的贡献大小，其次体现在生活舒适安逸和职务的高低及权力的大小，两项均占34.4%，第四位的是经济收入高低，占21.6%（见表2）。

表2　　　　　　　　四年级学生对于人生价值看法

	对社会贡献大小	职务的高低和权力的大小	经济收入高低	生活舒适安逸
比例	72.7%	34.4%	21.6%	34.4%

（三）公益意识（参加社会公益活动的目的）

在公益意识方面，四年级学生中，78.9%的学生表示参加社会公益活动的目的主要是服务社会，帮助他人。61%的学生是为了满足自我，提高精神境界。21.9%的学生是为了获得更多求职机会，20.6%的学生是为了获得赞扬，7.1%的学生是为了应付学校的作业。

（四）道德意识（遇到老人摔倒该如何处理）

在"遇到老人摔倒该如何处理"这种具体的道德行为问题上，四年级学生中，大部分学生表示会选择即使没有旁证，也会上前搀扶，占54%。23.8%的学生选择若有旁证才会主动上前搀扶。18.2%的学生选择在遇到老人摔倒时，通过拨打110、120的方式间接帮助摔倒老人。4%的学生选择视而不见。

（五）学术诚信（无人监考时是否作弊）

在学术诚信度方面，面对在考试中无人监考的情景，四年级学生中，有73.5%的学生选择不会作弊，19.4%的学生说不准，7.1%的学生选择会作弊。

（六）回馈家庭（表达孝心的方式）

在表达孝心的方式方面，36.4%的学生选择以良好的学习成绩回报父母的方式来表达孝心，41.3%的学生选择以经常和父母谈心交流的方式表达孝心，24.7%的学生选择会以勤工俭学，减少父母经济负担的方式表达孝心，32.5%的学生选择有事自己担当不让父母操心来表达孝心，44.6%的学生选择练好本领，将来找一份好工作回报父母的方式表达孝心。

（七）家庭观念（期望的家庭生活模式）

在期望的家庭生活模式方面，四年级学生中，70.4%的学生所期望的家庭生活模式是男女平等，17.2%的学生期望男主外、女主内，8.6%的学生希望女主外、男主内，还有3.9%的学生希望做全职太太。

（八）恋爱观念（选择恋爱对象时主要考虑的条件）

在恋爱问题方面，四年级学生在选择恋爱对象时第一位考虑的条件是人品，占63%，其次是性格，占16.1%。第三位的是对方的学识水平，占9%，主要考虑对方经济条件的占5.6%，还有4.7%的学生看重对方外貌条件，1.6%的学生考虑对方的家庭情况（见图4）。

（九）女校"四自"精神培养下的收获

通过女子院校的"四自"精神培养，四年级学生最大的收获是独立性增强，占68.2%，其次是自信心提高，占55.2%，48.2%的学生的收

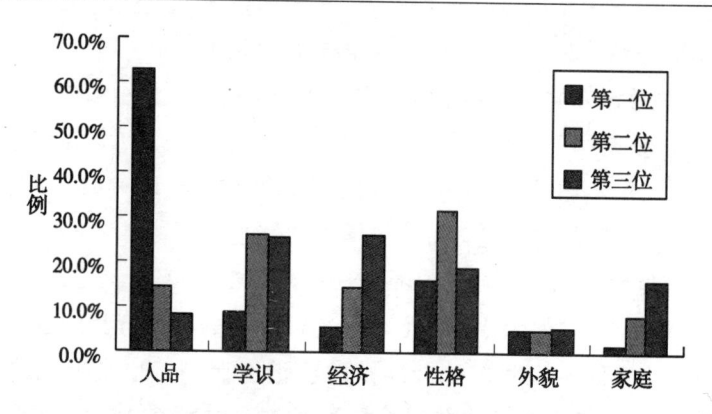

图 4　四年级学生选择恋爱对象时主要考虑的条件

获是增强了社会责任感和使命感，25.8%的学生认为"四自"精神培养的收获是促进女大学生成才，16.5%的学生认为"四自"精神培养的收获是有利于女大学生就业，2.9%的学生有其他收获。

（十）与同学们经常议论的热门话题

从图5可以看出，学生经常议论的热门话题主要是学习、就业问题，占60.1%，娱乐生活占51.4%和恋爱问题占43%，还有32.4%的学生关注同学关系，25.0%的学生关注民主与政治问题，17.2%的学生关注国际话题（见图5）。

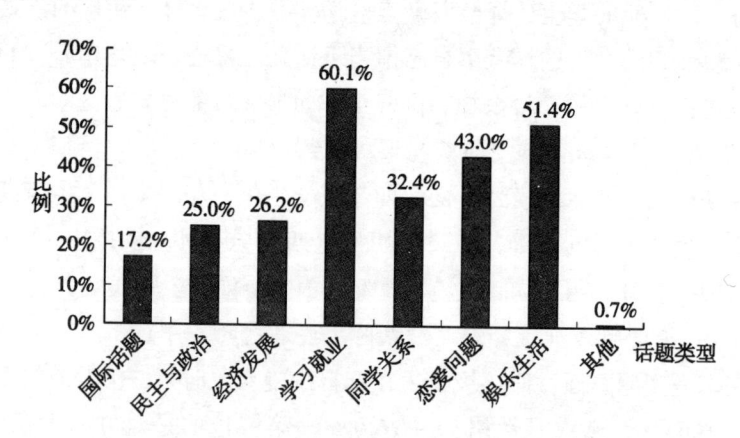

图 5　四年级调查对象与同学们经常议论的话题

三　学习情况

（一）课堂教学

课堂教学是学校教育工作的最重要组成部分。教育计划、教学大纲确定以后，要由课堂教学、实践性环节、第二课堂等过程贯彻实施，一步一步地去实现预定目标和要求。学生在校学习期间，课堂教学在学校教育过程中起决定性作用。

在课堂教学方面，四年级学生在课堂教学中，首先最关注教师的人格魅力（39.4%），其次关注教师的教学水平（35.7%）和学术水平（10.2%），还有比较关注的是教师的敬业精神（6.1%）和育人意识（5.6%）。最不关注的是教师的创新精神（2.5%）（见图6）。

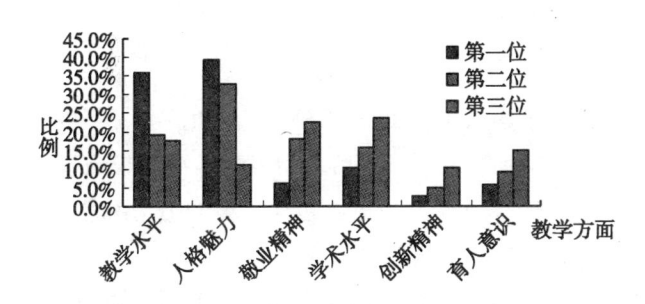

图6 四年级学生在课堂教学中最关注的内容

（二）讲座设置

在讲座设置方面，四年级调查对象中，54.5%的学生最喜欢的讲座是人文、社科学术报告，其次是时事热点分析以及形势报告，占34.2%和32.1%。所占比例较少的是人生规划以及英雄模范人物事迹报告，分别为18.5%和7.4%（见表3）。

表3 调查对象喜欢的讲座类型

讲座类型	百分比
人文、社科学术报告	54.5%
形势报告	32.1%
科学技术发展动态	25.8%
英雄模范人物事迹报告	7.4%
时事热点分析	34.2%
心理健康	20.4%
青春励志	28.8%
流行时尚	22.3%
人生规划	18.5%
其他	2.8%

（三）科技竞赛参与情况

在参加科技竞赛活动方面，四年级学生中，66.8%的学生参加过科技竞赛活动，在参加的学生中，45.8%的学生认为参加科技竞赛活动对成长的帮助是培养团队合作精神，所占比例最高；35.4%的学生认为参加科技竞赛活动对成长的帮助是提高沟通能力和协调组织能力；34.7的学生认为有助于专业知识的运用；33.4%的学生认为有助于拓宽视野；20.6%的学生认为有助于增强自信心；18.6%的学生认为有助于提升科研能力；17%的学生认为有助于掌握初步的科研方法。

（四）社会实践活动参与情况

学生只有充分利用大学所提供的各种资源和机会，积极参与各项有效教育实践活动，才能通过互动和整合获得发展。而院校教育功能的职责则在于为学生提供多样参与机会，并引起其足够的努力和精力去参与其中，从而实现预期教育目标，促进学生发展。

在参加学校组织的社会实践活动方面，四年级学生中79.9%参加过学校组织的社会实践活动。在参加的学生中，认为参加社会实践活动对自己的成长最大的帮助是锻炼自身能力（41%），其次是了解社会（36.7%）及拓宽视野（17.1%），还有4.5%的学生认为促进了自己的专业学习（见表4）。

表4　　　　四年级学生参加社会实践活动的收获统计

	了解社会	锻炼自身能力	拓宽视野	促进专业学习	其他
四年级	36.7%	41.0%	17.1%	4.5%	0.7%

（五）学习方面存在的困难

四年级学生在学习方面遇到的最大困难是学习方法不当，这类学生占45.1%，其次有39.2%的学生认为不能很好地与老师沟通是导致学习遇到困难的主要原因；还有35.1%和25.6%的学生分别认为学习最大的困难主要是因为对专业不感兴趣及对自己没有信心（见图7）。

（六）对自己学习状况的满意度

在学习状态方面，四年级学生中，9.3%对自己的学习状况感到非常满意，比较满意的占44%，所占比例最高，感觉一般的占37%，感觉不太满意的占7.9%，非常不满意的占1.8%。也就是说，46.7%的四年级学生对自己的学习状况感到一般和不满意。

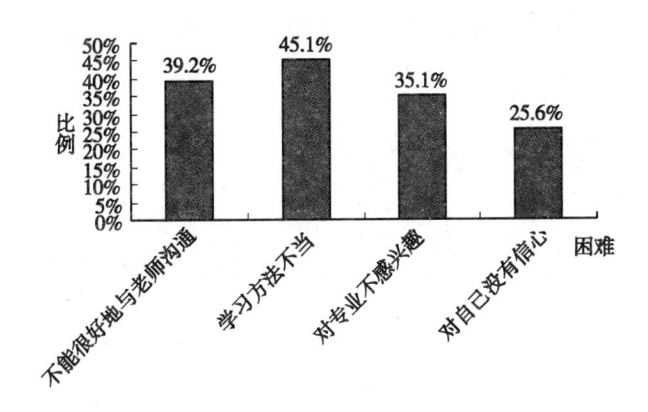

图7 四年级学生在学习方面存在的困难

学生对自己的学习状况感到一般和不满意的原因，21.3%的学生认为缺乏实践机会是令自己感觉不满意的主要原因，其次是对所学专业不感兴趣占20.2%，及自律能力较弱16.5%。还有13.6%的学生认为自己学习状态不好是因为教师教学水平不高，还有认为学校教学条件差、担忧本专业就业前景不理想以及自我学习方法不当等原因（见图8）。

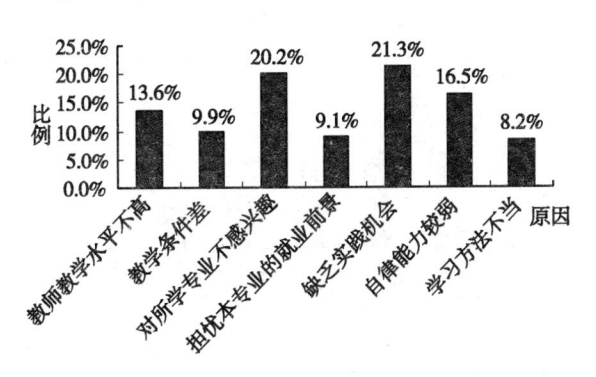

图8 四年级学生对自己的学习状况感到一般和不满意的原因

（七）专业课程安排

在专业课程安排方面，四年级学生中，52.9%的学生认为所学专业课程安排合理，认为不合理的学生所提出的改进意见主要是调整课程，占36.8%，其次是增加实践，占32.5%，24.1%的学生认为应该整合时间，5.8%的学生认为应该减少课时。

（八）毕业实习的帮助

在毕业实习方面，四年级调查对象当中，54.4%的学生认为毕业实习对自身成长所提供的帮助主要是了解岗位需求，48.3%的学生认为有助于提升就业能力，46.5%的学生认为有助于自己了解专业发展前景（见图9）。

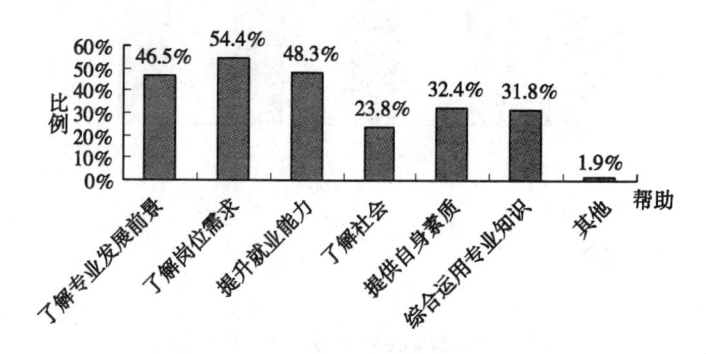

图9 毕业实习的帮助

（九）毕业论文或设计的帮助

在毕业论文或设计方面，接受调查的四年级学生认为，通过毕业论文或设计的锻炼，她们的收获主要是提升了专业素养，这类学生占51.2%，有50.7%的学生认为有助于提高自己的文字表达能力，还有36%的学生认为通过专业论文使自己具备了一定的学术能力。另外，分别有24.1%和23.5%的学生认为提升了自己的科研能力和实践能力（见图10）。

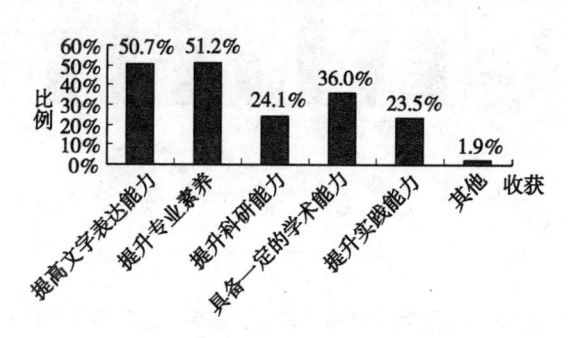

图10 毕业论文或设计的收获

（十）完成毕业论文（设计）过程中遇到的困难

在完成毕业论文（设计）过程中，四年级学生中，50.3%的学生表示遇到的主要困难是专业研究能力不足，其次是专业知识积累不够，以及毕业论文时间与就业实习时间冲突，没有时间和精力准备，这两类困难均占到比例的45.1%。还有37.5%的学生表示遇到资料收集受限的问题，而认为因为没有掌握专业研究方法和指导教师不到位是完成毕业论文最主要的困难的学生，分别占 20.6% 和 12.8%（见图 11）。

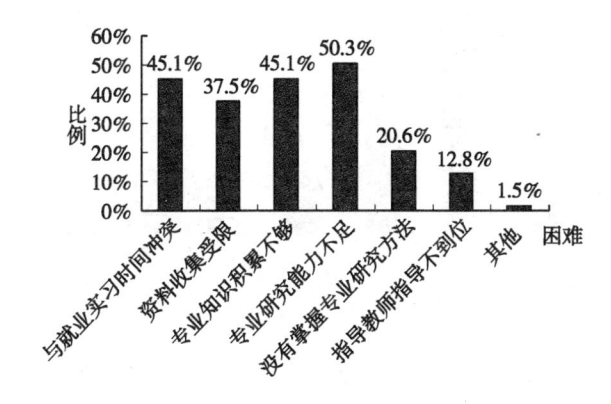

图 11 完成毕业论文（设计）过程中遇到的困难

四 生活状况

（一）课余时间的安排方式

四年级学生主要将课余时间用于休息娱乐，其次是学习和参加社团活动（见图 12）。

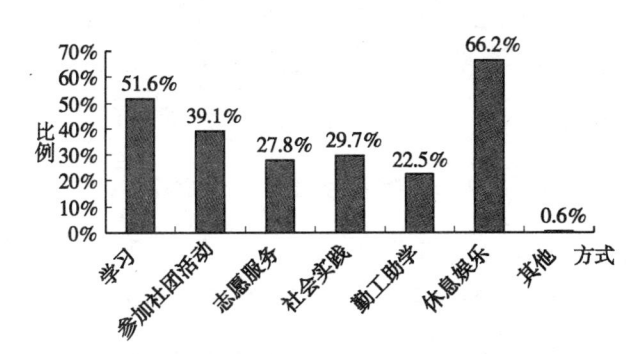

图 12 四年级学生安排课余时间的方式

（二）上网情况

在上网时间方面，四年级学生中，平均每天上网时间在 1—3 个小时的学生所占比例最高，为 49.3%，其次是平均每天上网时间在 3—5 小时的占 29%，1 小时以下的占 7.6%，还有 0.9% 的从不上网（见图 13）。

在上网目的方面，四年级学生上网的主要目的第一是查找学习资料（占 33.6%），第二是阅读新闻（22.7%），第三是聊天交友（13.2%）（见图 14）。

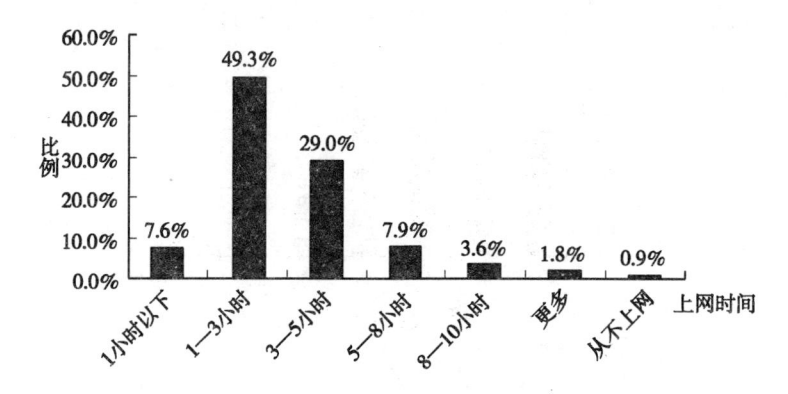

图 13　四年级学生平均每天上网时间分布情况

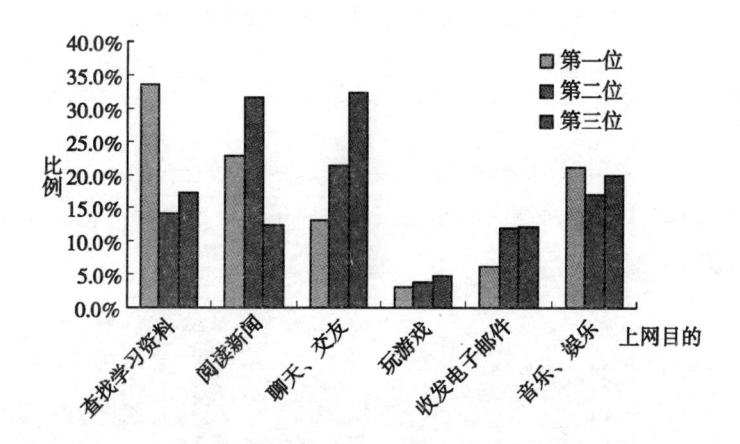

图 14　四年级学生上网目的分布情况

(三) 喜欢的课外活动

在喜欢的课外活动情况调查中,四年级学生最喜欢的是志愿服务活动,占42.9%,有40.8%的学生喜欢社会实践活动,38%的学生喜欢文艺体育竞赛活动,37.7%的学生喜欢社团活动,29.5%的学生喜欢的课外活动是各类主题教育活动,喜欢讲座或报告会的学生占24.6%,18.5%的学生喜欢的课外活动是辩论赛等文化类竞赛活动。

(四) 参加学生社团的情况

在参加学生社团的情况统计方面,四年级学生中,33.5%的学生喜欢参加公益服务类的学生社团,23.9%的学生喜欢参加的学生社团为社会实践类的社团,23.5%的四年级学生喜欢参加的学生社团为兴趣爱好类的社团,11%的学生喜欢参加文体类的学生社团,8.1%的学生喜欢参加理论研究类的社团（见图15）。

在社团活动中，对四年级学生成长帮助最大的社团活动类型分别是社会实践类、公益服务类及兴趣爱好类的学生社团。

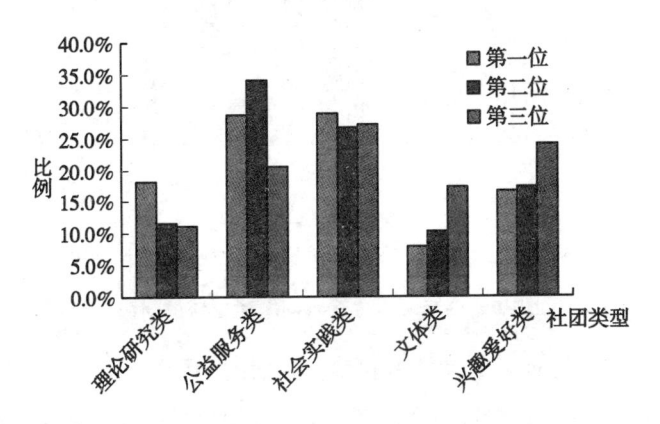

图15 四年级学生参加社团活动对成长的帮助

（五）同伴互动与交流

同伴群体被认为是"最强大的影响力之源"，几乎影响发展的每个方面（认知、情感、心理、行为）。良好的同伴互动对整体的学术发展、知识获得、分析和问题解决能力以及自尊都有积极影响。

调查表明，整体上四年级学生同伴互动普遍。87%的学生与同学关系良好，12.8%的学生与同学关系一般，只有0.2%的学生认为与同学关系很不好。与同学关系不好的主要原因是缺乏沟通。

（六）宿舍生活满意度

在对宿舍生活的满意度调查中，86.6%的四年级学生对宿舍生活感到满意，不满意的原因主要是想一个人住。

（七）遇到问题时交流的对象

据调查统计，四年级学生在遇到困难和问题时想交流的对象首先是朋友，占36.3%，最希望交流的对象仍是朋友，占34.7%，第三位最希望交流的对象是同学，占31.9%。从最想要进行交流的对象排序，首位是朋友，第二位是家人，占32.3%，第三位是任课教师，占31.9%，后面依次是同学（7.4%）、室友（4.2%）、辅导员（2.7%）、班主任（2.6%）、学生干部（1.7%）和网友（0.9%）（见图16）。

（八）师生互动与交流

在与辅导员沟通情况调查方面，13.5%的四年级学生经常与辅导员沟

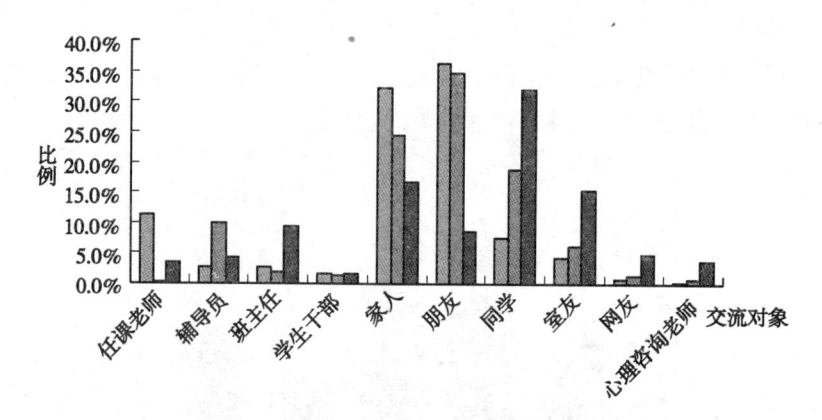

图16 四年级学生遇到问题时交流的对象

通，与辅导员沟通最多的是学习和就业方面的问题。

在与班主任沟通情况调查方面，15%的四年级学生经常与班主任沟通，与班主任沟通最多的问题仍是学习和就业问题。

五 就业与发展

高校学生正处于职业生涯的准备期，职业生涯发展规划与就业计划的目的在于为未来的就业和事业发展做好准备，明确的规划与价值判断将对自身未来发展产生深远影响。

（一）对本专业前景的了解程度

在学生对本专业前景的了解程度调查方面，四年级学生中，9.2%的学生非常了解，44.8%的学生比较了解，一般了解的学生占37.9%；有6.5%的学生不太了解，有1.6%的学生非常不了解。

（二）职业生涯发展规划

在个人职业生涯发展的规划方面，四年级学生中，18.3%的学生对自己的职业生涯发展有明确的规划，62.5%的学生有一个粗略的规划，13.2%的学生正在规划自己的职业生涯，6%的学生没有规划。

（三）对未来工作中最重要的能力的看法

在"对未来工作中最重要的能力的看法"调查中发现，四年级学生认为未来工作中排第一位的是团队协作与沟通能力，第二位的是专业知识能力，第三位的是综合性知识及素养（见表5）。

表5　　　　　　　四年级学生对未来工作中最重要能力的看法

能力	第一位	第二位	第三位
团队协作与沟通能力	35.5%	20.0%	25.2%
专业知识能力	26.2%	31.0%	13.7%
综合性知识及素养	26.9%	26.7%	23.8%
创新思维和创造能力	4.8%	13.0%	22.1%
社会责任心和使命感	6.6%	9.3%	13.5%

（四）选择工作时主要考虑的因素

四年级学生在选择工作时首先考虑的是发展机会，其次是薪酬与福利，第三是社会声誉（见表6）。

表6　　　　　　　四年级学生在选择工作室主要考虑的因素

因素	第一位	第二位	第三位
社会声誉	15.4%	3.7%	9.2%
薪酬与福利	21.6%	32.1%	19.0%
发展机会	30.0%	23.1%	16.6%
专业对口	7.7%	6.2%	6.3%
兴趣	12.5%	12.6%	11.2%
挑战性	1.4%	5.9%	6.2%
稳定性	4.4%	7.5%	13.3%
地域	4.2%	2.0%	5.5%
工作环境	2.4%	6.9%	12.5%

（五）就业政策的掌握情况

四年级学生对国家目前大学生择业、就业、创业政策的了解方面，46.1%的学生对国家目前大学生择业、就业、创业政策了解一般，只有5.6%的学生非常了解，22.1%的学生比较了解，不太了解的学生共占23.8%，不了解的占2.4%（见图17）。

（六）面对当前就业形势的打算

面对当前的就业形势，四年级学生第一位的打算是进一步提升学历层次，增强就业竞争力。第二位的打算是关注社会就业市场动态，随时调整自己的就业策略。第三位的打算是多方寻求实习机会，增强求职的自信

2.4% 5.6%
23.8%　　　　　22.1%

46.1%

■ 非常了解
■ 比较了解
■ 一般了解
■ 不太了解
■ 不了解

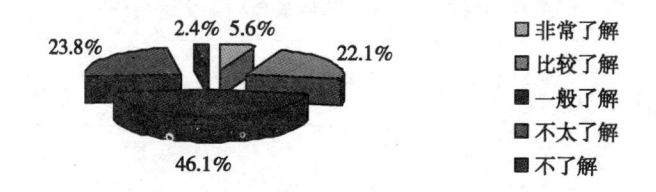

图17　四年级学生对国家目前大学生择业、就业、创业政策的了解

（见表7）。

表7　　　　　　　四年级学生面对当前就业形势的打算

打　算	第一位	第二位	第三位
参加各种就业培训，拿到多项资格证书	26.1%	14.2%	17.6%
关注社会就业市场动态，随时调整自己的就业策略	19.6%	30.8%	16.6%
进一步提升学历层次，增强就业竞争力	25.6%	23.7%	21.2%
没有特别的准备，但相信"车到山前必有路"	11.7%	4.8%	6.4%
多方寻求实习机会，增强求职的自信	11.4%	20.5%	23.4%
自主创业	1.5%	2.9%	8.3%
去基层就业	4.0%	3.2%	6.4%

（七）认为最有帮助的就业渠道

在就业渠道方面，四年级学生认为最有帮助的渠道第一是学校推荐，第二是亲朋关照，第三是招聘会（见表8）。

表8　　　　　　　对找工作最有帮助的渠道

渠道	第一位	第二位	第三位
学校推荐	33.9%	20.6%	14.8%
亲朋关照	28.3%	25.3%	17.9%
招聘会	17.0%	28.1%	29.0%
职业介绍	4.1%	13.3%	16.7%
专业招聘网	16.6%	12.7%	21.6%

（八）毕业后的计划

在毕业后的计划方面，四年级学生毕业后第一是找工作，第二是考公务员，第三是出国（见表9）。

表9　　　　　　　　　　四年级学生毕业后的打算

打算	第一位	第二位	第三位
考研	34.8%	16.6%	8.3%
考公务员	16.3%	42.4%	7.2%
出国	4.3%	6.7%	13.9%
自主创业	1.2%	6.8%	10.1%
找工作	39.2%	21.9%	9.8%
结婚，做全职太太	2.1%	4.7%	6.4%
还没打算	1.0%	0.7%	4.5%

（九）基层就业意向

在到基层就业的意向方面，四年级学生中，74.8%的学生回答了这个问题，其中21%的学生没有到基层就业的意向。在有意向进入基层就业的学生中，愿意做大学生村官的占29.8%，愿意做选调生的占18.5%，愿意选择大学生志愿者服务西部计划的占18.1%，愿意做社区工作者的占12.5%。

（十）就业遇到的主要困难

四年级学生在就业过程中，遇到的困难首先是专业没有优势，其次是缺乏社会关系，第三是信息太少（见表10）。

表10　　　　　　四年级学生在就业过程中遇到的主要困难

困难	第一位	第二位	第三位
专业没有优势	26.2%	10.0%	11.3%
缺乏社会关系	19.5%	28.9%	15.5%
信息太少	11.8%	16.8%	24.3%
性别歧视	5.4%	4.8%	6.8%
缺乏社会经验和就业能力	20.5%	20.8%	18.8%
学校知名度不够	16.1%	18.4%	22.7%

（十一）毕业前愿意为学校做的事情

四年级学生在毕业前最愿意为学校做的事情是文明离校，其次是为学妹赠书及为学校建言献策（见图18）。

（十二）愿意就业的用人单位类型

在求职意向方面，在四年级学生毕业后愿意就业的用人单位类型调查

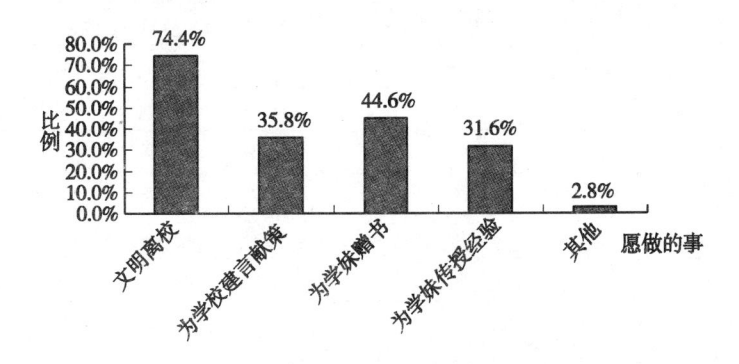

图18 四年级学生在毕业前愿意为学校做的事情

中，学生在毕业后最愿意进入事业单位，其次是国有大中型企业及政府部门（见图19）。

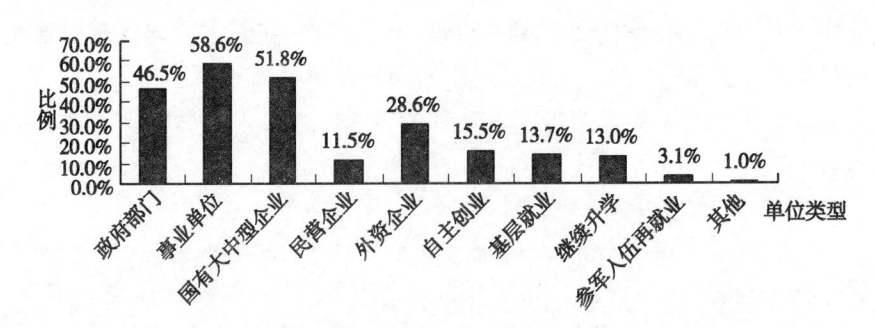

图19 毕业后愿意就业的用人单位类型

（十三）大学期间最大的变化

四年级学生认为在大学期间发生的最大变化首先是在综合能力方面，其次是人际关系及视野开拓方面（见图20）。

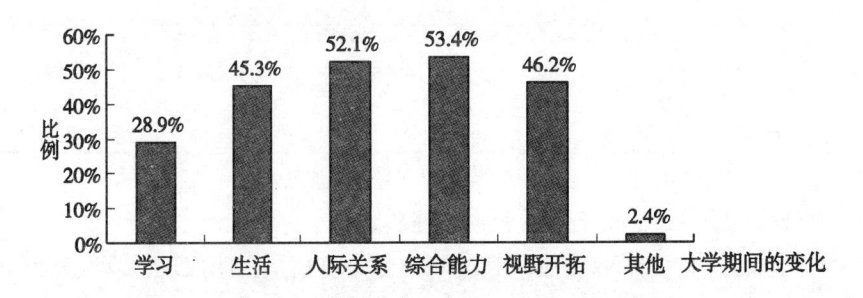

图20 四年级学生在大学期间发生的最大变化

六 综合评价

(一) 对学校各项工作的满意度

四年级学生对学校各项工作感到满意的依次分别是：所学专业、校园环境、家庭经济困难学生资助、体育课、教师师德、大学学习生活、后勤保障服务、社会实践活动、课堂教学、社团活动、就业指导、心理健康教育、思想政治教育课、学习风气以及教学（见表11）。

表11 四年级学生对学校各项工作的满意度

项目	满意	比较满意	不满意	很不满意	不清楚
所学专业	30.0%	57.9%	8.8%	2%	1.3%
课堂教学	23.3%	62.9%	11.5%	0.9%	1.4%
教学	20.3%	63.9%	13.4%	1.1%	1.5%
教师师德	24.5%	65.3%	6.3%	2.4%	1.5%
学习风气	20.6%	61.4%	13.1%	3.5%	1.4%
思想政治教育课	22.1%	64.6%	8.5%	2.5%	2.3%
体育课	24.6%	59.9%	11.5%	2.8%	1.2%
家庭经济困难学生资助	25.3%	56.8%	11.6%	3.2%	3.1%
心理健康教育	22.2%	58.7%	12.6%	2.6%	3.9%
社团活动	23.1%	58.1%	12.7%	4.1%	2%
社会实践活动	23.4%	55.3%	15%	4.6%	1.7%
就业指导	22.8%	54.7%	15.2%	4%	3.3%
后勤保障服务	24.3%	56.7%	13.2%	2.3%	3.5%
大学学习生活	24.4%	64.1%	7.9%	2.0%	1.6%
校园环境	27.5%	59.8%	9.3%	1.4%	2%

(二) 目前最大的压力来源

四年级学生目前最大的压力来源首先是就业和发展压力，其次是经济压力。他们在描述自己目前的情况时用得最多的词是"迷茫""压力""很好""困苦"（见图21）。

(三) 学校应该加强对学生培养的内容

四年级学生认为学校应该加强对学生培养的内容第一是专业能力和社会责任感，第二是社会责任感和专业能力，第三是团队协作能力和专业能力（见表12）。

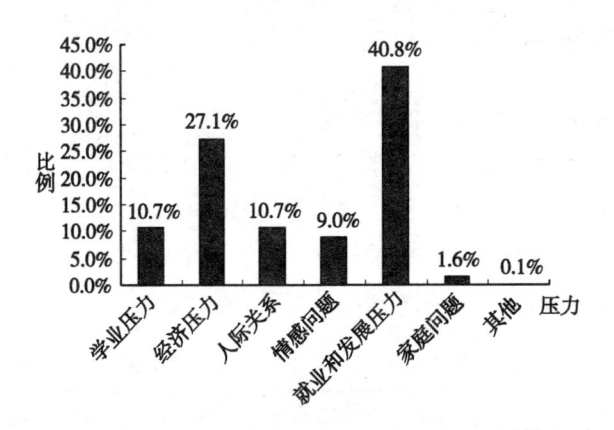

图 21　四年级学生目前最大的压力来源

表 12　四年级学生认为学校应该加强对学生培养的内容

内容	第一位	第二位	第三位
思想道德素质	16.3%	4.1%	9.7%
社会责任感	18.3%	15.7%	4.2%
专业能力	26.6%	14.5%	15.2%
实践能力	13.7%	13.4%	9.6%
心理调适能力	4.3%	13.2%	6.4%
创新创业能力	3.5%	11.6%	6.6%
人际交往能力	7.0%	12.6%	12.6%
组织领导能力	2.8%	4.6%	13.0%
团队协作能力	2.8%	4.9%	15.4%
国际视野	3.0%	2.8%	5.8%
科研能力	1.7%	2.3%	1.3%

（四）所在学校特色

四年级学生对自己所在学校特色的描述，首先是"都是女生"占50.1%，依次是"女院学生的独立性"（29.9%）、"专业特色"（7.2%）以及"和谐"（5.6%）。

（五）如果作为女校的校长，会如何办好自己的学校

当被问到如果自己作为女校的校长会如何办好学校时，四年级学生中回答所占比例最高的是"发扬女院的独特性，提高知名度，升为一本院校"，其次是"提高学校的管理水平，多向其他好的学校学习"以及"为

学生服务,以学生为本"(见表13)。

表13　　如果作为校长,办好女校的措施

措施	百分比
提高学校的管理水平,多向其他好的学校学习	15.6%
发扬女院的独特性,提高知名度,升为一本院校	16.6%
为学生服务,以学生为本	11.6%
增多实践机会,提高教学水平	5.3%
不招男生	3.6%
丰富大家的校园生活,举办女性特有的活动	10.6%
扩大面积,增强师资	4.6%
培养女性在社会上的独立性	8.3%
加强硬件软件建设	3.6%
变为综合院校	3.0%
加强学生学术研究的能力	6.0%
拓宽专业领域,招收男生	4.3%
给女大学生充分的自由,不要过多限制	4.0%
促进学生综合发展,提升学生综合素质	1.3%
发展特色专业,发扬学校特色	1.7%

参考文献

1. 《马克思恩格斯选集》，人民出版社1995年版。
2. 《列宁选集》，人民出版社1995年版。
3. 《毛泽东选集》第3卷，人民出版社1991年版。
4. 张利荣：《大学研究性学习理念及其实现策略研究》，中国海洋大学出版社2012年版。
5. 赵新燕：《思想政治教育和谐模式构建研究》，中国文联出版社2009年版。
6. 王莲华主编：《"90后"透视——大学生思想行为问题研究报告》，上海交通大学出版社2012年版。
7. 江潭瑜、徐海波：《高校"大德育"育人模式的探索与创新研究》，人民出版社2011年版。
8. 成荷萍：《女校校园文化透视》，中国社会科学出版社2006年版。
9. 《十六大以来重要文献选编（中）》，中央文献出版社2006年版。
10. 《十七大以来重要文献选编（中）》，中央文献出版社2011年版。
11. 刘卓红、钟明华等：《开放德育论》，人民出版社2008年版。
12. 杨维、刘苍劲等：《素质德育论》，人民出版社2008年版。
13. 霍福广、刘社欣等：《信息德育论》，人民出版社2008年版。
14. 叶奕乾、何存道、梁宁建主编：《普通心理学（修订版）》，华东师范大学出版社1997年版。
15. 王文岚：《社会科课程中的公民教育研究》，中国社会科学出版社2006年版。
16. ［美］杜威：《杜威教育论著选》，赵祥麟、王承绪编译，华东师范大学出版社1981年版。
17. 田建国：《大学素质教育纵横谈》，山东教育出版社2001年版。
18. 黄海群主编：《探索与实践女大学生思想政治教育工作研究》，中国妇女出版社2010年版。
19. 陈浩：《微言评高教》，浙江大学出版社2011年版。
20. 张玲、刘利群、龙耘：《女校长国际论坛新世纪高等教育发展战略》，北京广播学院出版社2002年版。
21. 王道俊、王汉澜主编：《教育学》，人民教育出版社1999年版。
22. 王彦坦：《教育的理念与追求》，中国矿业大学出版社2000年版。
23. 宋秋华：《聚焦中国新课改：新

课改之实践教学》，新疆青少年出版社 2009 年版。

24. 宋垚臻、蔡映辉：《公益课程：高校通识教育课程改革新探索——以汕头大学公益课程为例》，《汕头大学学报》（人文社会科学版）2013 年第 2 期。

25. 舒泰峰：《高校政治课大调整》，《瞭望东方周刊》2006 年第 30 期。

26. 刘巍：《改革开放以来我国高校思想政治理论课教学方法的改革及发展趋势》，《黑龙江教育》2009 年第 7 期。

27. 骆郁廷：《论高校思想政治理论课评价之深化》，《思想理论教育》2007 年第 11 期。

28. 于文湖：《地方高校思想政治理论课教学现状调查与分析》，《滨州学院学报》2007 年第 2 期。

29. 刘建军：《恩格斯晚年对"硬灌输"的批评》，《光明日报》2014 年 5 月 12 日第 11 版。

30. 卢晓春、李明惠、胡昌送：《定岗实习预就业人才培养模式的探索与实践》，《中国职业技术教育》2008 年第 9 期。

31. 张爱青：《关于设立高校本科生见习制度的思考》，《经济师》2010 年第 12 期。

32. 罗瑞锋：《高校毕业生就业见习工作的现状和重要性》，《中国教育技术装备》2010 年第 6 期。

33. 朱文莉：《加强和改进大四学生思想政治教育探析》，《边疆经济与文化》2005 年第 10 期。

34. 王媛：《探索女大学生心理辅导的新途径》，《黑龙江科技信息》2011 年第 26 期。

35. 郑静：《高校毕业生就业见习制度的实施状况及对策研究》，《思想理论教育》2011 年第 15 期。

36. 胡诗红：《课程设置与创新教育——中外高校创新教育比较研究》，《太原大学学报》2007 年第 4 期。

37. 王晓如、负大强：《第二课堂与课堂教学关系研究》，《青海民族大学学报》（教育科学版）2011 年第 1 期。

38. 张凤翠：《浅析第二课堂的德育功效》，《长春工业大学学报》（高教研究版）2006 年第 2 期。

39. 宋玲、屠丹丹：《高校"第二课堂"德育功效浅析》，《学理论》2014 年第 33 期。

40. 卢振雷、江宁、王磊明、潘潇：《高校"第二课堂"评价体系对大学生成长成才的影响研究》，《中国林业教育》2013 年第 6 期。

41. 韩阳、范文辉、董倩倩：《新形势下高校第二课堂德育工作的探索研究》，《中国科教创新导刊》2014 年第 5 期。

42. 于露：《我国德育教育发展的现状及问题》，《思想政治教育》2014 年第 3 期。

43. 戴钢书：《德育环境研究》，人民出版社 2002 年版。

44. 华中师大等六院校：《德育学》，陕西人民教育出版社 1986 年版。

45. 胡守棻：《德育原理》，北京师范大学出版社 1988 年版。

46. 《中国大百科全书·教育》，中国大百科全书出版社 1987 年版。

47. 鲁洁:《教育的返本归真——德育之根基所在》,《华东师范大学学报》(教育科学版)2001年第4期。

48. 中华人民共和国教育部高等教育司:《研究性学习和创新能力培养的研究与示范》,高等教育出版社2010年版。

49. 潘懋元:《改进高校德育工作的两个问题〈社会主义市场经济与高等学校德育建设〉序》,《高等教育研究》1996年第2期。

50. 刘吉:《对思想政治工作几个重大问题的思考——学习江泽民同志在中央思想政治工作会议上讲话的体会》,《北京日报》2000年7月24日。

后 记

　　本书是2012年北京市教委共建项目"女子高校女大学生分层德育教育体系研究"和2012年北京市哲学社会科学规划项目中共北京市委教育工作委员会首都大学生思想政治教育战略、重点课题项目"女子高校大学生分层德育模式研究与实践"的研究成果。该项目先后由中华女子学院原党委常务副书记黄海群和原党委书记兼校长张李玺担任项目负责人，学校教务处处长洪艺敏和学生处处长张瑞芝负责项目研究的具体组织工作，湖南女子学院原党委书记易银珍，山东女子学院原党委书记孙秀丽及中华女子学院四个年级工作组组长郭春鸿、韩燕、郑雷和赵伟也在项目中承担了重要的研究任务。

　　两年多来，项目组分工合作，深入研究，开展了调查问卷，到相关高校进行访谈，多次召开研讨会，发挥集体智慧的力量撰写了本书。本书的写作分工是：第一章（洪艺敏），第二章（韩燕、郭芾、樊玫华、龚佩），第三章（郑雷、赵伟、龙春芳），第四章（宿茹萍、马瑞萍），第五章（何继秀、宋艳、王景婧、樊玫华、赵晓丹），第六章（张瑞芝、吴唐燕、常琨、秦毓梅、杨莉锋、龚佩、龙春芳），第七章（郭春鸿、宋立新），前言、后记（宋艳），统稿（张瑞芝）。

　　湖南女子学院、山东女子学院两所高校在项目研究过程中给予很多支持和配合，在此表示衷心的感谢！

　　由于项目涉及面广，加之时间紧、水平有限，难免有不足之处，敬请大家批评指正。